DANIEL SALINAS

TEOLOGÍA CON ALMA LATINA

EL PENSAMIENTO EVANGÉLICO EN EL SIGLO XX

EDICIONES puma

Teología con alma latina
El pensamiento evangélico en el siglo XX
© *Daniel Salinas*

© 2018 Centro de Investigaciones y Publicaciones (CENIP) – Ediciones Puma

Hecho el Depósito Legal en la Biblioteca Nacional del Perú N° 2018-04741
ISBN N° 978-612-4252-23-5

Primera edición, abril 2018

Categoría: Teología

Editado por:
© 2018 Centro de Investigaciones y Publicaciones (CENIP) – Ediciones Puma
Av. 28 de Julio 314, Int. G, Jesús María, Lima
Telf./Fax: (511) 423–2772
Apartado postal: 11-168, Lima - Perú
E-mail: Administración: puma@cenip.org
          Perú: pedidos@edicionespuma.org
          Internacional: ventas@edicionespuma.org
Web: www.edicionespuma.org
Ediciones Puma es un programa del Centro de Investigaciones y Publicaciones (CENIP)

Diseño de carátula: Eliézer Castillo
Diagramación: Hansel J. Huaynate Ventocilla

Contenido

Prólogo 5

Prólogo 7

Introducción 13

Capítulo 1: El escenario de inicios del siglo XX. 15
• Panamá 1916 18
• Montevideo 1925 31
• La Habana 1929 38
• Otras tendencias teológicas al comienzo del siglo XX 43

Capítulo 2: La producción teológica de la primera generación de evangélicos
          latinoamericanos 1916–1946 51
• La Nueva Democracia 59
• Luminar 65
• El otro Cristo español 71
• El balcón y el camino 74
• CELA I 1949 76

Capítulo 3: Segunda generación 1949–1970. 81
• CELA II 1961. 97
• ISAL 105

Capítulo 4: Evangélicos en busca de su identidad y teología,
          década de 1970 y 1980 133
• Diálogo con agendas teológicas y misionológicas extranjeras 204
• Mujeres teólogas 212
• CLADE III 213
• Crecimiento pentecostal 219

Conclusiones 231

Bibliografía 237

Prólogo

Era necesario un libro como éste de Daniel Salinas para quienes se interesan en el desarrollo de la teología en América Latina. Hay cierta tendencia a pensar que la única contribución latinoamericana a la reflexión teológica global en el siglo XX han sido las teologías de la liberación. Nuestro autor lleva ya tres décadas explorando la reflexión teológica que ha ido acompañando la notable expansión del protestantismo en América Latina y en el presente libro comparte el fruto de su labor ofreciéndonos un panorama valioso por su claridad y la amplitud de las fuentes investigadas.

Salinas presenta un resumen de las perspectivas teológicas de los misioneros protestantes que evangelizaron América Latina durante el siglo XX. Ha trabajado con cuidado en identificar, por ejemplo, la teología ecuménica que precedió y siguió a la famosa Conferencia Misionera de Edimburgo en 1910. Al mismo tiempo nos ofrece un resumen muy útil del *dispensacionalismo* que caracterizó el esfuerzo misionero de las misiones independientes que crecieron en número e influencia en la primera parte del siglo XX. Comprender estas corrientes resulta indispensable para entender mejor lo que luego sucede en la década de 1970 que el autor describió en su tesis doctoral como la "década dorada" de la teología evangélica en América Latina.[1]

---

[1] Daniel Salinas, *Latin American Evangelical Theology in the 1970's. The Golden Decade*, Brill, Leiden-Boston, 2009.

La presentación del desarrollo teológico en Salinas muestra que el pensamiento acerca de la fe evangélica acompaña la vivencia del servicio en la misión y el liderazgo activo de sus protagonistas en la vida de las iglesias evangélicas. No se trata de un pensamiento concebido en una torre de marfil académica. Por eso mismo está sujeto a los vaivenes de la vida eclesial de sus protagonistas, y a veces limitado por ellos. Creo que no exagero si digo que ninguno de los pensadores evangélicos aquí estudiados nos ha ofrecido un resumen teológico sistemático y global que pudiera servir como texto en instituciones teológicas. En ese sentido esta visión panorámica en la que ha trabajado Salinas es de utilidad para investigadores y docentes, y permite advertir el surgimiento de lo que ha dado en llamarse Teología de la Misión Integral. Saludo con entusiasmo la aparición de este libro y agradezco a Daniel Salinas y Ediciones Puma por el esfuerzo en su publicación.

Samuel Escobar,
Facultad Protestante de Teología UEBE
Valencia, España

Prólogo

El autor del presente libro tiene por objetivo demostrar que los evangélicos latinoamericanos no han sido simples propagadores de la ideología estadounidense o agentes secretos de su inteligencia sino que han producido un pensamiento teológico digno de ser recuperado y reivindicado. Para ese propósito, Salinas desarrolla el recorrido histórico de esa teología evangélica durante el siglo XX. El punto de inicio de ese recorrido es el Congreso Misionero de Panamá en 1916 analizando luego los congresos que se desarrollaron en Montevideo y La Habana. En cuanto a lo teológico, si bien el autor pondera la fuerza misionera del *dispensacionalismo*, critica su tendencia a ser demasiado abroquelado en sí mismo al no ofrecer las posibilidades para la articulación de una teología contextual. Salinas dedica un espacio significativo al análisis de las CELA I y II (Conferencia Evangélica Latinoamericana I y II) que se constituyeron en un verdadero fermento para entender la Iglesia y su papel en la sociedad latinoamericana. Con respecto a la CELA II, sobresale el mensaje de José Míguez Bonino, que el autor evalúa en estos términos:

> La ponencia de Míguez en CELA II fue tanto alentadora como profética. Sus evaluaciones nos dejan ver un cuadro positivo y realista de la situación eclesiástica y teológica a comienzos de los años 60. Se mostró disposición para tener una mirada crítica y constructiva dentro del movimiento evangélico. Sus observaciones sobre las deficiencias cristológicas concordaban con las de Mackay, casi tres décadas antes, en cuanto al docetismo prevalente.

De especial importancia son, precisamente, los datos que el autor proporciona sobre los pioneros de la teología evangélica en América Latina, destacando entre otros, a Juan A. Mackay, teólogo presbiteriano que residió varios años en Perú, el mexicano Gonzalo Báez-Camargo y el también mexicano Alberto Rembao, directores de las influyentes revistas *Luminar* y *La Nueva Democracia,* respectivamente. Las referencias a esas fuentes periodísticas constituyen un verdadero aporte al tema del libro. Pero el autor no se queda en ese primer período de la génesis teológica latinoamericana, sino que avanza a períodos posteriores en los que se destacan, entre otros, C. René Padilla y Samuel Escobar de quien rescata un artículo pionero titulado: "¿Somos fundamentalistas?" que fuera publicado por *Pensamiento Cristiano,* revista pionera en Argentina y cuyo primer director fue Alejandro Clifford.

Con referencia a Escobar, Salinas destaca la fuerte crítica que formuló a la teología de *Iglecrecimiento,* ya que contiene "ideas que llevan a reducir el evangelio al mínimo para tener en el redil el máximo de personas, o a evangelizar causando el mínimo posible de cambio social, que han caracterizado al cristianismo nominal de América Latina."

Hay dos entidades a las cuales Salinas otorga un rol decisivo en su análisis: Iglesia y Sociedad en América latina (ISAL) y la Fraternidad Teológica Latinoamericana (FTL). La primera, constituye un espacio de vanguardia que surge en el ámbito de las iglesias protestantes históricas a instancias del Consejo Mundial de Iglesias y que procura desarrollar una teología que buscó responder a los grandes cambios sociales a nivel mundial y la fuerza revolucionaria en el contexto de América Latina. La teología isalina fue pionera en la temática, toda vez que su génesis (1961) es anterior a la propia Teología de la Liberación, de vertiente católica y que tuvo su bautismo recién en el CELAM II (1968).

En cuanto a la FTL, difícilmente hubiera surgido sin el acicate de ISAL y de la Teología de la Liberación. Cabe consignar también la influencia indirecta del libro de Peter Wagner *Teología latino-americana: ¿evangélica o izquierdista?* que el propio autor repartió en el Primer Congreso de Evangelización (CLADE I) desarrollado en Bogotá en 1969 a instancias de la Asociación Billy Graham. Esa obra —más allá de la tenue ponderación de Juan Luis Segundo— estaba atravesada por muchos postulados verdaderamente incomprensibles como el que sostiene que la misión de Cristo en el mundo lejos estaba de incluir la justicia social ya que eso, argumentaba Wagner, es "complicar el problema del mal." Nos hemos ocupado en criticar esos postulados en *¿Para qué sirve la teología?*[1] Los osados presupuestos de Peter Wagner provocaron que los teólogos evangélicos asistentes al evento —entre otros, C. René Padilla, Samuel Escobar y Emilio A. Núñez— se reunieran allí mismo para sentar las bases de la creación de la FTL, cuya primera reunión oficial se realizó en Cochabamba, Bolivia, en 1970. Altamente significativo es el tema que se abordó allí: inspiración y autoridad de la Biblia. Las diversas ponencias implican una toma de distancia de los teólogos evangélicos tanto del fundamentalismo estadounidense como del liberalismo europeo, especialmente alemán, y la tenue reivindicación de la teología de Karl Barth.

Justamente el año 1970 marca el comienzo de una década de producción teológica con publicaciones influyentes como la obra de C. René Padilla, *Misión integral,* a la que habría que agregar *El Evangelio hoy.* En el primero de esos libros, se destaca la teología crítica de Padilla en cuanto a la acomodación del Evangelio a la cultura y el reduccionismo *evangelical* de la mera aceptación de Cristo como Salvador. El autor cita a modo de botón de muestra el siguiente párrafo de Padilla:

> El acto de "aceptar a Cristo" es el medio para alcanzar el ideal de la "buena vida" sin ningún costo. La cruz pierde su escándalo, puesto que apunta al sacrificio de Jesucristo por nosotros, pero no es un llamado al discipulado: es cruz de Cristo, no del discípulo. El Dios de este cristianismo es el Dios de la "gracia

---

[1] Alberto Roldán, *¿Para qué sirve la teología?* Buenos Aires: FIET, 1999, pp. 143–145. Una segunda edición revisada y ampliada ha sido publicada por Libros Desafío, Grand Rapids, 2011.

barata", el Dios que siempre da pero nunca demanda nada, el Dios hecho expresamente para el hombre-masa que se rige por la ley del menor esfuerzo y busca las soluciones fáciles, el Dios que se concentra en aquellos que no tienen posibilidad de negarse a él porque lo necesitan como analgésico.

Otros dos espacios teológicos son considerados por Salinas: el crecimiento exponencial del pentecostalismo —para cuyo análisis le han sido útiles las observaciones, entre otros, de Carmelo Álvarez— y la irrupción destacada de las teólogas latinoamericanas. Salinas da cuenta de la reunión que, bajo los auspicios de la Asociación Ecuménica de Teólogos del Tercer Mundo se realizó en Buenos Aires del 31 de octubre al 4 de noviembre de 1985 para dialogar sobre la teología femenina. Particularmente destaca la participación y evaluación que de la misma realizó la mexicana Elsa Tamez.

En sus conclusiones, el autor señala el problema mayor que siempre ha encarado la teología evangélica en América Latina. Dice:

> Aparte de algunos esfuerzos de ISAL y FTL, por ejemplo, para derrumbar las barreras denominacionales e ideológicas, la mayoría de los avances en el pensamiento teológico han sido restringidos a los resguardos eclesiásticos. La sospecha y la desconfianza han hecho que la unidad sea difícil y hasta imposible. Ésta es, y sigue siendo, la mayor debilidad y limitación del desarrollo teológico evangélico en América Latina.

Coincidimos con ese diagnóstico, razón por la cual sería importante distinguir cuidadosamente entre teologías protestantes —vinculadas a las iglesias "históricas"— y las teologías clásicamente denominadas "evangélicas", ya que ambas corrientes ponen de relieve las diferencias de concepción de la participación social y, sobre todo, política de los cristianos en América latina, lo cual revela posicionamientos ideológicos difíciles de conciliar.

En síntesis, *Teología con alma latina* constituye un trabajo importante para entender los caminos que la teología evangélica ha recorrido en el siglo XX en el que se destaca el esfuerzo de su autor en la búsqueda de fuentes primarias, distinguiendo cuidadosamente las diversas etapas de su desarrollo y los nuevos desafíos que confrontan los evangélicos en el presente. Será un libro útil para los estudios de la teología histórica en América Latina.

Dr. Alberto F. Roldán
Doctor en teología (ISEDET). Máster en ciencias sociales (UNQ).
Máster en educación (USAL)
Ramos Mejía, Pascua de 2018

Introducción

A los evangélicos latinoamericanos se nos ha acusado de ser propagadores pagados de la ideología política norteamericana, de ser agentes secretos de la agencia de inteligencia estadounidense, de ser lacayos políticos de la extrema derecha norteamericana, y de ser enemigos de nuestra cultura y tradiciones, entre otras cosas. Una mirada a nuestra historia servirá para demostrar la falsedad de semejantes acusaciones. El desarrollo del pensamiento evangélico en Latinoamérica muestra una simbiosis entre los elementos exógenos y endógenos que a lo largo de los años han interactuado para definir nuestra situación actual como protagonistas activos en el panorama religioso y social en nuestro continente. Nuestra historia muestra que desde un comienzo los evangélicos se preocuparon por definir, dentro de su contexto, la fe y la práctica religiosa pertinente. Si bien al comienzo hubo mucha repetición de lo importado, no fue un proceso lineal, sino que, más bien, las tradiciones recibidas se evaluaron y "latinizaron" para hacerlas nuestras. Sin embargo, los evangélicos latinoamericanos adolecemos de una falta de memoria histórica.

La gran mayoría no conoce los aciertos, las luchas y los avances del pensamiento evangélico en nuestras naciones. Hoy nos sentimos obnubilados por los predicadores que envían sus palabras por satélite, pero desconocemos a los predicadores fieles de antaño. Seguimos hechizados por los del norte mientras ni siquiera conocemos lo que han publicado los nuestros. Este libro busca salvar este *impasse*.

Aquí aparecen nombres de aquellos que nos han precedido y que han marcado de alguna manera lo que somos los evangélicos hoy. Debemos entender el proceso que hemos vivido para ayudarnos a navegar los desafíos de la actualidad. En este libro podemos ver algunas de las preguntas que nuestros correligionarios se hicieron y cómo las respondieron a partir de la Biblia y las teologías recibidas. Podemos observar a aquellos que vieron la fe cristiana como compatible con el contexto latinoamericano. Ellos no se dejaron amedrentar por aquellos que los acusaban de traidores a nuestra cultura por no seguir los lineamientos religiosos tradicionales. Tenemos hoy mucho que aprender de estos pioneros.

Este libro recorre el siglo XX, desde el Congreso de Panamá en 1916, mostrando el desarrollo teológico evangélico en América Latina en ese periodo. Que la lectura de este libro sirva para fortalecer nuestra fe y unir nuestros esfuerzos a fin de extender el reino de Dios en nuestras tierras.

Capítulo 1

El escenario de inicios del siglo XX

Guerras y rumores de guerras marcaban la atmósfera latinoamericana a finales del siglo XIX y comienzos del XX. Colombia recibió un nuevo siglo enfrentando la sangrienta "Guerra de los Mil Días". Ecuador se vio amenazado por una invasión colombiana que buscaba una revancha ideológica. Cuba y Puerto Rico todavía olían a pólvora de la guerra de Estados Unidos con España. Uruguay estaba tratando de controlar las revoluciones promovidas por Saravia. La Guerra de los Canutos sacudió a Brasil por su crueldad. Venezuela se mantenía alerta ante un posible ataque del Reino Unido por la frontera con Guyana. El sentimiento predominante en la región era de inestabilidad y revolución.

La mayoría de países habían experimentado un siglo de continuos golpes de Estado. Por ejemplo, "cuando la República del Perú celebró en 1921 el centenario de su liberación de España, el periódico principal del país hizo notar que hubo 88 cambios de gobierno en esos 100 años".[1] Aunque decían ser democráticos, su democracia no era más que "un disfraz para el mando de una casta que [...] se ha perpetuado a sí misma desde la conquista de las razas indígenas por los españoles y portugueses y más tarde llevada a cabo por los criollos, siempre contra los sufrientes hijos de la tierra".[2]

---

[1] John A. Mackay, *Latin America and Revolution I: The New Mood in Society and Culture*, The Christian Century, 17 Nov. 1965, p. 1409.

[2] Juan Navarro Monzó, *The religious problem in Latin American culture*, South

Ninguna de las economías de la región parecía repuntar. Antes de que terminara la primera década del nuevo siglo, Panamá se había independizado de Colombia con el aval de los Estados Unidos, la Revolución mexicana contra Porfirio Díaz se consolidaba, República Dominicana y Nicaragua experimentaron invasiones militares estadounidenses, y las represiones de obreros en Chile dejaron más de 4000 muertos y miles de heridos. Masacres, revueltas locales, guerras civiles, etc., marcaron los últimos años del siglo XIX y los primeros del siglo XX. ¡Buen material para los apocalípticos que esperaban el fin del mundo en esos días!

En el ámbito religioso se llevaba a cabo otra guerra que también levantaba ánimos y provocaba revueltas constantes. La iglesia hegemónica estaba acostumbrada a mantener el control exclusivo de la religiosidad latinoamericana, pero unos lustros antes del nuevo siglo comenzaron a aparecer grupos disidentes que no respondían al liderazgo de Roma. Hasta ese momento la autoridad religiosa había mantenido exitosamente las fronteras impermeables a la herejía luterana y sus ramificaciones. El museo de la Inquisición en Lima ilustra los controles y redadas constantes que pretendían impedir el ingreso de otras opciones religiosas e ideológicas a estas tierras. Un observador católico describía a la iglesia predominante como "un sedimento del tipo español —la promotora de la inquisición, el índice y la orden jesuita— cruel, aguerrida y coercitiva".[3] Pero acontecimientos internacionales —los desarrollos filosóficos humanistas y seculares en Europa por un lado y los intereses económicos expansionistas principalmente de Inglaterra y los Estados Unidos por el otro— junto con el ascenso al poder político de gobiernos de tendencia liberal atizaron la penetración heterodoxa.

Aunque hubo intentos tempranos de asentamiento protestante,[4] recién a partir de la mitad del siglo XIX el protestantismo llegó para

---

American Federation of Young Men Christian Association, Montevideo, 1925, p. 11.

[3] James H. McLean, "Theology and citizenship in Latin America: An appraisal", *Theology Today* 2, 2, 1945, p. 223.

[4] Gonzalo Báez Camargo, *The Earliest Protestant Missionary Venture in Latin America*, church history 21, 2, 1952, pp. 135–145. Thomas S. Goslin, "La tradición

quedarse.[5] Fue un proceso mixto de cooperación misionera con grupos locales o personas que expresaban su descontento con la situación espiritual local.[6] Pero llegaron una variedad de visiones misioneras y programas proselitistas. No todos los protestantismos eran iguales. Desde el siglo XVI los protestantes se habían dividido en muchas facciones dependiendo de su lugar de origen o de los líderes fundadores. La gran mayoría de esas expresiones enviaron representantes al continente americano. Cada grupo trajo su doctrina, liturgia, arquitectura y forma de gobierno. Debió parecer confuso para la población habituada a una sola iglesia. El protestantismo latinoamericano desarrolló con el tiempo su identidad propia como una amalgama de las varias tendencias que lo comenzaron.[7]

Para el congreso de Panamá (1916) se distinguen dos corrientes mayoritarias. Los protestantes que veían a su religión como únicamente espiritual y los que la entendían como un programa que abarcaba todas las áreas de la vida latinoamericana. Los primeros representaban principalmente las tendencias avivamientistas premilenialistas que adoptaron la teología dispensacionalista desarrollada por el irlandés John Darby a comienzos del siglo XIX.[8] Los segundos, la mayoría en Panamá, representaban principalmente

---

reformada en los comienzos de la obra evangélica latinoamericana", *Cuadernos Teológicos* 18–19, 1956, pp. 100–105. Carlos Mondragón, "Protestantes y protestantismo en América Latina: Reflexión en torno a la variedad de experiencias en su introducción", *Revista Electrónica Espacio de Diálogo*, FTL, 2, 2005, http://www.cenpromex.org.mx/revista_ftl/ftl/.

[5] Christian Lalive D'Épinay, *Les protestantismes latino-américains: Un modèle typologique*, Arch. Sociol. Des Rel., 30, 1970, pp. 33–57.

[6] Carlos Mondragón demuestra la presencia endógena de la disensión religiosa temprana como elemento de contacto para los misioneros extranjeros. *Ibíd.*, 13. En contraste, Lalive D'Épinay argumenta que la presencia protestante en América Latina fue "labor exclusiva de extranjeros apoyados por organizaciones extranjeras". "Toward a typology of Latin American Protestantism", *The Review of Religious Research*, 10, 1, 1968, p. 7.

[7] Samuel Escobar, "¿Somos fundamentalistas?" *Pensamiento Cristiano* 13, 1966, pp. 88–96. Samuel Escobar, "¿Qué significa ser evangélico hoy?" *Revista Misión* 1, 1982: 14–18, pp. 35–39.

[8] Oscar A. Campos R., "La misión de la iglesia y el reino de Dios en el evangelicalismo tradicional", *Kairós* 21, 1997, p. 53.

las denominaciones de origen europeo y sus oficinas en Canadá y los Estados Unidos. También tempranamente en el siglo XX apareció la propuesta pentecostal,[9] cuya influencia se siente principalmente a partir de los años 60. Se puede decir en general que la teología latinoamericana en el siglo XX se mantuvo entre esas tres interpretaciones.

El formato de este texto incluye un análisis cronológico de las tres corrientes teológicas predominantes. Cada una asumió nuevas formas a lo largo del siglo. Para cada una hubo latinoamericanos que la desarrollaron, unos de cerca a sus maestros foráneos, otros aventurándose a tomar sus propios rumbos. Algunas contadas veces se entrelazan formando una síntesis, aunque en su mayor parte se mantienen separadas como aceite y agua. El criterio principal en este trabajo para incluir una escuela teológica es que el análisis sea formulado por un latinoamericano y que incluya una aplicación contextual. Esto incluye los diálogos con teologías de otros lados y con extranjeros que se llamaron hijos de América Latina. No será posible en este trabajo incluir a todos los latinoamericanos que han aportado teológicamente en su respectiva generación.

Panamá, 1916

El Congreso de Panamá no fue un congreso teológico *per se*; fue una reunión estratégica. Sin embargo, la teología de los participantes estuvo presente en las discusiones. En los documentos finales del congreso[10] quedó plasmada, además de los lineamientos estratégicos,

---

9 Juan Sepúlveda ubica en 1902 el comienzo del movimiento pentecostal en Chile. *Religious practices and developments: The case of chilean pentecostalism.*

10 CCLA, Committee of Cooperation in Latin America, Christian Work in Latin America: Survey and occupation, message and method, *Education,* vols. 1, 3, New York: The Missionary Education Movement of the United States and Canada, 1917; CCLA, Committee of Cooperation in Latin America, *Christian Work in Latin America: Literature, Women's Work, the Church in the Field, the Home Base,* vol. 2, New York City: The Missionary Education Movement of the United States and Canada, 1917; CCLA, Committee of Cooperation in Latin America, *Christian Work in Latin America: Cooperation and the Promotion of Unity, the Training and*

una tendencia doctrinal. Técnicamente el Congreso de Panamá no fue latinoamericano. Fue sobre la obra cristiana en Latinoamérica con participación casi total de extranjeros. Sin embargo, sus conclusiones nos dan una aproximación a una teología y doctrina que había llegado a la región y que se estaba traspasando a los convertidos locales.

Al leer los informes del congreso, es notable que, aunque el título dice ser sobre la "obra cristiana", el contenido incluye análisis extensos sobre la situación social, económica y religiosa de los países latinoamericanos. Esto nos ayuda a entender el trasfondo teológico de los participantes en Panamá. Ellos se tomaron el trabajo de estudiar lo mejor posible la situación multifacética de los latinoamericanos. Sus informes incluyen temas como educación, integración racial, condición de los nativos, religión y otros similares. Podemos decir inicialmente que la tradición teológica de la mayoría en Panamá entendía su fe como relevante para la sociedad en general.[11] Los informes, tal vez con mucho optimismo, esperaban que toda la vida de los habitantes del continente mejorara como resultado de una penetración protestante intencional y coordinada.

Dentro de un contexto religioso complejo dominado por "supersticiones medievales",[12] por un lado, y rechazo creciente a la religión institucional de parte de las clases educadas, por otro,[13] fue tarea prioritaria en el congreso delinear el mensaje que Latinoamérica

---

Efficiency of Missionaries, the Devotional Addresses, the Popular Addresses, vol. 3, New York City: Missionary Education Movement of the United States and Canada, 1917.

[11] No pretendo negar que hubo también razones ideológicas, aunque vale la pena reconocer que los actores principales en Panamá no estaban conscientes de ellas. El análisis de las ideologías detrás del congreso es más bien reciente. Para esto, ver el trabajo de Arturo Piedra, *Evangelización protestante en América Latina. Análisis de las razones que justificaron y promovieron la expansión protestante 1830–1960*, vol. 1, San José: Universidad Bíblica Latinoamericana, 2005; Arturo Piedra, *Evangelización protestante en América Latina. Análisis de las razones que justificaron y promovieron la expansión protestante*, vol. 2, Quito: CLAI, 2005.

[12] Committee of Cooperation in Latin America, *Christian Work in Latin America: Survey and Occupation, Message and Method, Education*, vol. 1, p.136.

[13] *Ibíd.*, pp. 79 ss., 192.

necesitaba. Como lo expresa el informe de la Comisión II: "La tarea de esta comisión es doble, (1) definir brevemente los aspectos del mensaje cristiano que parecen requerir un énfasis especial en este tiempo presente en América Latina, y (2) sugerir métodos de presentar e interpretar el mensaje y la aplicación de sus verdades de maneras prácticas a las condiciones actuales de los países".[14] Esto muestra un esfuerzo intencional de incluir el contexto en la proclamación. También los organizadores aclararon que su llamado era "a evangelizar, no a americanizar".[15] Hubo conciencia de que el mensaje debía ser transmitido con "predicación y ejemplificación del evangelio."[16] Por eso se enfatizó que, además de la tarea evangelística, el trabajo debía incluir el mejoramiento del analfabetismo, la educación popular, la atención médica y el establecimiento de instituciones filantrópicas para atender "las necesidades espirituales, sociales, intelectuales y económicas de las clases más pobres".[17]

Los organizadores del congreso habían decidido de antemano evitar una confrontación con la Iglesia Católica Romana. Más bien mantuvieron una posición abierta a cualquier colaboración mutua. En la reunión del comité, el año anterior al congreso, se recomendó "fuertemente" a quienes estaban "haciendo los arreglos para la Conferencia en Panamá, así como los escritores y presentadores" de ella...

> mantener en mente que, si se van a lograr los mejores y más perdurables resultados, al mismo tiempo que francamente enfrentamos condiciones morales y espirituales que reclaman la obra misionera en Latinoamérica, y mientras se presenta el evangelio que mantenemos como la única solución adecuada a los problemas que esas condiciones presentan, deberá ser el propósito de la Conferencia en Panamá el reconocer todos los elementos de verdad y bondad en cualquier forma de fe

---

14 *Ibíd.*, p. 245.
15 *Ibíd.*, p. 130.
16 *Ibíd.*, p. 140.
17 *Ibíd.*, p. 144.

religiosa. Nuestra aproximación a la gente no deberá ser ni crítica ni antagónica, pero inspirada por las enseñanzas y el ejemplo de Cristo y por la caridad que no piensa mal y no se regocija en la iniquidad sino en la verdad.

En lo que tiene que ver con el servicio cristiano, le damos la bienvenida a la cooperación con cualquiera que esté dispuesto a cooperar de alguna forma con el programa cristiano. No deberíamos demandar unión con nosotros en toda nuestra labor como condición de aceptar socios en alguna parte de ella.[18]

Esta actitud no pretendía negar los problemas ni las diferencias con la Iglesia Católica. Robert Speer, el director de la comisión organizadora del congreso, había publicado anteriormente sus conclusiones y recomendaciones después de un viaje extensivo en la región.[19] Su principal motivación fue encontrar respuesta a esta pregunta: ¿Se justifica nuestra misión a la América Latina? Su preocupación surgió como respuesta a la negativa del Congreso de Edimburgo para considerar a Latinoamérica como un campo misionero legítimo debido, precisamente, a la presencia de la Iglesia Católica. La respuesta que Speer da es un sí rotundo y la avala con una serie de argumentos importantes. En primer lugar, señala que "la condición moral de los países suramericanos justifica y demanda la presencia de la religión evangélica que va a combatir el pecado y traer a los hombres el poder de una vida justa".[20] En segundo lugar, debido al altísimo nivel de analfabetismo, "el emprendimiento misionero protestante, con su estímulo a la educación y su llamado a la naturaleza racional humana, es requerido por las necesidades intelectuales de América del Sur. Este es un continente sin

---

[18] *Ibíd.*, p. 16.
[19] Robert E. Speer, *Missions in South America,* New York: The Board of Foreign Missions of the Presbyterian Church in the USA, 1909; Robert E. Speer, *South American Problems,* New York: Student Volunteer Movement for Foreign Missions, 1912.
[20] Speer, *Missions in South America,* p. 151.

educación"[21]. Por lo tanto, añadía Speer, "la Iglesia Católica, habiendo tenido completo control de la educación en el continente por más de tres siglos, debe ser llamada a cuentas por la condición de ignorancia popular existente en Suramérica"[22]. En cuanto a la falta de creencia en la clase educada, Speer afirmó que:

> El hecho es que los hombres del continente están yéndose al escepticismo y la Iglesia Suramericana, con solamente aquí y allá un cura excepcional con carga en el corazón, no está haciendo nada para atender el problema. No está publicando literatura que trate los problemas fundamentales de la incredulidad. No está organizando misiones para predicar a los hombres educados. No está enfrentando racionalmente los asuntos importantes en las escuelas. Las iglesias protestantes en Brasil llevan la carga de defender la religión supernatural contra el racionalismo, fanatismo e indiferencia. Ellas se necesitan para solucionar una situación que la Iglesia Suramericana no está tratando de resolver porque ha ayudado a crearla.[23]

La tercera razón que Speer identificó fue que "las misiones protestantes se justifican en Suramérica para darle la Biblia a la gente". El problema no era la falta de versiones católicas en español o portugués, sino que "la Iglesia desanima o prohíbe su uso"[24]. En contraste, las sociedades misioneras protestantes se habían encargado de diseminar la Biblia por todo el continente.

En cuarto lugar, las misiones protestantes "se justifican y son requeridas en Suramérica debido al carácter del sacerdocio Católico Romano". Aquí Speer se refería a la deplorable condición moral de los curas católicos. "La opinión general en toda Suramérica es que el sacerdocio es moralmente corrupto"[25]. Unos años antes de que Speer recorriera Sudamérica, ya se había descrito a la región como

---

[21] *Ibíd.*, p. 152.
[22] *Ibíd.*, p. 153.
[23] *Ibíd.*, p. 154.
[24] *Ibíd.*
[25] *Ibíd.*, p. 159.

controlada por "clérigos depravados que parecen dedicarse al vergonzoso tráfico de almas por el que son famosos en el mundo y para quienes el evangelio de Cristo es sólo un decir".[26] Consecuentemente, Speer llamaba a las iglesias protestantes a enfrentar la inmoralidad con su predicación y su estilo de vida. En quinto lugar, "las misiones protestantes en Suramérica se justifican porque la Iglesia Católica Romana no le ha dado a la gente el cristianismo".[27] Según el testimonio de personas que Speer entrevistó y que se consideraban devotas católicas, había poca gente dentro de la Iglesia Católica Romana que conocía los hechos de la vida de Cristo, y menos aún que conocía a Cristo.

> Los mismos crucifijos de los que Suramérica está llena representan mal al evangelio. Ellos muestran a un hombre muerto, no a un salvador vivo. El cristianismo suramericano no conoce nada de la resurrección y de lo que significa la vida. No vimos en todas las iglesias que visitamos ningún símbolo o sugerencia de la resurrección o de la ascensión. Había cientos de pinturas de los santos o de la Sagrada Familia o de María, pero ni una sola del acontecimiento supremo del cristianismo. Incluso las representaciones de la muerte de Cristo son falsas. Algunas de las pinturas son tan terribles en su descripción y su significado no es el evangelio verdadero. Incluso el Cristo muerto no es la figura central. María está en el centro. A menudo ella está sosteniendo una pequeña figura lacerada en su regazo y en muchos casos ella es la única persona representada.[28]

La conclusión de Speer es que "la mariolatría es la religión de la tierra porque la Iglesia la ha enseñado como cristianismo verdadero".[29]

---

[26] American Track Society, *Ecumenical Missionary Conference New York, 1900: Report of the Ecumenical Conference on Foreign Missions, Held in Carnigie Hall and Neighboring Churches, April 21 to May 1*, vol. 1, New York: American Track Society, 1900, p. 476.

[27] Speer, *Missions in South America*, p. 161.

[28] *Ibíd.*

[29] *Ibíd.*, p. 162.

Speer no fue el único en observar esto. Años después el misionero escocés John A. Mackay iría a describir la situación religiosa de manera similar. Pero esto es adelantarnos a la historia.

La sexta razón que justificaba, según Speer, la presencia protestante en Latinoamérica era que "la Iglesia Católica es tan fuerte pero también tan débil allí".[30] Aunque la iglesia predominante reclama casi total membrecía realmente muy poca gente iba a las misas. Finalmente, "los países suramericanos no deben abandonarse al sistema religioso suramericano ya que es opuesto a la libertad política y a las instituciones populares".[31] Speer basó esta conclusión en los edictos papales y otros documentos católicos que expresaban de forma explícita el sometimiento de las autoridades políticas a las eclesiásticas: "La autoridad temporal debe someterse al poder espiritual. El principio (de libertad de consciencia) es uno que no es, ni nunca ha sido, ni será aprobado por la Iglesia de Cristo".[32]

Es sorprendente que, aun conociendo este informe y análisis, los organizadores mantuvieron una actitud irénica. La Comisión VIII reconoció que esa meta era difícil pero no imposible. Cualquier aproximación de los evangélicos sería recibida con "conservadurismo y exclusivismos eclesiásticos, y no infrecuentemente con oposición agresiva."[33] Aun así, se recomendó que teniendo en cuenta las amplias necesidades sociales y religiosas del continente era importante la colaboración entre las diferentes denominaciones incluso con "todos los individuos y grupos, que aunque definan su lealtad con la Iglesia Romana, y que reconozcan estas necesidades están preparados para tomar cualquier paso hacia la cooperación con otros de creencia distinta para traer días mejores".[34]

---

30 *Ibíd.*, p. 163.

31 *Ibíd.*, p. 168.

32 *Ibíd.*, p. 169.

33 Committee of Cooperation in Latin America, *Christian Work in Latin America: Cooperation and the Promotion of Unity, The Training and Efficiency of Missionaries, the Devotional Addresses, the Popular Addresses*, p. 54.

34 *Ibíd.*

Lo que podemos ver en esta descripción de Speer y en la decisión de la comisión directiva del Congreso es que hicieron lo posible por conocer la situación, y dentro de esas condiciones decidieron actuar de manera que se evitase una confrontación directa con los representantes de la Iglesia Católica Romana. ¿Sería esto por un entendimiento ecuménico de la unidad cristiana? ¿O, tal vez, por la influencia de las resoluciones de Edimburgo? ¿Resultado de un "complejo de superioridad"?[35] Lo cierto es que las descripciones religiosas de Speer y las soluciones propuestas echan algo de luz sobre sus presupuestos teológicos. Su interés se mantiene en que los latinoamericanos conozcan el verdadero evangelio para que sus vidas y sus situaciones mejoren. Speer no sólo reconocía que el catolicismo era una religión institucionalizada y organizada, sino que, sobre todo en Latinoamérica, era una cultura. La gente se identificaba como católica aunque no tuviera ningún tipo de fe personal. Entender esto ayudaba a mantener la distancia con la institución católica y daba pautas para definir el mensaje que iba a traer la verdad al continente. Su público no era la institución en sí, sino la gente que, aunque se decía católica. no había conocido realmente la verdad del evangelio.

La Comisión II definió varios puntos importantes para el mensaje evangélico que América Latina necesitaba.[36] El predicador evangélico debía mostrar a sus oyentes que su mensaje era la verdadera revelación de Dios, más antigua que el romanismo, y constituyó desde los días de los apóstoles la verdadera sustancia del evangelio salvífico de la gracia divina. También el mensaje debía ser totalmente bíblico para que le quedara claro a la gente que la Biblia era un libro totalmente católico y no meramente un documento evangélico. La Iglesia Romana libremente aceptaba y apelaba a la autoridad de ese Libro como Palabra de Dios, como rezaban los decretos del Concilio de Trento, las enseñanzas de los

---

[35] James C. Dekker, "North American Protestant Theology: Impact on Central America", *Evangelical Review of Theology* 9, n.º 3, julio, 1985, p. 386.

[36] Committee of Cooperation in Latin America, *Christian Work in Latin America: Survey and Occupation, Message and Method, Education*, vol. 1, pp. 274–82.

grandes teólogos católicos e incluso las encíclicas papales contra el modernismo.

El mensaje evangélico se basaba en dos afirmaciones claves. Primero, en que las enseñanzas de Jesús y los apóstoles se preservaron en la Biblia y pueden ser utilizadas por todas las personas que quieran conocer lo esencial para la salvación. Segundo, en que ninguna autoridad puede añadir a lo que Cristo declaró como necesario para la salvación. Además, era importante enfatizar la paternidad de Dios como el corazón del mensaje de Cristo. Eso implicaba que la iglesia era la comunidad de creyentes a quienes se les ha abierto el reino de los cielos. En la iglesia, y a través de ella, la fe en Cristo y el conocimiento de Dios se han pasado de generación en generación. Cada persona puede tratar personal y directamente con Dios.

Pero, sobre todo, en un continente donde el crucifijo era ubicuo, la persona y la obra de Cristo deberían ser el centro del mensaje cristiano. Para América Latina debían definirse cuatro temas cristológicos cruciales. Primero, su divinidad como el Hijo encarnado de Dios haciendo de Él el único objeto de fe y culto. Segundo, en su vida y en su muerte sacrificial, Jesucristo reveló directamente el amor santo de Dios, y en su muerte se realizó una redención completa de nuestros pecados. Es una blasfemia considerar que se necesita que alguien más persuada a Dios para obtener su misericordia. Tercero, Él y únicamente Él es el Cristo resucitado. Por eso, Él es la única cabeza de su iglesia. Aquí la comisión advirtió que por experiencia cualquier ataque directo a la adoración de la Virgen María provoca solamente odio fanático y rechazo del protestantismo. Pero cuando el mensaje de comunión con Dios a través del Redentor y del liderazgo prometido de Cristo se proclama constantemente, se acaba la mariolatría y la adoración de los santos. Cuarto, las enseñanzas de Jesús se presentan como la guía suprema para nuestras vidas. Las debemos aplicar en todas las esferas de la vida, a los problemas industriales, políticos y eclesiásticos, y ser demostradas en el carácter cristiano del que se dice seguidor de Cristo. Así se hace evidente el secreto de la evolución de la humanidad hacia el ideal que se vislumbraba.

El predicador evangélico, sin necesidad de imágenes ni de una lista de santos, invita a sus oyentes a una comunión amorosa, íntima y personal con el Padre y con el Salvador. Las condiciones para dicha comunión son el arrepentimiento del pecado y la fe en el Señor Jesucristo. Esto traería un rompimiento de la tiranía clerical. El meollo del mensaje era el perdón de pecados, la justificación y aceptación directa en la misma presencia de Dios sin necesidad de otros intermediarios.

El tema eclesiástico era clave para un continente con la presencia predominante de una sola iglesia. El predicador protestante debía ser capaz de explicar los diferentes tipos de organización: ortodoxa, romana, luterana, anglicana, presbiteriana, y otras que tenían representantes en Latinoamérica. Era importante mostrar las diferencias como resultado de procesos históricos, culturales y locales de los países donde se desarrollaron esas denominaciones. Pero, sobre todo, el predicador protestante debía enfatizar la unidad evangélica. Incluso se debía tener en cuenta la arquitectura y decoración de los templos protestantes, ya que la gente, acostumbrada a las misas llenas de misterio y simbolismo, rechazaba la simplicidad del culto evangélico. Los templos debían ser hermosos, bien diseñados. Se deberían evitar a toda costa cultos sin preparación, costumbres informales en el púlpito, tonos irreverentes en la oración y sermones improvisados.

> En este medio latinoamericano no se debe ahorrar esfuerzo ni recurso en la dirección de la adoración pública para que el edificio y la música, la oración y la predicación, la adoración propuesta, despierten el sentido de la presencia de Dios y se logre ganar al espíritu que anhela el toque de la imaginación, así como la razón y la consciencia, para que se alimenten del pan espiritual ofrecido a su alma.[37]

Ampliando el tema eclesiológico, en la discusión sobre cómo alcanzar las clases educadas, en su mayoría hostiles a la fe cristiana,

---

[37] *Ibíd.*, p. 281.

la Comisión II describió las iglesias que tendrían un efecto positivo en América Latina como aquellas "donde el cristianismo se presente como el poder de Dios para salvación, donde la piedad evangélica sincera se realice dignamente, donde su efecto sobre el carácter personal y su involucramiento en el servicio social manifiesten su dignidad completa y su autoridad divina".[38] Aquí de nuevo se resalta la unidad como aspecto clave del testimonio y del mensaje. "La unidad en la cual las iglesias están enraizadas es invisible y espiritual, las diferentes ramas divergen, pero el árbol produce el fruto de la vida santa en Dios". Tal vez más como un anhelo que como una realidad, "el Congreso de Panamá es una prueba brillante del hecho de que las varias divisiones de la iglesia evangélica sienten más amplia y profundamente cada año su inherente unidad. Lo que las une es mucho más grande de lo que las separa".[39]

Finalmente, la comisión recomendó que los líderes evangélicos se interesasen profundamente con la relación entre el mensaje cristiano y la vida social de las personas para influir incluso al Estado. Para esto se recordaron los grandes movimientos sociales promovidos por Lutero, Calvino, Juan Knox, entre otros. Cada iglesia cristiana y sus ministros deberían involucrarse en las comunidades donde estaban establecidas. A este aspecto, que llamaron el "evangelio social," se dedicó toda una sección en los informes finales del congreso.[40]

Anticipando el comienzo de una revolución industrial en América Latina y su efecto en la vida individual y comunitaria, la Comisión II vio la necesidad de combinar el aspecto espiritual del mensaje con su aplicación social.

Con esta nueva forma de entender que la Biblia responde a las nuevas necesidades sociales de la nueva civilización, misioneros y ministros del evangelio en todo lugar están descubriendo que se deben ocupar no sólo de ganar individuos para Cristo, sino de crear una nueva civilización, y de manera sobresaliente ha sido demostrado

---

[38] *Ibíd.*, p. 312.
[39] *Ibíd.*, p. 313.
[40] *Ibíd.*, pp. 283–300.

en todo lugar que el trabajo social es de ayuda para lo uno y esencial para lo otro. Este trabajo, sin embargo, se ha originado a menudo en las desesperantes necesidades creadas por el hambre, inundaciones, pestilencias o pobreza y no tanto en un estudio comprehensivo del problema del bienestar humano y en una percepción de la relación entre el progreso social y la venida del reino de Dios a la tierra. Ahora el tiempo está maduro para asumir el punto de vista amplio de lo que es el esfuerzo misionero y así adaptar los métodos.[41]

Aparentemente, esta propuesta del "evangelio social" se basaba en una escatología posmilenialista que entendía el concepto bíblico del reino de Dios como "una sociedad salvada aquí en la tierra donde la voluntad de Dios es realizada por los hombres así como por los ángeles".[42] La comisión dejó claro que eso no implicaba una disminución del celo evangelístico, sino que, por el contrario, los dos énfasis iban juntos: "Se necesitan dos cosas para que el mundo se convierta a Cristo. La primera es la verdad cristiana y la otra es el espíritu cristiano… la verdad cristiana sin el espíritu cristiano es tan impotente como un cuerpo humano sin alma… este espíritu es el amor desinteresado". Sin la demostración pública del espíritu cristiano del amor, la "proclamación llega a ser infructuosa".[43]

En las reuniones regionales que el Comité llevó a cabo inmediatamente después del Congreso de Panamá —Lima, Santiago, Buenos Aires, Río de Janeiro, Barranquilla, Habana y San Juan— se aclaró la actitud frente a la Iglesia Católica y se resumió su propuesta teológica de manera sucinta:

> Nuestra actitud hacia la Iglesia Católica debe ser doble: (a) aceptación y solidaridad íntima hacia el elemento cristiano; (b) repudio hacia el elemento que consideramos anti-cristiano. Mientras afirmamos las verdades del cristianismo y repudiamos sus errores, declaramos que nuestros propósitos son francamente espirituales y religiosos por una cooperación sincera con todas

---

41 *Ibíd.*, p. 292.
42 *Ibíd.*, p. 294.
43 *Ibíd.*, p. 297.

las ramas de la cristiandad que sostienen y confiesan todas las doctrinas cristianas en su pureza evangélica.

Como herederos del noble movimiento religioso del siglo XVI, nos esforzamos en el seno del cristianismo ser testigos de: (a) la supremacía de la Palabra de Dios sobre las tradiciones humanas; (b) la supremacía de la fe sobre las obras; (c) la supremacía del pueblo de Dios sobre los clérigos.[44]

En conclusión, el Congreso de Panamá definió en 1916 como temas claves para la predicación evangélica en América Latina, la cristología con énfasis en la soteriología, la eclesiología con mención constante de la unidad y la integración de mensaje con la acción social. Estos temas salieron como conclusiones de los análisis sociales y religiosos de las diferentes comisiones. Se nota un interés en la preparación de los predicadores especialmente en la comprensión del contexto y la correspondiente adaptación del mensaje.

La necesidad de mejor capacitación teológica y de una sana doctrina resultó como una reacción a las recientemente formadas iglesias pentecostales en Chile. El CCLA señaló alarmada las divisiones causadas por "errores y malentendidos, la falta de armonía entre los misioneros, o entre los misioneros y los trabajadores nacionales". Pero la peor división, para el CCLA, era la de los pentecostales:

En las iglesias protestantes de Chile han aparecido tres movimientos independientes separatistas. En dos casos, los líderes han caído moralmente y por eso fueron obligados a dejar la iglesia. Se llevaron a quienes tenían su confianza. El último caso fue el del así llamado movimiento pentecostal, donde el pastor de una de las iglesias más grandes, un misionero, perdió el balance religioso y se dejó llevar por fanáticos ignorantes y a veces maliciosos. Los primeros dos movimientos duraron poco.

---

44 CCLA Committee of Cooperation in Latin America, *Regional Conferences in Latin America,* New York City: The Missionary Education Movement, 1917, p. 426.

El entusiasmo por ser independientes pasó rápido a desánimo e indiferencia total. El movimiento pentecostal arrastró a un gran número de personas sinceras y se ha esparcido a dos tercios del país. Ha sido completamente auto-sostenido y ha captado en sus seis años de existencia un entusiasmo ardiente que lo mantiene vivo. Este movimiento, más que los otros, muestra que hay una necesidad de una más completa instrucción de nuestros miembros en las doctrinas fundamentales del cristianismo y una interpretación mejor establecida de las Escrituras.[45]

Esta reacción a los pentecostales permaneció sin cambios durante la mayor parte del siglo. Los ideólogos del CCLA nunca se imaginaron que en corto tiempo la mayoría de los evangélicos latinoamericanos se iban a identificar con el movimiento pentecostal.

Montevideo, 1925

El Congreso de Montevideo, en abril de 1925, mantuvo los mismos énfasis e incluyó otros nuevos en respuesta a las condiciones cambiantes en la región. En el aspecto religioso se observaron dos tendencias principales en los nueve años que habían pasado desde Panamá: un espíritu creciente de materialismo opuesto a lo espiritual y un cuestionamiento de todas las tradiciones, principalmente la religiosa. En vista de esos cambios notorios, la Comisión IV tuvo a cargo la tarea de responder a las siguientes preguntas: ¿cuál debe ser nuestro mensaje? y ¿hay ciertos elementos característicos del mensaje cristiano que deberían enfatizarse?[46]

En primer lugar, la Comisión IV señaló la necesidad de predicar la paternidad de Dios. La idea predominante de Dios era de alguien

---

[45] *Ibíd.*, p. 101.

[46] Robert E. Speer, Samuel G. Inman y Frank K. Sanders, eds., *Christian Work in South America: Official Report of the Congress on Christian Work in South America, at Montevideo, Uruguay,* Abril, 1925, vol. 1, ed. CCLA, 2 vols., vol. 1: Unoccupied Fields, Indians, Education, Evangelism, Social Movements, Health Industry, New York and Chicago: Fleming H. Revell Company, 1925, p. 350–62.

lejano a quien nadie quería acercarse. El informe de Brasil lo expresaba así:

> Existe en la mente de los suramericanos temor y aprensión de castigo, ya que la idea de Dios como un Padre amoroso, listo y dispuesto para ayudar a sus hijos, está ausente de su forma de pensar. La doctrina presente en la mente de los brasileños de la necesidad de mediadores humanos por la imposibilidad de tener una relación personal con Dios, ha destruido la confianza en Dios.[47]

Esa realidad afectaba también el contenido cristológico del mensaje. Si bien era importante predicar la divinidad de Jesús, esto debía ir acompañado de un énfasis en su humanidad. La primera podría hacer que la gente se apartara de Él por temor. Pero su humanidad podría ayudar a que la gente sintiera que Él la entiende, que Él la cuida, que Él es accesible y que, por lo tanto, no hay necesidad de otros mediadores para llegar a Él. El informe de la Comisión XI lo expresó así:

> El Jesús de la tragedia, el "Cristo español", debe ser suplementado por esa Persona poderosa que ardió de indignación confrontado por el engaño y la opresión organizados que se amparaban bajo un ropaje religioso. Además, se debe enfatizar también la ternura infinita de Jesús hacia los pecadores, débiles y desamparados. En una palabra, creemos que en Suramérica la figura de Cristo que se debe presentar más constantemente y con ganas es en la que él parece en estrecha relación con el pecado. Que se enfatice como el Juez severo del mal, como el Amigo misericordioso de pecadores desesperados, como el Salvador divino cuyo paso por el tiempo tuvo una importancia redentora y cuya existencia infinita como el Señor exaltado garantiza la victoria de la justicia en la tierra.[48]

---

[47] *Ibíd.*, p. 351.

[48] Robert E. Speer, Samuel G. Inman y Frank K. Sanders, eds., *Christian Work in South America: Official Report of the Congress on Christian Work in South America,*

Un tema que no apareció de forma explícita en Panamá fue la hamartiología o doctrina del pecado. En Montevideo se dejó claro que el pecado individual y social debería ser un elemento central en la predicación evangélica: "su universalidad, su estupidez, su asquerosidad, su naturaleza dañina" y "la redención a través de la muerte y resurrección de nuestro Señor". Esto debería contrastarse con el sistema penal y sacramental de la Iglesia Romana. Un corolario de la predicación bíblica sobre el pecado era que se debía dejar claro que la salvación se encuentra únicamente por la fe en Cristo y no por las buenas obras. "Ésta es una de las diferencias antiguas del protestantismo con la enseñanza Católica y que dio origen al Protestantismo. Esta se mantiene como una de las características cardinales de la predicación evangélica, sin devaluar las obras prácticas, sino considerándolas solamente como frutos, y no como raíces de la verdadera vida cristiana".[49] La Comisión XI amplió el tema diciendo:

> Pecado como una abstracción teológica o una omisión ceremonial debe dar paso a pecado como una infracción personal de una justa ley eterna... Se debe mostrar que el mal, en todas sus expresiones, está en oposición eterna a la voluntad de un Dios santo y amoroso. El significado de santidad, tanto divina como humana, se debe interpretar en un lenguaje que la gente pueda entender... En una palabra, las Escrituras y la literatura, el arte y la ciencia, deben vocalizar en los países suramericanos la distinción eterna entre el bien y el mal y la conexión eterna entre pecado y sufrimiento.[50]

---

at Montevideo, Uruguay, April, 1925. vol. 2, ed. CCLA, 2 vols., vol. 2: Church and the Community, Religious Education, Literature, Relations Between Foreign and National Workers, Special Religous Problems, Cooperation and Unity, New York y Chicago: Fleming H. Revell Company, 1925, p. 366.

49 Speer, Inman y Sanders, *Christian Work in South America: Official Report of the Congress on Christian Work in South America, at Montevideo, Uruguay*, Abril, 1925. vol. 1, p. 353.

50 Speer, Inman y Sanders, *Christian Work in South America: Official Report of the Congress on Christian Work in South America, at Montevideo, Uruguay*, Abril, 1925. vol. 2, p. 366.

También se recomendó un énfasis más pragmático en lugar de la predicación de dogmas. Aunque el informe aclaró que no hubo consenso total en este punto, la mayoría de los participantes mencionó que el mensaje debería concentrarse más en los aspectos prácticos de la vida cristiana que en doctrina. "Al final, el dogma ha perdido su encanto. Incluso la gente ignorante no toma más en serio la enseñanza de la iglesia. No es que no crea en la religión, sino que no cree en los dogmas que la cubren. En esto, debo decir que los protestantes son tan dogmáticos como los católicos". Queda claro que aquí también se tenía en mente el contexto predominantemente católico, donde no había conexión entre los rituales eclesiásticos y la vida diaria de la gente. Sin embargo, eso no implicaba el abandono completo del dogma; únicamente se debía mantener un balance con la ética. "Dondequiera que se deba enfatizar la doctrina, se debe acompañar de una insistencia en los frutos prácticos de una vida santa".[51]

La aplicación social del mensaje evangélico se reitera en Montevideo, aunque no estaba claro cómo se debía llevar a cabo. Los informes de los participantes dejaron a los organizadores con la pregunta de si realmente se entendían las implicaciones amplias del aspecto social del evangelio. Se reconoció que de alguna forma se estaba practicando el mensaje social a través de trabajo médico, así como mediante hospedajes estudiantiles, instituciones educativas, actividades eclesiásticas y creyentes que combatían males sociales como el alcoholismo y la prostitución. Pero se esperaba más. ¿Qué era el evangelio social? "Es declarar que la relación de cada hombre en todo ámbito de la vida humana debe organizarse de acuerdo a las enseñanzas de Jesucristo y que a través de su Espíritu, quien trabaja en vidas redimidas y transformadas, es posible lograrlo".[52] La vida humana tiene un espectro amplio de relaciones y en todas se debe participar con el evangelio. Por ejemplo, las relaciones industriales,

---

[51] Speer, Inman y Sanders, *Christian Work in South America: Official Report of the Congress on Christian Work in South America, at Montevideo, Uruguay*, Abril, 1925. vol. 1, p. 353.

[52] *Ibíd.*, p. 355.

raciales, comerciales, gubernamentales e internacionales. La comisión se preguntaba,

> ¿Tiene el cristianismo evangélico organizado en Suramérica algo que decir en estos importantes temas? ¿Tiene algún mensaje para el patrón y su relación con sus empleados? ¿Tiene algo que decir sobre la ganancia que un hombre puede legítimamente obtener de su negocio? ¿Tiene la iglesia algún mensaje sobre el derecho de la clase trabajadora a una porción mayor de los frutos de la producción? ¿Tiene algo que decir sobre cuántas horas semanales debería un empleado trabajar, o cuántas horas diarias? ¿Debería la iglesia decir algo sobre la edad en la que los menores de edad salen de sus hogares para entrar al mundo industrial? ¿Tiene el cristianismo evangélico algo que decir sobre el sistema de *peón* de moda en tantos países Latinoamericanos? ¿Tiene algo que decir a la explotación de los recursos naturales por unos pocos mientras la gran mayoría de la población vive en la miseria? ¿Tiene algo que decir sobre las condiciones de vivienda en nuestras grandes ciudades y en el campo? ¿Tiene el cristianismo evangélico alguna palabra sobre la salud y las condiciones sanitarias de las ciudades y el campo? ¿Tiene alguna convicción sobre la provisión para las madres, los huérfanos y ancianos más allá de un orfanato ocasional o un hogar de ancianos donde se pueda atender a algunas personas de vez en cuando?

A lo largo de toda la historia del movimiento sindical organizado, sus miembros parece que piensan que la iglesia es una organización capitalista, dominada por intereses capitalistas, que buscan, a través de la iglesia mantener sumisos a los sectores menos favorecidos de la sociedad. ¿Tiene el cristianismo evangélico en América Latina algo para contradecir esta opinión? ¿Han mostrado sus líderes de alguna manera especial ser amigos de los grupos explotados en la vida nacional?[53]

---

[53] *Ibíd.*, p. 356.

Éstas y otras preguntas similares proponían una agenda de compromiso social para la iglesia evangélica latinoamericana. La Comisión IV reconoció que tal vez la influencia de los evangélicos no era notoria debido a la poca membrecía. Pero eso no debería ser una excusa para no participar socialmente. Aunque fuera una voz débil, era mejor hablar que quedarse callados. El aspecto social del evangelio no era para los organizadores del congreso un apéndice, sino más bien la aplicación práctica de las enseñanzas de Jesús. Era parte integral de su teología en general y su cristología en particular.[54]

Interesantemente, dentro del tema del mensaje evangélico, la Comisión IV incluyó la misión al mundo desde la iglesia latinoamericana. Se mencionó que ya se habían formado varias sociedades misioneras nacionales. Por ejemplo, de Argentina se enviaron misioneros a España, y de Brasil a Portugal. La iglesia brasileña apoyaba financieramente a un obrero japonés para trabajar con los colonos nipones al sur del país. Hubo intercambio de obreros entre varios países. El reverendo español Agustín Arenales recorrió América Latina y levantó una ofrenda considerable para ayudar a la evangelización en su país. Hubo desde el comienzo un despertar de la conciencia misionera en Latinoamérica.

La necesidad de mejor capacitación de los predicadores, que en Panamá se había mencionado brevemente, se describió como "el mayor problema que enfrenta el Congreso de Montevideo".[55] Esta afirmación se basaba en la observación de que el púlpito seguía siendo la estrategia más utilizada y eficaz para la evangelización. Había recursos financieros suficientes, personal involucrado y metodologías que estaban produciendo resultados, pero todo eso se veía comprometido sin predicadores bien preparados para la tarea. Al comienzo, mientras el mensaje era nuevo, ministros con poca instrucción hicieron un buen trabajo, pero la situación estaba cambiando.

---

54 Ver el informe de la Comisión V. sobre los movimientos sociales, *ibíd.*, pp. 389–494.

55 *Ibíd.*, p. 363.

Para la mayoría de los latinoamericanos la pregunta ya no es ¿qué enseña la Biblia sobre este o ese asunto? sino ¿cómo puede un hombre educado, al día con las ciencias modernas, aún creer que lo que un oriental dijo 2000 años atrás hace alguna diferencia hoy? La pregunta ya no es ¿cuál es la voluntad de Dios? Dios, para la mayoría de los latinoamericanos educados, y miles sin educación, simplemente no existe. Y si lo hace, es solamente en poesía y en la imaginación de los que se ganan la vida promocionando esa falsedad.[56]

Además de la capacitación teológica y homilética se recomendó que el predicador tuviera mejor preparación espiritual y un estudio más profundo de las necesidades y problemas de la gente. Esto era urgente, ya que las iglesias luchaban por mantener los resultados logrados en la evangelización. La gente, especialmente los jóvenes, que estaban aceptando el mensaje no se hacían miembros de las iglesias ni se quedaban lo suficiente para experimentar un crecimiento espiritual significativo. Para esto, era importante desarrollar instituciones de enseñanza ministerial y teológica de alto nivel, algo que recién comenzaba a desarrollarse.

Queda la interrogante de si los líderes latinoamericanos presentes en Panamá y Montevideo lograron convencer a sus colegas que adoptaran esta propuesta teológica y estratégica. O, dicho de otra forma, ¿por qué la mayoría de las iglesias evangélicas latinoamericanas se desarrollaron tan diferentemente a lo descrito en los informes de estos congresos? No hay duda de que el modelo que predominó fue otro. Puede ser que, a pesar del análisis minucioso de las condiciones latinoamericanas, no se lograron los resultados esperados en alcanzar a la clase educada. Lo que se ve después de Montevideo es que, con pocas excepciones, los que respondieron positivamente al mensaje eran personas de las clases trabajadoras. Tal vez la agenda social era muy grande para que una iglesia todavía en pañales la pudiera llevar a cabo. O hubo otros factores

---

[56] *Ibíd.*, p. 364.

importantes externos. Quizá revisar las conclusiones del congreso en La Habana en 1929 nos ayude a entender mejor esto. Además, habría que analizar otras propuestas contemporáneas.

La Habana, 1929

El presidente del congreso en la Habana fue el periodista mexicano Gonzalo Báez Camargo, quien, en su análisis del congreso, enumera varios factores que actuaban en contra de los planes expansionistas protestantes, comenzando con la sospecha generalizada de que los protestantes eran agentes políticos norteamericanos.

> El recelo y la desconfianza muy justificados con que nuestros pueblos observan las maniobras políticas e internacionales de la nación norteña, nos alcanzan, nos envuelven y nos afrentan a nosotros, los protestantes hispanoamericanos, aunque seamos tan opuestos a la política hasta aquí desarrollada por los Estados Unidos en el resto del continente, como lo son nuestros hermanos de sangre. Los que han empujado al Gobierno de los Estados Unidos a escribir páginas humillantes de política internacional en la historia de sus relaciones con América Latina, no se imaginarán jamás, de qué manera tan injusta pero tan explicable han entorpecido la evangelización de nuestros pueblos.[57]

Aunque estas observaciones eran también conocidas por algunos misioneros, queda la pregunta de si era posible deshacerse de ese estigma. Samuel Guy Inman había expresado de forma explícita los problemas de la influencia de las políticas norteamericanas en el trabajo misionero:

> Sería absurdo no reconocer el obstáculo a la obra misionera extranjera en América Latina creado por las políticas reales o

---

[57] Gonzalo Báez-Camargo, *Hacia la renovación religiosa en Hispano-América: Resumen e interpretación del Congreso Evangélico Hispano-Americano de La Habana*, México: Casa Unida de Publicaciones, 1930, p. 24.

supuestas de los Estados Unidos hacia su vecino sureño. Los hechos son en sí mismos vergonzosos, con o sin explicación. La toma de Panamá por el presidente Roosevelt, el embargo de la aduana de Santo Domingo para asegurar las deudas de los acreedores extranjeros, la ocupación real de Santo Domingo por las tropas estadounidenses, la conquista práctica de Haití por los marines de los Estados Unidos, la toma de Veracruz por la fuerza naval de Estados Unidos en 1914, la expedición punitiva en México bajo el general Pershing en 1916.[58]

En Montevideo se había propuesto una respuesta tripartita a este asunto: evitar asociar el movimiento evangélico con el Panamericanismo como política norteamericana, que los misioneros no se metan en asuntos políticos locales y el traspaso urgente del trabajo a los nacionales.[59] Pero parece que había razones suficientes para que la gente tuviera esa percepción. Si un norteamericano visitara América Latina, según Inman, iría a encontrar diferencias en la cultura general, excepto en las iglesias evangélicas.

> Si él visitara su iglesia y hablara con un ministro protestante, observara la obra protestante tanto privada como pública, va a encontrar que mayormente es una copia del protestantismo que ya conoce en su país. Los templos serían o más grandes o más pequeños, más o menos adornados, pero copias de lo que ya conoce en Norte América. La predicación con más o menos elocuencia, mayor o menor conocimiento del texto, pero sería una copia de la teología que ya conoce, un duplicado de lo que ha escuchado antes. Incluso los ademanes de los oradores, las citas de los predicadores le van a mostrar que ellos prefieren obras traducidas; que sus maestros y profesores son

---

[58] Samuel G. Inman, *Ventures in Inter-American Friendship*, New York: Missionary Movement of the United States and Canada, 1925, p. 6.

[59] Speer, Inman, and Sanders, *Christian Work in South America: Official Report of the Congress on Christian Work in South America, at Montevideo, Uruguay*, Abril, 1925. vol. 2, p. 360.

protestantes que vivieron años atrás o aquellos populares en las frías tierras norteñas. Raramente encontraría alguna diferencia u originalidad para mostrar que el protestantismo no es una planta exótica sino nativa a los hispanohablantes y parte de su civilización y cultura. Él notaría esto más intensamente si pusiera atención a la literatura, estudiara los himnos, la forma del culto y la organización de la iglesia. En este medio tan original en su música, en su himnología y su literatura, encontraría nada más que imitaciones de los himnos en inglés, muchas veces mal traducidos, con melodías inglesas, no siempre adaptadas al delicado oído de la gente, con ceremonias y manifestaciones religiosas ya arcaicas en Norte América pero que constituyen la liturgia y ceremonias de las iglesias de habla hispana del momento.[60]

No era la primera vez que alguien llamaba la atención a esto. El mismo año del congreso en Montevideo, el argentino Julio Navarro Monzó recomendó a los protestantes evitar ser una copia de las instituciones religiosas anglosajonas y alemanas que promovieron la reforma del siglo XVI. Para él, eso sería "un error tan enorme", como cuando las nacientes repúblicas latinoamericanas copiaron las instituciones políticas europeas "sin haber pasado por las experiencias históricas" que cristalizaron esas formas de gobierno en Europa. Navarro Monzó decía que se debía promover una nueva reforma, ya que "la reforma es un espíritu, un movimiento, mientras que el protestantismo es una organización. La reforma, el espíritu de la reforma, es algo eterno. El protestantismo es algo temporal".[61]

Será una nueva reforma, la reforma del siglo XX. Será la síntesis de los esfuerzos de los latinos y los anglosajones, de los germanos

---

[60] Samuel G. Inman, *New Churches in old lands: Thoughts Concerning the Evangelical Movement in Hispanic America, Especially in View of Discussions Related to the Havana Congress*, 1929, p. 1.

[61] Julio Navarro Monzó, *The Religious Problem in Latin American Culture*, Montevideo: Young Men's Christian Association, 1925, p. 56.

y los eslavos, de los occidentales y tal vez también los orientales, para encontrar la solución a los problemas morales y espirituales del mundo moderno, los problemas que la ciencia levanta en conflicto con las teologías tradicionales, los problemas que han surgido por el industrialismo y el despertar gradual de las clases trabajadoras, los problemas causados por la aproximación de razas diferentes, el ajuste de sus relaciones económicas y la necesidad de establecer relaciones amistosas entre ellas.[62]

Báez Camargo también mencionó al "escolasticismo romanista" como causa del rechazo a los evangélicos, principalmente por las clases educadas. "Las librerías se prestan a vender obras budistas, mahometanas, teosóficas, espiritistas, ocultistas, pornográficas, radicales en muchos sentidos, incrédulas y ateas, menos protestantes". Esto lo llevó a preguntarse: "¿Será que nuestro protestantismo no se adapta al temperamento de estos pueblos, no satisface sus aspiraciones religiosas, no llena sus necesidades espirituales, en una palabra, no arraiga, no prende, no se identifica?". Su conclusión fue que "no hemos podido vincularnos con nuestros pueblos. Le somos extraños a nuestra raza".[63] Es interesante este cambio de perspectiva. En lugar de buscar las causas en elementos externos, Báez Camargo propuso una mirada hacia el interior del movimiento protestante y buscar una revalorización y reorganización de él.

> Urge desde luego un examen cuidadoso de nuestro protestantismo; una revisión de nuestro modo de presentar el mensaje, nuestra organización, nuestras formas de culto; nuestros métodos de trabajo; nuestra actitud hacia los anhelos sociales de nuestros pueblos; nuestros elementos y nuestras fisonomías.
>
> Nuestro protestantismo no tiene raigambres ni relación con las tradiciones espirituales de la raza… es de lamentarse que en nuestra reacción contra el catolicismo, hayamos ido

---

[62] *Ibíd.*, p. 58.
[63] Báez-Camargo, p. 25.

> hasta el extremo de desechar cuanto hay de cristiano, por lo mismo de glorioso, en la experiencia religiosa de nuestra raza.[64]

Báez Camargo propuso "latinizar" el protestantismo en busca de una reforma religiosa, contrastándola con una invasión religiosa. Vio el hecho de que el congreso en La Habana fue dirigido y organizado por latinoamericanos como un paso positivo en esa dirección, y al mismo tiempo estaba consciente de que "la gran empresa de asimilarnos mejor el protestantismo no es obra de un momento ni cosa de violencias y apresuramientos."[65]

Lamentablemente en La Habana se perdió una oportunidad de "latinizar" el mensaje cuando se adoptó la declaración del Congreso Internacional Misionero llevado a cabo en Jerusalén un año antes.[66] No es que esa declaración tuviera errores doctrinales. El problema es que se sentó un precedente difícil de romper. Los intentos iniciales en Panamá y Montevideo de definir un mensaje que tuviera en cuenta el contexto se dejaron a un lado en La Habana. Las discusiones se centraron más en estrategia que en contenido. Pero estas observaciones, tanto las de Inman, Navarro Monzó y Báez Camargo, nos dan una idea de las luchas que los evangélicos tenían para definir su identidad y su misión. Éstas se pueden extrapolar al pensamiento teológico de las iglesias latinoamericanas hasta ese momento. Lo que había era repetición de lo que llegó, aunque algunos evangélicos iban por el camino de pensar su fe en su contexto mientras trataban de balancear las presiones externas. Sobresalen, entre otros, el uruguayo Eduardo Monteverde, quien presidió el congreso en Panamá 1916; el brasileño Erasmo Braga, elegido como presidente del congreso en Montevideo en 1925 y uno de los presidentes honorarios del congreso en La Habana 1929; el mexicano Gonzalo Báez Camargo, presidente del congreso en La

---

64 *Ibíd.*, p. 27.

65 *Ibíd.*, p. 138.

66 *Ibíd.*, pp. 157–58. Para un análisis de la declaración de Jerusalén y algunos de los problemas relacionados ver James L. Cox, "Jerusalem 1928: Its Message for Today". *Missiology: an International Review* 9, n.º 2, abril, 1981, pp. 139–53.

Habana; el escritor y periodista mexicano Alberto Rembao, editor de *La Nueva Democracia* por varios años, y el brasileño Julio Navarro Monzó, quien ejerció una labor importante con la Asociación Cristiana de Jóvenes en el Cono Sur.

Otras tendencias teológicas al comienzo del siglo XX

La posición de Panamá y los subsiguientes congresos no era compartida por todas las agencias misioneras presentes en el territorio latinoamericano. Por ejemplo, el boletín de la Misión Centroamericana (CAM) de enero de 1916 decía:

> Nos alegramos al conocer que nuestros misioneros piensan lo mismo en oponerse al Congreso propuesto que espera reunirse el próximo mes en Panamá. Estando convencidos de que es un engaño y una trama y no para la gloria del Señor, podemos no tener nada que ver con él. Esto comenzó teniendo compañerismo con Roma, pero ella siendo tan mundanamente sabia para no tener ninguna parte en un congreso que ella no inauguró y controló, lo ha repudiado completamente. Siendo que esta cosa ha surgido con el propósito jurado de tener compañerismo con Roma, y por eso ha fallado, ¿por qué no cancelarlo de una vez por todas?[67]

CAM era una de varias agencias misioneras que llegaron a América Latina en el siglo XIX con propósitos evangelísticos. En 1890, Cyrus Ingerson Scofield, más conocido por ser el autor de las notas en la Biblia anotada de Scofield,[68] fundó CAM con el propósito de "predicar el evangelio a toda criatura en Centroamérica".[69] Previamente Scofield

---

[67] CAM, *The Central American Bulletin* 22, n.º 1, 1916, p. 4.

[68] La Biblia anotada por Scofield se considera "la distribuidora más influyente del dispensacionalismo en (Norte) América". Ernest R. Sandeen, "Toward a Historical Interpretation of the Origins of Fundamentalism". *Church History* 36, n.º 1, 1967, p. 68.

[69] CAM, "Origen and Purpose of the Mission," *The Central American Bulletin* 3, n.º 2, 1897, p. 2.

había adoptado como su marco teológico y hermenéutico el sistema dispensacionalista desarrollado en Irlanda principalmente por John Nelson Darby (1800–1892) en la primera mitad del siglo XIX como respuesta a la falta de autenticidad que él veía en la iglesia anglicana. Darby mismo se había encargado de enseñar su esquema doctrinal en los Estados Unidos, país que visitó frecuentemente y donde mucha gente de todas las denominaciones aceptó su propuesta. Hay que aclarar que cuando Darby llegó a los Estados Unidos ya había en ese país sistemas similares al suyo desarrollados independientemente por pastores como James Inglis y William Miller.[70] Estados Unidos había experimentado una guerra civil y esos esquemas ayudaron a que la gente viera los sucesos históricos como cumplimientos proféticos. También, la distribución y aceptación del esquema de Darby coincidió con las discusiones teológicas e ideológicas que produjeron el fundamentalismo protestante en los Estados Unidos.

Scofield no fue el único líder eclesiástico norteamericano que adoptó el dispensacionalismo premilenialista. Hubo también un buen número de hombres influyentes que lo aceptaron, completamente o con algunas modificaciones. Por ejemplo, el bautista Adoniram J. Gordon, fundador de la Escuela de Entrenamiento Misionero de Boston (Gordon College and Seminary) y editor principal del periódico *Watchword*; los presbiterianos Arthur T. Pierson y James H. Brookes, un graduado del Seminario de Princeton y editor del periódico *The Truth*; el metodista William Blackstone, fundador y primer decano del Instituto Bíblico de Los Ángeles, más conocido como la Universidad Biola, y fundador de la Misión Hebrea en Chicago; William J. Erdman, pastor de la iglesia Moody en Chicago, y uno de los fundadores del Seminario Moody; el evangelista Dwight L. Moody, uno de los fundadores del Seminario Teológico de Dallas, y el fundador de la Alianza Cristiana y Misionera Albert B. Simpson, entre otros.

---

[70] Ver, por ejemplo, Alan Thomas Terlep, "Inventing the Rapture: The Formation of American Dispensationalism, 1850–1875" (disertación doctoral), University of Chicago, 2010.

Los elementos claves del dispensacionalismo de Darby incluían:

La historia se divide en siete periodos llamados dispensaciones: inocencia (de la creación hasta la expulsión del Edén), consciencia (hasta el diluvio), gobierno humano (hasta el llamado a Abraham), promesa (hasta el pacto sinaítico), ley (hasta la muerte de Cristo), gracia (desde el Pentecostés hasta la segunda venida de Cristo), reino (hasta el juicio final).

Dicotomía literal entre la iglesia e Israel. Israel y la iglesia son dos realidades que deben separarse completamente. Uno ingresa a Israel por el nacimiento natural, a la iglesia por el nacimiento espiritual. Cada uno tiene promesas y profecías que se deben mantener separadas. En el futuro milenio, la iglesia reinará como "la esposa del Cordero" mientras Israel será restaurado a su tierra ancestral y heredará el reino terrenal pronosticado por los profetas.

Una distinción de la verdadera iglesia en contraste con la iglesia universal. "La iglesia verdadera no puede identificarse con ninguna de las denominaciones grandes, que están llenas de herejías, sino que puede conformarse únicamente de cristianos individuales que esperan ser salvados de la destrucción que viene".[71]

Una hermenéutica literal aplicada a la Biblia especialmente los pasajes proféticos relacionados a la segunda venida de Cristo, la emigración de los judíos a su territorio original, el rapto secreto, la gran tribulación, el milenio y el destino final. Claro que ésta no fue aplicada a todos los géneros literarios, por ejemplo, el Cantar de los Cantares se interpreta como una alegoría de Cristo y la iglesia.

Un entendimiento del reino como una realidad pospuesta, enteramente futura y principalmente judía. Esperanza en una restauración literal del estado de Israel a su territorio prometido. En su primera venida, Jesús quería establecer un

---

[71] Sandeen, p. 69.

reino literal, físico y teocrático pero no lo logró porque los judíos lo rechazaron. Así que, cuando regrese otra vez, Jesús establecerá su reino con los 144 000 judíos que sobrevivan a la tribulación.

Una visión restringida de la iglesia. "La verdadera iglesia nunca puede ser una organización sino que debe permanecer como una comunión espiritual de cristianos individuales".[72] Este nuevo cuerpo espiritual, la iglesia, fue desconocida por los profetas del Antiguo Testamento y se le denomina un "misterio" en el Nuevo Testamento.

Un énfasis urgente en prepararse para un rapto secreto de la verdadera iglesia que precede a los siete años de tribulación. Dios abrió el día del Pentecostés un paréntesis salvífico que se cerrará con el rapto.

Una segunda oportunidad, durante el milenio, para que los judíos reciban el reino de Jesucristo. Israel aceptará a Jesús como el Mesías y se completará la salvación de los judíos.

Un milenio literal en Jerusalén con el propósito de cumplir literalmente las promesas hechas a Israel y que aún no se han cumplido.

Una distinción entre ley y gracia. Las expectativas de Dios para la Iglesia son diferentes de las expectativas para con Israel y por lo tanto el tratamiento para cada grupo es diferente. La ley era la base del "evangelio del reino" para Israel y la gracia para el "evangelio de la gracia" para la iglesia.

Categorización de la Escritura. Las Escrituras que se aplican a la iglesia son únicamente las cartas paulinas y algunos pasajes de las otras cartas. El resto de la Biblia es para Israel. Ningún pasaje de la Biblia se aplica a más de una dispensación. Solamente los textos dirigidos a los nacidos espiritualmente se aplican a la iglesia. Los demás son para Israel.[73]

---

[72] *Ibíd.*

[73] Estas características del dispensacionalismo se encuentran en diferentes partes de la Biblia anotada de Scofield. Muchas de ellas fueron revisadas a lo largo del siglo XX.

El sistema dispensacionalista premilenialista fue de suma importancia para el desarrollo de la teología evangélica en América Latina. La mayoría de misioneros enviados por las llamadas "misiones de fe" a finales del siglo XIX y a lo largo del siglo XX habían sido instruidos en él y lo transmitieron a los convertidos en el campo misionero.[74] Para mediados del siglo XX, con algunas variaciones y adaptaciones minúsculas, el dispensacionalismo llegó a ser la ortodoxia de la mayoría. Incluso casi todas las denominaciones pentecostales adoptaron mucho de su contenido.

El dispensacionalismo trajo a América Latina varios aspectos positivos que ayudaron a definir la identidad evangélica en el continente. Entre estos, un concepto alto de la inspiración de la Biblia, un énfasis en la conversión personal acompañado de una ética individual y un sentido de inminencia y urgencia para la evangelización mundial atizado por la creencia en el pronto retorno personal de Jesús. La guerra de Estados Unidos contra México y la primera guerra mundial echaron leña al fuego escatológico haciendo más urgente la tarea evangelística, ya que se esperaba el regreso del Señor en cualquier momento. También se enfatizó, más que en el CCLA, la participación de todos los creyentes en la misión, o para utilizar la jerga reformada, el sacerdocio de todos los creyentes. CAM y la mayoría de las misiones tenían desde sus comienzos obreros locales que recién se habían convertido. Lo único que necesitaban era la Biblia y nada más.

Por otro lado, y en contraste con el esquema doctrinal de Panamá y los congresos que siguieron, el dispensacionalismo no traía interés en lo social. En los documentos de las misiones (CAM, por ejemplo), está ausente el análisis social, político y económico de los congresos del CCLA, mientras que abundan las descripciones de la condición espiritual. Por supuesto que hubo

---

[74] Para un análisis de la relación entre las misiones de fe con el dispensacionalismo y el fundamentalismo norteamericanos, ver Óscar A. Campos R, "La misión de la iglesia y el reino de Dios en el evangelicalismo tradicional", *Kairós* 21, n.º 2, julio 1, 1997, pp. 51–70.

escuelas, clínicas y orfanatos comenzados y administrados por los misioneros. Solamente que, en palabras de Cameron Towsend desde Guatemala, "tenemos unas pocas escuelas y realizamos algo de trabajo médico y algunos de nosotros queremos desarrollar más estas áreas, pero ellas siempre son y serán solamente siervas de la obra evangelística".[75] La supremacía de la evangelización, entendida como la predicación oral del mensaje dispensacionalista con una invitación a aceptar personalmente a Jesús, era parte integral de la práctica misionera. El conflicto entre la evangelización y el ministerio social tuvo un papel preponderante en la aplicación del mensaje en esos primeros años.

También la actitud frente a la iglesia predominante era de confrontación directa. Los misioneros y los convertidos estaban convencidos de que el catolicismo no había traído el verdadero evangelio y que, por lo tanto, ellos tenían la responsabilidad de hacerlo. En palabras de Scofield: "Los creyentes que conocen solamente al catolicismo en los Estados Unidos no tienen ni idea de qué tan pervertido e idolátrico es en la América hispana".[76]

En América Latina el dispensacionalismo inhibió el desarrollo de una teología contextual, ya que era un sistema cerrado. Había poca o ninguna posibilidad de cambiarlo o adaptarlo. Esto mantuvo a la mayoría de las iglesias y denominaciones que comenzaron en esos años, con poco o nada de interés en producir una respuesta bíblica y teológica diferente a la recibida. Era importante entender los esquemas escatológicos, las diferencias entre la iglesia e Israel, creer en un rapto secreto de los creyentes y en un milenio literal. ¿Qué más faltaba?

Lo que se ve en las primeras tres décadas del siglo XX es que el modelo propuesto por el CCLA en sus congresos fue eclipsado rápidamente por el ímpetu y la mayoría numérica de los que

---

[75] Citado por Bill Svelmoe, "Evangelism Only? Theory Versus Practice in the Early Faith Missions", *Missiology: an International Review* 31, n.º 2, 2003, p. 197.

[76] Citado por George Irwin Ferris, Jr., "Protestantism in Nicaragua: Its historical Roots and Influences Affecting its Growth" (disertación doctoral), Temple University, 1981, p. 121.

siguieron el modelo dispensacionalista. A esto hay que añadir el hecho de que, desde comienzos del siglo, 1909 para ser más exactos, hubo en varios países una creciente representación pentecostal tanto nativa como extranjera.[77] Muy pronto el CCLA y su propuesta llegó a ser minoritaria y dejó de ser representativa del protestantismo latinoamericano. Revoluciones internas, la Segunda Guerra Mundial y el establecimiento del Estado israelita en 1948 dieron el espaldarazo definitivo que parecía autenticar las propuestas dispensacionalistas. Creció el sentido de urgencia y se intensificó la esperanza escatológica del rapto y del retorno inmediato de Jesucristo.

---

[77] Ver, Luis Orellana, *El fuego y la nieve: Historia de movimiento pentecostal en Chile: 1909–1932,* Concepción: Centro Evangélico de Estudios Pentecostales CEEP, 2006.

Capítulo 2

La producción teológica de la primera generación de evangélicos latinoamericanos, 1916–1946

El pastor metodista bonaerense Daniel Enrique Hall admitía que, aunque los evangélicos veían algunos puntos de acuerdo con la doctrina de la iglesia católica, era también claro que "la Iglesia Romana en Latinoamérica se ha apartado del cristianismo verdadero tanto en fe como en práctica, habiendo inventado e impuesto sobre sus feligreses ritos tradicionales y supersticiosos, así como doctrinas completamente extrañas a la mente y al espíritu de Cristo". Ya que muchos latinoamericanos se percataban del engaño religioso oficial, estaban optando por rechazar toda forma de religión incluyendo el mensaje protestante. Hall evaluó la contribución evangélica en Latinoamérica en las áreas de educación, difusión de literatura cristiana especialmente de la Biblia, reducción del alcoholismo, trabajo social entre los obreros, mejoramiento de salud pública, y otras actividades. Todo eso iba también acompañado de un trabajo espiritual importante: "que Cristo sea conocido, ganar discípulos para él en todas las áreas de la vida, organizar a esos creyentes en grupos de adoración colectiva y servicio unido, y extender la fe cristiana y sus estándares éticos a la vida comunitaria".[1] Estas palabras de Hall

---

[1] Daniel Enrique Hall, "The Protestant Movement," en Milton Stauffer, ed., *As Protestant Latin America Sees It*, New York: Student Volunteer Movement for Foreign Missions, 1927, pp. 89–100.

mostraban una integración entre lo social y lo espiritual en la misión de la iglesia al comienzo del siglo.

Para el final de la tercera década, la iglesia evangélica experimentaba necesidades importantes en varios frentes. El metodista argentino Gabino Rodríguez mencionó el nominalismo de creyentes que habían sido católicos, pero al convertirse no cambiaron su forma de vida, haciendo de ellos testigos ineficaces que solamente siguen reglas, pero sin demostrar el nuevo nacimiento en su diario vivir. Además, Rodríguez identificó la dificultad de involucrar a las nuevas generaciones, los hijos de los creyentes. Él atribuyó esto a que:

> Mucha de nuestra predicación y enseñanza han sido dogmáticas en carácter, controversiales, y no de alta calidad intelectual. Hemos fallado, me parece, en dos aspectos importantes. Primero, hemos fallado en hacer de nuestra predicación y enseñanza desafiante para la gente joven. Y ya que el evangelio no ha sido presentado de una forma y manera diseñada para desafiar a los jóvenes, muchos de ellos se han vuelto indiferentes a él o lo han aceptado como algo impuesto sobre ellos, en lugar de como un don de vida que desean para ellos mismos. Segundo, hemos fallado en mantener a la gente joven ya sea porque no les dimos o no pudimos darles un medio ambiente social apropiado para que expresaran su naturaleza social. Sin encontrar una vida social atractiva y satisfactoria en la iglesia, han salido de la iglesia en su búsqueda de actividades sociales y entretenimiento.[2]

Rodríguez añadió, como otra necesidad de la iglesia evangélica, el buscar pronto el autogobierno, la autodifusión y el autosostenimiento. Entendió que esta búsqueda tenía que ver con dos áreas importantes: el liderazgo y el financiamiento. En cuanto al último

---

[2] Gabino Rodríguez, "The Evangelical Churches", en Milton Stauffer, ed., *As protestant Latin America sees it*, New York: Student Volunteer Movement for Foreign Missions, 1927, pp. 110–12.

aspecto, Rodríguez se preguntó: "¿Es justo que sigamos dependiendo de nuestros amigos cristianos protestantes de Norteamérica y Europa, quienes nos han ayudado con su dinero y con algunos de sus mejores hijos e hijas? ¿No deberíamos, aunque seamos algo jóvenes, comenzar a caminar solos? ¿O vamos a continuar por años viviendo como indigentes, agarrados fuertemente de nuestras muletas extranjeras más de lo que necesitamos para nuestro propio bienestar?".[3]

Para solucionar la necesidad de un liderazgo latinoamericano, Rodríguez propuso la apertura de instituciones de educación teológica de alto nivel, con requisitos elevados de ingreso y una calidad mejor de estudiantes. "Esto implica mejores escuelas teológicas, con mejores bibliotecas y mejores catedráticos". Sin un liderazgo bien preparado no iba a ser posible la independencia de la iglesia latinoamericana de la supervisión misionera extranjera. Junto con esto estaba la falta de libros teológicos y de literatura cristiana en general de buena calidad. "Necesitamos literatura que inspire, guie, nutra la mente, fortalezca el corazón y mueva la voluntad de las nuevas generaciones".[4] Esto adquiría mayor urgencia, ya que los "fanáticos protestantes" estaban ofendiendo las sensibilidades de los latinoamericanos y dejando una impresión equivocada de la fe evangélica.

Para contrarrestar la idea que los intelectuales latinoamericanos tenían de que la fe cristiana estaba en contra de la ciencia y el progreso científico, Rodríguez apuntó a la necesidad de "hombres fuertes entre los nuestros que liberen a la gente de esos conceptos falsos, tanto con su voz como con sus escritos". Éstos debían ser latinoamericanos excepcionalmente capacitados "en los últimos métodos y descubrimientos científicos, con un conocimiento de nuestro temperamento latino y nuestro punto de vista, nuestra historia y literatura".[5] Frente a la rápida industrialización en América

---

3 *Ibíd.*, p. 114.
4 *Ibíd.*, p. 116.
5 *Ibíd.*, p. 117.

Latina y los desafíos que ella traía, como la urbanización y el conflicto entre el trabajo y el capital, Rodríguez decía:

> Ante semejante desastre que se avecina, ¿se mantendrá la iglesia protestante, independientemente de la actitud de la iglesia católica romana, temerosa de predicar un evangelio social? Por mucho tiempo ella ha dudado, por mucho tiempo los misioneros y los evangelistas locales se han preocupado casi exclusivamente con preparar hombres y mujeres para la vida más allá de la tumba. Ellos han predicado un evangelio individual y han dejado los problemas sociales mayormente al cuidado de los políticos y millonarios. Hoy los socialistas les dicen a los creyentes protestantes "háganse a un lado, dennos espacio, y les vamos a mostrar cómo crear un nuevo orden social". ¿Les abriremos el camino? Estamos poniendo en peligro nuestra causa diaria insistiendo en ser meramente 'del otro mundo'. Cristo vino a dar vida abundante a América Latina ahora. Ha llegado el tiempo en que predicar el evangelio en estos países es enfatizar su mensaje social y desafiar a los creyentes con sus implicaciones y demandas sociales.[6]

Además, la predicación que Rodríguez proponía debía mostrar que "la religión cristiana no es dogma, sino vida; no es una marca especial de teología mejor que las otras, sino un espíritu de vida". Ante una religiosidad popular de ritos y formalidades, el mensaje evangélico debía mostrar que "el cristianismo es un poder que da vida al espíritu y que fortalece el alma; que inspira, motiva y transforma". Los creyentes tenían la responsabilidad de mostrar que "el cristianismo evangélico es más que la aceptación intelectual de una serie de creencias ortodoxas, sino que es 'vida muy abundante'".[7] Gabino Rodríguez y su colega Daniel Enrique Hall nos dejan ver que, para finales de la tercera década del siglo XX, la iglesia evangélica estaba estableciéndose y creciendo sostenidamente. Sus

---

6   *Ibíd.*, p. 119.

7   *Ibíd.*, p. 120.

observaciones mostraban un interés genuino por la nacionalización tanto de las iglesias como de su liderazgo. El mensaje evangélico tenía cabida y relevancia para las situaciones sociales y espirituales en la región.

Unos pocos años después, John A. Mackay analizó el avance evangélico en términos similares. Mackay consideraba al cristianismo evangélico "el más grande movimiento en la historia de América Latina desde el comienzo de su independencia política".[8] La contribución de ese movimiento se podía ver en cuatro áreas de la vida social: hacer disponible la Biblia en un contexto donde su lectura estaba prohibida, la presencia de nuevas comunidades cristianas, apertura de escuelas y otras opciones educativas y, finalmente, iniciativas de servicio comunitario. La Biblia, de acuerdo con Mackay, "fue la pionera del movimiento evangélico en América Latina... llevando a cabo su obra transformadora y entregando su mensaje redentor".[9] También, "después de ochenta años de esfuerzo misionero una comunidad evangélica autóctona en Latinoamérica es una realidad" que "ejerce una influencia más allá de la proporción de sus números, y constituye una fuerza religiosa, ética y cultural de importancia mayor".[10]

Entre otros resultados positivos del avance evangélico, Mackay mencionó el surgimiento de ilustres evangélicos, como los siguientes: los mexicanos Moisés Sáenz, diplomático en Ecuador, y Aarón Sáenz, alcalde del Distrito Federal y "un posible presidente de la república". También, Andrés Ozuna, ex ministro de Educación bajo el presidente Carranza, exgobernador de Tamaulipas y director general de Educación en Nuevo León. Asimismo, Gonzalo Báez Camargo, "uno de los escritores editoriales [sic] más destacados de México" y que "posee una combinación de cualidades que rara vez uno ve en sus merodeos por muchas partes". De Brasil, Mackay mencionó a Erasmo Braga, que ya había fallecido para entonces,

---

8 John A. Mackay, *That Other America,* New York: Friendship Press, 1935, p. 145.
9 *Ibíd.,* p. 151.
10 *Ibíd.,* p. 154.

quien fue reconocido por las autoridades de su ciudad al ponerle su nombre a una calle y celebrando su legado como "educador, escritor de libros de texto, campeón de toda causa buena en el país, padre de movimientos de cooperación en el protestantismo brasileño, secretario del Comité de Cooperación para América Latina y figura internacional en los concejos de la iglesia cristiana". También mencionó Mackay al pastor presbiteriano Álvaro Reis, quien sirvió en Río de Janeiro por más de cuarenta años y a quien la ciudad inmortalizó poniéndole su nombre a una plaza pública. Igualmente, al doctor argentino George Howard, quien por más de dos décadas se dedicó al evangelismo de masas "sin ninguna de las estratagemas asociadas a las reuniones eclesiásticas" y era "un ejemplo de evangelista pionero, con el tipo de mensaje y la forma de predicarlo en esta hora presente en Sur América". Asimismo, a Julio Navarro Monzó, también argentino y conferencista con la Asociación Cristiana de Jóvenes, quien "en teatros, auditorios públicos y universitarios ha confrontado a las masas sin iglesia con la realidad de la religión, especialmente la del Salvador y Señor de los cristianos".[11] Parece que la estrategia del CCLA para alcanzar las clases educadas estaba dando frutos concretos.

Mackay observó que en los círculos evangélicos latinoamericanos la reacción contra el concepto popular del "pobre Cristo" los había llevado a "quitarle a la cruz y al Crucificado de la centralidad que les pertenece en el Nuevo Testamento". Esto llevaba a una presentación superficial de la cruz. En el mismo sentido, el español Juan Orts González levantó una pregunta cristológica importante sobre el tema: ¿Cuál debe ser nuestro Cristo, el de Velásquez[12] o el de los norteamericanos? ¿Es el Cristo de los norteamericanos deficiente o completo? ¿Es el Cristo de los españoles el ideal para la

---

11 *Ibíd.*, pp. 156–74.

12 "Nuestro Señor crucificado", cuadro del pintor español Diego Rodríguez de Silva Velázquez pintado en 1638. Miguel de Unamuno le escribió el poema "El Cristo de Velázquez" en 1913. Para un análisis del poema ver Roberto Lazear, *El maestro de Dolores: Reflexiones íntimas sobre la poesía "El Cristo de Velázquez", de Miguel de Unamuno y Jugo*, Miami: Editorial Caribe, 1979.

humanidad o necesita ser completado? "Cuando uno escucha a los conferencistas norteamericanos o lee libros devocionales escritos en América del Norte, uno observa que la nota predominante en estos escritores y predicadores es la de un Cristo vivo, triunfante y omnipotente, el Cristo que es toda acción, servicio, poder y estímulo".[13] Mackay comentó que Orts González tenía razón al indicar que el protestantismo anglosajón enfatizaba al Cristo resucitado, "quien es toda luz y todo poder". Esto se notaba, principalmente, al observar que en el simbolismo cristiano de los nuevos templos no estaban representadas "las tremendas realidades del sufrimiento y el sacrificio en la historia de la vida del Cristo". Por otro lado, el catolicismo español enfatizaba casi exclusivamente al Cristo crucificado, aunque, según Mackay, ese catolicismo "ha sido gloriosa y consistentemente consciente de que algo de importancia cósmica ocurrió cuando Jesús murió en Gólgota". Consecuentemente, "el catolicismo español y latinoamericano ha perdido poder ético; el protestantismo norteamericano ha perdido profundidad religiosa". Por lo tanto, concluye Mackay, el Cristo que necesitaban España y Latinoamérica, así como Norteamérica, era el "Crucificado resucitado".[14]

Mackay también elaboró una propuesta eclesiológica para América Latina. Para él, el futuro del cristianismo estaba ligado a las comunidades cristianas: "con esto quiero decir que el futuro está con aquellos que toman un compromiso absoluto e irrevocable a la revelación de Dios en Jesucristo, y que, unidos en una comunión de amor, de acuerdo a la mente de Cristo, deciden como su meta suprema hacer que esa comunión coexista con la sociedad humana".[15] Mackay proponía que la presencia de comunidades cristianas, aunque fueran pequeñas, iba a tener una influencia importante en toda la sociedad. Aclaró que "los nuevos cristianos en América Latina deberían inmediatamente asumir todas las responsabilidades

---

13 LND, enero, 1929.
14 Mackay, pp. 189–92.
15 *Ibíd.*, p. 192.

hacia la sociedad que son inescapables de la obligación de las iglesias maduras y más consolidadas cuyos miembros están en una posición de ejercer una influencia dominante en los asuntos cívicos y nacionales". Aquí hizo una propuesta que tal vez pareció exagerada: "las nuevas iglesias tienen mucho que aprender de la organización y el trabajo de la 'células' comunistas".[16] Mackay se preguntó: "¿Cuál es nuestro ideal para las nuevas iglesias cristianas en América Latina?", y su respuesta fue la siguiente:

> Uno de sus intereses principales debe ser la expansión y consolidación de su comunidad, pero no haciendo de esa comunidad una meta en sí misma; tampoco que exista solo para los servicios; ni que su círculo de actividades sea una rutina interminable. La iglesia debe ser "edificada" en el sentido paulino "para la obra de ministerio", para la tarea de servir a los hombres y mujeres en el espíritu de Cristo. Los líderes eclesiásticos deben proveer una oportunidad para la expresión de cada talento que podría usarse al servicio de la verdad y la bondad. También, ellos deben preocuparse de que las necesidades humanas de la comunidad donde la iglesia esté sean atendidas por su membrecía. Nada es tan patético que encontrar de vez en cuando que un miembro de una iglesia evangélica en un país latinoamericano quiere involucrarse en una tarea filantrópica en la que la iglesia no está interesada ya que está preocupada exclusivamente consigo misma.[17]

Aquí Mackay repitió la agenda que los congresos del CCLA demarcaron para las iglesias evangélicas: crecimiento y servicio social. También señaló el peligro de encerrarse y no ver la realidad fuera de sus cuatro paredes. Describió a las comunidades evangélicas como elementos de cambio espiritual y social, individual y comunitario.

---

16 *Ibíd.*, p. 193.
17 *Ibíd.*, p. 195.

La Nueva Democracia

Los congresos organizados por el Comité de Cooperación para América Latina (CCLA) sirvieron como detonante para varias iniciativas literarias y periodísticas en este periodo. El pensamiento teológico latinoamericano encontró en esas publicaciones el mejor canal de distribución. Samuel Guy Inman, profesor de relaciones interamericanas en la Universidad de Columbia, secretario del CCLA y participante activo en los congresos, comenzó a publicar en Nueva York la revista *La Nueva Democracia* (LND) en enero de 1920, que apareció mensualmente por veintitrés años y luego trimestralmente hasta su último número en 1963. Su editor principal era el intelectual español Juan Orts González. En 1939, Alberto Rembao asumió la dirección de la revista hasta su cierre.

> ¿Nuestro Objetivo principal? Hacer de nuestra Revista una tribuna pública en la que los ideales, en parte latentes, del Continente americano, vengan a exteriorizarse y a cristalizarse en formas públicas; y todo ello encaminado, no a subordinar la civilización Latino-Americana a la civilización Anglo-Sajona, o vice-versa; sino todo lo contrario, para tratar de demostrar en qué puntos pueden ambas civilizaciones completarse y perfeccionarse, por compenetración e influencias mutuas. Después que ambas civilizaciones se convenzan de este hecho, procurar que ambas puedan ofrecer su ayuda espiritual, social, artística y económica a la Europa quebrantada y en peligro inminente de completa ruina. No hay duda que vivimos en días sumamente críticos; que la Humanidad atraviesa en estos momentos las crisis más tremendas de su historia; que depende de América, en gran parte, dar solución a estos problemas terribles que, si no se remedian prontamente, amenazan derrumbar la civilización presente, con la misma facilidad con que los bárbaros derrumbaron el Imperio Romano.[18]

---

[18] Redacción, "Nuestro saludo y nuestro programa", *La Nueva Democracia* 1, n.º 1,

Inicialmente pareciera que LND era una revista más interesada en los asuntos políticos y económicos, pero los redactores aclararon que "nuestra primera sección será eminentemente religiosa". Claro que no era la religión de "dogmas rígidos, una serie de ritos mecánicos, de ceremonias aparatosas; un conjunto de templos, basílicas y catedrales; un organismo concretado en forma de ministros, pastores, obispos y papas". En cambio:

> La religión de que vamos a hablar es la pura y sencilla religión del Mártir del Gólgota, de Cristo Jesús. Esta religión que entrevista por los grandes videntes de revoluciones pasadas, fue como su inspiración; esta religión que, en su pureza primitiva, arrebató a poetas tan ilustres y escritores tan notables y opuestos, en sus miras políticas, como Víctor Hugo, Chateaubriand, Castelar y Tolstoi, Rivero y Nocedal, etc.; esta religión que, cuando se interpreta leal y sinceramente, puede dar solución a todos los problemas presentes; en una palabra: vamos a hablar del Cristianismo en su aspecto sociológico. Estamos seguros de que todos los lectores que lean constante e imparcialmente los hechos y las razones que pensamos alegar, se convencerán de que si los problemas presentes tienen solución, la tienen solamente, a base del Cristianismo bien entendido; que sin el altísimo concepto que el Cristianismo tiene acerca del derecho y del deber; acerca de la autoridad y la obediencia; acerca de la justicia social y distributiva; acerca de la personalidad humana y del hogar doméstico, de la libertad individual y del trabajo personal, por no citar otros problemas, la sociedad no puede evolucionar; le faltaría base o le sobraría tiranía, y vendría el caos, un caos incomparablemente peor que la irrupción de los bárbaros sobre el Imperio Romano.[19]

En la portada del primer número de LND aparecen, además del editorial, artículos en cuatro categorías principales: Sociología y

---

1920, p. 2.

[19] *Ibíd.*

Moral, Ciencia e Inventos, Arte y Educación, y Crónica Mundial. Estas temáticas se mantuvieron hasta el cierre. A partir de diciembre de 1921 comenzaron también a publicar recensiones de libros. La mayoría de los artículos fueron escritos por hispanoamericanos. Inman logró que personas ilustres escribieran artículos de análisis social y político. Por ejemplo, el expresidente uruguayo Baltasar Brum, el ex ministro de Educación mexicano José Vasconcelos y la poeta chilena Gabriel Mistral, premio Nobel de literatura en 1945. Periodistas, escritores, educadores y mujeres de letras tuvieron en LND una plataforma amplia que quería alcanzar principalmente a las clases educadas del continente. Alberto Rembao comenzó su colaboración con LND en 1929, y para 1962 había escrito "alrededor de cincuenta ensayos largos" en temas variados como "teología, filosofía, religión, moral, ciencia, política, modernidad y cultura", sin tomar en cuenta sus "reseñas de libros, editoriales y apostillas".[20]

Se observa que, tanto el contenido como el grupo de colaboradores de LND se mantenían dentro del marco que el CCLA había definido en los congresos de obra evangélica. No había problema al hablar, desde un punto de vista cristiano, de los acontecimientos mundiales como la guerra en Europa y realidades sociales de Latinoamérica. Pero eso no inhibió su interés apologético y evangelístico. Por ejemplo, en el segundo número apareció un artículo titulado "¿Por qué rechazan muchos la religión?", donde se concluye:

> No cabe duda que el noventa y nueve por ciento, por no decir el ciento por ciento, se reconciliarían con la religión, y a hablar aquí de religión nos referimos al Cristianismo, si lo conocieran en toda su magnificencia, esplendor, sencillez y verdad… He aquí el problema magno de las iglesias hoy: presentar a la Humanidad el verdadero Cristianismo. Jamás se ofreció oportunidad más propicia para que el mensaje cristiano pudiera ser ofrecido de modo satisfactorio a los pueblos todos

---

[20] Amira Plascencia Vela, "La escritura errante. La construcción del imaginario fronterizo de principios del siglo XX en los textos de Alberto Rembao" (disertación doctoral), University of Houston, 2010, p. 130.

y todas las clases sociales. Jamás la Humanidad en conjunto ha sentido mayores perplejidades, mayores ansias y más vivos deseos de investigar si el Cristianismo puede salvarla de los terribles conflictos presentes… Pero el cristianismo que pueda salvar a la Humanidad no será un cristianismo meramente litúrgico o enteramente eclesiástico; se necesita un Cristianismo armónico y tolerante como el de Cristo; un Cristianismo fecundo y vital como el de los Apóstoles; un Cristianismo transformador que aplique, sin cortapisas de ningún género y sin ningún miramiento humano, los principios cristianos a todos los problemas actuales, ya sean privados, ya públicos, ya pertenezcan al capital o al trabajo, ya se refieran a gobernantes o gobernados, ya entrañen problemas domésticos o relaciones internacionales; un Cristianismo que no tema decir la verdad, y toda la verdad, al capital y al trabajo, a los reyes y a los vasallos, a los eclesiásticos y a los laicos. ¡Ay de las iglesias, si en los momentos actuales son infieles a su augusta misión, ya por miras egoístas, ya por parcialidades peligrosas y dejan de ofrecer el mensaje y todo el mensaje cristiano, a la presente sociedad! ¡Dios no lo permita! Las iglesias cristianas serán arrastradas por el torbellino revolucionario presente y perecerán juntamente en un cataclismo mundial, en que no quedará subsistente nada más que la confusión, la anarquía y el caos.[21]

En el siguiente número, LND fue más explícita en su agenda eclesiástica propuesta. Los redactores proponían que:

La Humanidad espera en estos días de zozobras y angustia que las iglesias cristianas no se queden en paliativos, ni ofrezcan ficciones ni sombras, no se contenten con mensajes mezquinos y parciales; sino que presenten todo el programa de Cristo, y lo presenten en toda su plenitud consoladora para los que

---

[21] "¿Por qué rechazan muchos la religión?", *La Nueva Democracia* 1, n.º 2, 1920, p. 4.

sufren y para los necesitados, y en toda su majestad aterradora para los que abusan del poder, de la riqueza y de su influencia política. Sólo un Cristianismo así podrá subsistir frente al Bolcheviquismo amenazante e invasor, sólo un Cristianismo así podrá servir de bandera fraternizadora entre el Capital y el Trabajo; sólo un Cristianismo así podrá servir de Arco Iris en la presente borrasca y tormenta, y podrá guiar a la Humanidad a la única fuente de verdad, de justicia y de amor transformadores y salvadores: a *Cristo Jesús*.[22]

Se ve claro que Inman y su equipo no tenían ningún problema al mezclar su versión de iglesia con agenda política. Pero su llamado a la iglesia a involucrarse tenía mérito, especialmente porque en esos años los evangélicos eran una minoría en América Latina. Pero eso, para ellos, no debía ser una excusa. Erasmo Braga unos años antes había llamado a la comunidad evangélica en Latinoamérica "la mayor organización social de la América Latina, después de la Iglesia Romana".[23] Tal vez los evangélicos no eran totalmente conscientes de su poder numérico, pero por eso precisamente era importante que las iglesias evangélicas hicieran presencia en la arena pública. Por ejemplo, el artículo de LND menciona la esclavitud tolerada y a veces promovida por cristianos, el silencio cómplice de las iglesias en la administración de justicia a favor de los poderosos y de la justa distribución de la riqueza, la falta de intervención de las iglesias para prevenir la guerra, y la disminución del celo evangelístico mientras las iglesias "viven satisfechas con levantar nuevos templos, con tener mejores órganos, con ofrecer mejores comodidades para sus contados miembros".[24]

---

[22] "Cristo y las iglesias cristianas", *La Nueva Democracia* 1, n.º 3, 1920, p. 3.

[23] Erasmo Braga, *Pan-americanismo: Aspecto religioso. Una relación e interpretación del Congreso de Acción Cristiana en la América Latina celebrado en Panamá del 10 al 19 de febrero de 1916*, trad. Eduardo Monteverde, Nueva York: Sociedad para la Educación Misionera en los Estados Unidos y el Canadá, 1917, p. 49.

[24] "Cristo y las iglesias cristianas", *La Nueva Democracia* 1, n.º 3, 1920.

Pero uno se pregunta si la posición de LND de que las iglesias participaran en la vida política de sus países era realista. Por ejemplo, un historiador evaluó la situación de una manera muy diferente.

> La comunidad protestante de América del Sur y Centroamérica en ese tiempo (ca. 1918–1930) sufría de un complejo agudo de inferioridad. La mayoría de las iglesias eran capillas pequeñas o pasillos alquilados en calles escondidas. Las congregaciones sentían que eran una minoría oprimida y perseguida. Su actividad evangelística se limitaba principalmente a un testimonio personal modesto y algo tímido y a una predicación sin pretensiones en sus capillas. El liderazgo nacional, excepto en las ciudades más grandes, era mediocre y sin buena preparación.[25]

Podemos contrastar esta evaluación con la de Alberto Rembao en 1948:

> Hoy, las veinte naciones latinoamericanas se podrían clasificar como protestantes, en el sentido de que en cada una de ellas la comunidad evangélica es tan numerosa como para que se le considere una minoría y suficientemente fuerte como para obligar al público en general a que se detenga y la observe. De todas formas, esa comunidad, en cualquier parte, no es la congregación debilucha de rechazados que se reúnen alrededor de las faldas filantrópicas de los misioneros extranjeros, sino en cambio, el fermento más poderoso con suficiente energía de radiación para transformar positivamente la atmósfera social y el clima espiritual de todo el continente.[26]

¿Es posible que estos dos puntos de vista tan distantes sean evidencia de una brecha entre el protestantismo del CCLA y las iglesias que las

---

[25] W. Dayton Roberts, "The Legacy of R. Kenneth Strachan", *Occasional Bulletin of Missionary Research* 3, n.° 1, 1979, p. 2.

[26] Alberto Rembao, "The Presence of Protestantism in Latin America". *International Review of Missions* 21, n.° 1, 1948, p. 57.

misiones de fe comenzaron? ¿O tal vez, una brecha entre dos visiones teológicas? Dicho de otra manera, ¿el optimismo de LND reflejaba lo que realmente estaba aconteciendo en la comunidad evangélica o era más bien lo que se quería que fuera? Históricamente van a tener que pasar algunos años antes de que el ideal propuesto por LND llegara a cumplirse. Pero esto no le quita el mérito que LND se merece por estar en la vanguardia de los esfuerzos protestantes para leudar la sociedad latinoamericana con el evangelio.

Luminar

Otra revista que surgió en esos años fue por iniciativa de Gonzalo Báez Camargo. *Luminar,* una revista "revolucionaria" e "independiente" que apareció en diciembre de 1936 cuando el mundo vivía horrorizado la antesala de la Segunda Guerra Mundial. Báez Camargo invitó también a escritores ilustres como colaboradores: el estadista colombiano Guillermo de la Torre; William N. Montaño, autor boliviano; Ángel M. Mergal, de Puerto Rico; el director del Instituto de Filosofía y Letras de México, Antonio Caso; el argentino Augusto J. Durelli, entre otros. Al igual que LND, las mujeres tuvieron en *Luminar* su espacio literario. *Luminar* tenía el propósito de "proyectar LUZ sobre los problemas y perplejidades que agitan la conciencia de nuestra época y a señalar, dentro del criterio de sus convicciones, una orientación dinámica frente a las encrucijadas que la vida individual y colectiva plantea". Para que no quede duda de su identidad cristiana en la presentación se señala lo siguiente:

> Pero esa luz, esa orientación, ese dinamismo tienen que derivarse necesariamente de una fuente suprema de energía. Esa fuente suprema de energía, profesa LUMINAR, se encuentra en Cristo. LUMINAR será, pues, una revista cristiana, y por este hecho no tiene que ofrecer ni excusas ni apologías… Creemos que ha llegado, una vez más, el tiempo de volver a interrogar a Jesús, de resucitarlo de la tumba en que han querido guardarlo bajo siete sellos muchos de sus enemigos y no pocos de los que

se llaman sus amigos, de volver a examinar detenidamente y sin prejuicios su mensaje, por si acaso en él se encuentren, nuevamente las orientaciones y los principios dinámicos que han de convertir en este mundo que se desmorona en un mundo nuevo, joven y mejor. ¿No fue Él acaso quien prometió, no sólo un cielo nuevo, sino también una TIERRA NUEVA?

Pero en decir que LUMINAR es una Revista cristiana, no quiere decirse, de ninguna manera, una Revista dogmática o confesional. LUMINAR cree que la Verdad está en Cristo, pero no cree que esa verdad pueda quedar encerrada, empaquetada y envasada definitivamente en declaraciones dogmáticas o fórmulas y recetas totalmente acabadas. Cristo es el Camino, la Verdad y la Vida. Pero ese Camino no está cercado por bardas eclesiásticas; esa Verdad no es el monopolio de los doctores y los escribas; esa Vida no está agotada en las formas tradicionales ni depositada dentro de las cortezas endurecidas, cauces resecos y cisternas impermeables. El Camino avanza, la Verdad está en marcha y la Vida eclosiona en perpetuo desenvolvimiento.[27]

Es interesante encontrar aquí la misma actitud frente a los dogmas que se expresó en los congresos del CCLA y en LND. ¿Es posible que esa actitud haya desanimado la producción teológica local dentro del área de influencia del CCLA? Báez Camargo habló, después del Congreso de La Habana 1929, de "latinizar" el protestantismo, de hacerlo una planta nativa. En el primer número de *Luminar*, presenta una propuesta al respecto. Cada época debe tener en cuenta "sus realidades y problemas concretos" y buscar en el mensaje de Cristo "sus propias fórmulas de aplicación y sus propias soluciones prácticas". Si no fuera así, las enseñanzas de Jesús "carecerían, para nuestra época, de un valor actual y positivo". Báez Camargo propone que:

Es preciso, por tanto, trazar las proyecciones que su mensaje tiene para los problemas concretos de nuestra época; fijar los

---

[27] Pedro Gringoire, "Presentación", *Luminar* 1, n.° 1, 1936, p. 4.

puntos de aplicación inmediata de su doctrina; delinear las resultantes, en términos actuales, de las fuerzas que Él liberó y puso en operación en el seno de la historia. Ésta es una tarea que, para nuestra generación, está todavía por hacerse. Pero para ello es necesario prescindir de toda tiranía dogmática, ejercitar las facultades anímicas sin más limitaciones que las que imponga un genuino amor a la verdad y lanzarse a la empresa heroica de erigir sobre los principios eternos de Cristo una nueva construcción económica, social, y espiritual que venga a resolver los más agudos problemas de nuestra época y a constituir un sólido jalón en la marcha hacia un mundo ideal.[28]

Aquí se ve que desde temprano en el siglo XX hubo propuestas concretas de trabajar, si no una teología, un mensaje contextual que tuviera en cuenta las situaciones y condiciones particulares de los países latinoamericanos. El peruano Antenor Orrego, desde la sociología, llamó a esa propuesta la "americanización" de América Latina.[29] Francisco E. Estrello, coterráneo de Báez Camargo, expresaba el mismo desafío casi una década después. Estrello, convencido de que, aunque el cristianismo era el único con "el mensaje espiritual adecuado" para ese tiempo, había perdido relevancia, "vitalidad y frescura; no por culpa de Cristo, sino por culpa de los cristianos".[30] Por eso, era necesario "entrar en una época de renovación tanto de nuestros viejos procedimientos como de nuestro espíritu," porque los creyentes estaban "dando al mundo un espectáculo caduco". En cambio, el mensaje cristiano tenía que "compartir el dolor, las miserias, los anhelos, las ansiedades, las esperanzas y las luchas de los hombres; tiene que identificarse con ellos, tiene que hacerse como uno de ellos".[31]

---

[28] *Ibíd.*, p. 5.

[29] Antenor Orrego, "El destino trascendente de América", *Luminar* 1, n.º 4, 1937.

[30] Francisco E. Estrello, "El cristianismo de hoy y de mañana en el mundo", *Luminar* 9, n.º 4, 1945, p. 50.

[31] *Ibíd.*, p. 51.

> Los cristianos de hoy estamos comprometidos a demostrar al mundo que la religión cristiana no está hecha de tradición; que está vinculada con la vida y es tan real como ella. Que el Señor no vivió fantasías ni alimentó a los hombres con ellas. Que el Reino de los cielos no es un reino ilusorio sino un reino de verdad hecho de experiencias que están muy lejos de ser fantásticas. Que Jesús no es una realidad de ayer, sino que es una realidad de hoy; no es una de tantas realidades, sino la Suprema Realidad; que toda la vida está sometida a Él; que todos los hechos reales le pertenecen.[32]

Los creyentes debían recuperar lo que Estrello llamó "la vida sencilla" en contraste con el "espíritu del comercialismo" egoísta de su tiempo. La vida sencilla incluía vivir por la dignidad de la vida humana y el servicio a los demás. Era dejar de preocuparse por "un cristianismo de altar" y comenzar a vivir siguiendo el "cristianismo de Jesús". Era vivir según los principios de "justicia, de altruismo y de amor" con generosidad, sacrificio, servicio y santidad. Era vivir un cristianismo profético que reconocía que "la personalidad humana es sagrada" y por eso "todo sistema que tienda a envilecerla, es un sistema que va en contra de los planes de Dios, y que, como cristianos, no estamos ni dispuestos ni obligados a apoyarlo".[33]

> Tenemos que predicar este cristianismo que une, que borra fronteras y elimina prejuicios; tenemos que vivir este cristianismo que no deja vivo ni siquiera un rescoldo de odio, sino que en su lugar enciende una hoguera de amor; una hoguera de amor que no solamente ha de calentar a los que son nuestros amigos, sino al prójimo quien quiera que sea. El hombre tirado en el camino, robado y herido por los ladrones, era un judío; el hombre de las manos compasivas y del corazón lleno de amor que lavó las heridas y puso aceite en ellas, era un samaritano.

---

[32] *Ibíd.*, p. 53.
[33] *Ibíd.*, p. 56.

> El mundo necesita que nuestro cristianismo tenga hoy manos compasivas y corazón ardiendo de amor de samaritano, porque hay mucho dolor tirado en el camino que reclama ser aliviado, y mucha necesidad frente a la cual no podemos pasar de largo.[34]

Un cristianismo así devolvería a los hombres la felicidad, porque "el reino de los cielos no fue tarea para los discípulos de Cristo del siglo primero, sino que es tarea para nosotros los cristianos de hoy y los cristianos de mañana". Estrello terminó diciendo:

> Nuestro cristianismo se encuentra de frente a la crisis; si quiere saber cómo debe comportarse y cómo debe actuar, no tiene sino que volverse de cara a Cristo e inspirarse en la dignidad heroica y el la majestad gloriosa con que Él se comportó, en una hora en la cual estaba comprometido todo el destino de los hombres. Hoy, como entonces, estamos viviendo en una hora cuando está comprometido todo el destino de los hombres; el mundo espera el mensaje viviente profundamente espiritual de los seguidores del Señor.[35]

No solo en Báez Camargo y Estrello, sino también en otros colaboradores de *Luminar* sobresalió la nota cristológica. Sólo hay que revisar sus índices para notarla. Como comentamos atrás, éste fue también un énfasis en las observaciones de los organizadores de los congresos del CCLA. Esto reflejaba lo que estaba pasando en el ambiente cultural de esos años: "El elemento más animador en la situación de América Latina hoy es la forma en que Cristo está atrayendo para sí la mirada de un número creciente de gente en la otra América", escribía John A. Mackay en 1935, después de varios años de recorrer el continente presentando la fe cristiana desde la palestra académica.[36] Esa oleada de interés en la figura de Jesús

---

34 *Ibíd.*, p. 58.
35 *Ibíd.*, p. 62.
36 Mackay, 131. Las conferencias de Mackay eran sobre temas como Kierkegaard,

había sido, según Mackay, reforzada por la literatura no religiosa. Mackay menciona principalmente dos libros del escritor comunista francés Henri Barbusse: *Jesús* (1927) y *Los Judas de Jesús* (1927) que habían tenido una amplia distribución en América Latina entre los "radicales," y el libro de otro francés, Ernest Renan, *La vida de Jesús* (1863), "la única vida de Cristo conocida por muchos intelectuales latinoamericanos". También, *El Cristo invisible*,[37] del autor argentino Ricardo Rojas, "el hombre de letras más ilustre de estas veinte repúblicas".[38]

Uno de los autores evangélicos más prolíficos de esos años fue el pastor bautista argentino Juan Crisóstomo Varetto (1879–1953), de cuya pluma salieron obras históricas, pastorales y teológicas que mostraban una *latinamericanización* y relevancia importante en ese momento. De Varetto salieron las primeras biografías de Diego Thomson, Rogerio Williams, Federico Crowe y Juan F. Thomson, entre otros.[39] Libros sobre la realidad religiosa latinoamericana,[40] historia de la iglesia protestante,[41] obras pastorales y bosquejos de

---

Dostoievski, Unamuno y Nietzsche.

[37] Ricardo Rojas, *El Cristo invisible,* Buenos Aires: Librería La Facultad, J. Roldán, 1928.

[38] Mackay, p. 134.

[39] Juan C. Varetto, *Diego Thomson, apóstol de la instrucción pública e iniciador de la obra evangélica en la América Latina,* Buenos Aires: Imprenta Evangélica, 1918; Juan C. Varetto, *Rogerio Williams: héroe de la libertad religiosa,* Buenos Aires: Junta de Publicaciones de la Convención Evangélica Bautista, 1921; Juan C. Varetto, *Federic Crowe en Guatemala,* Buenos Aires: Junta Bautista de Publicaciones, 1940; Juan C. Varetto, *El apóstol del Plata, Juan F. Thomson,* Buenos Aires: La Aurora, 1943.

[40] Juan C. Varetto, *Discursos evangélicos,* Buenos Aires: Junta Bautista de Publicaciones, 1919; Juan C. Varetto, *Hostilidad del clero a la independencia americana,* Buenos Aires: Imprenta Metodista, 1922; Juan C. Varetto, *Separación de la iglesia y el Estado,* Buenos Aires: Junta de Publicaciones de la Convención Evangélica Bautista de las Repúblicas del Plata, 1927; Juan C. Varetto, *Refutación del adventismo,* Buenos Aires: Junta de Publicaciones de la Convención Evangélica Bautista, 1948.

[41] Juan C. Varetto, *Héroes y mártires de la obra misionera desde los apóstoles hasta nuestros días,* Buenos Aires: Convención Evangélica Bautista, 1934; Juan C. Varetto, *La Reforma religiosa del siglo XVI,* Buenos Aires: Junta de publicaciones de la Convención Evangélica Bautista, 1949; Juan C. Varetto, *La marcha del Cristianismo: Desde los apóstoles hasta los valdenses,* Buenos Aires: Junta de Publicaciones de la Convención Evangélica Bautista, 1973.

sermones[42] sirvieron como textos de estudio en muchos institutos bíblicos de la época. Varetto mostró originalidad y claridad en sus escritos, así como un entendimiento precoz, acertado y profundo de la identidad evangélica de su denominación y en general.

El otro Cristo español

Pero para el desarrollo de la teología evangélica tuvo mayor influencia y repercusión el libro que Mackay escribió en 1932: *El otro Cristo español*.[43] Como fue escrito en inglés, inicialmente pasó desapercibido en América Latina, pero después de que apareciera la versión castellana se convirtió en uno de los más citados por los autores evangélicos que querían pensar su fe de una manera relevante y contextual.

Después de un análisis de lo que Mackay llamó "el alma ibérica", desarrolla el tema de la figura de Cristo en América del Sur.

> Por mucha sombra que le hiciera Su Santa Madre, también Cristo vino a América… Pero ¿fue realmente Él quien vino, o fue otra figura religiosa que portaba el mismo nombre y algunas de sus marcas? Pienso a veces que el Cristo, de paso al occidente, fue encarcelado en España, mientras otro que tomó Su nombre se embarcó con los cruzados españoles hacia el Nuevo Mundo, un Cristo que no nació en Belén sino en Noráfrica. Este Cristo se naturalizó en las colonias ibéricas de América, mientras el Hijo y Señor de María ha sido poco más

---

42 Juan C. Varetto, *Las biblias en castellano*, Buenos Aires: Junta de Publicaciones de la Convención Evangélica Bautista, 1925; Juan C. Varetto, *Una conversación familiar con los que quieren bautizarse*, Santiago: Wilson, 1950; Juan C. Varetto, *Los Hechos de los Apóstoles explicado*, Buenos Aires: Editorial Evangélica Bautista, 1952; Juan C. Varetto, *Cuatro conversaciones familiares sobre Samson*, Buenos Aires: Editorial Evangélica Bautista, 1952; Juan C. Varetto, *Bosquejos para sermones*, Buenos Aires: Editorial Evangélica Bautista, 1955.

43 La primera edición en español apareció recién en 1952, traducción de Gonzalo Báez Camargo, John A. Mackay, *El otro Cristo español*, trad. Gonzalo Báez-Camargo, México - Buenos Aires: Casa Unida de Publicaciones y Editorial La Aurora, 1952.

que un extraño y peregrino en estas tierras desde los tiempos de Colón hasta el presente.[44]

Comentando en lo que Miguel de Unamuno había escrito sobre el Cristo español, Mackay concluyó que "en la religión española, Cristo ha sido el centro de un culto de la muerte". Por eso, "los detalles de su vida terrenal hacen muy poco al caso y se tiene relativamente poco interés en ellos". Esta observación lleva a Mackay a la conclusión de que a Cristo "se le considera como un ser puramente sobrenatural, cuya humanidad, siendo sólo aparente, tiene muy poco que ver en materia de ética con la nuestra".[45] Aquí Mackay identifica al Cristo de la religión predominante en América del Sur como "docetista", produciendo una fe sin "contenido así intelectual como ético", y concluye diciendo:

> Un Cristo a quien se conoce en vida como un niño y en la muerte como un cadáver, cuya infancia desvalida y trágico hado preside la Virgen Madre; un Cristo que se hizo hombre en interés de la escatología y cuya realidad permanente reside en una oblea mágica que dispensa inmortalidad; una Virgen Madre que, por no haber gustado la muerte, se convirtió en la Reina de la Vida: ¡tal el Cristo y tal la virgen que vinieron a América! El, como Señor de la Muerte y de la vida por venir; ella, como la Señora Soberana de la vida presente.[46]

Por eso, a Cristo "todavía queda por conocérsele como Jesús, el Salvador del pecado y el Señor de la vida toda", palabras sorprendentes en un continente que se preciaba de cristiano. Al final de su libro, Mackay dejó plasmadas las pautas que a su juicio debían caracterizar la obra evangélica en el continente latinoamericano. A los misioneros extranjeros, les recomendó "identificarse absolutamente con su comunidad", evitando la formación de "pequeña Gran Bretaña" y

---

44 *Ibíd.*, p. 103.
45 *Ibíd.*, p. 106.
46 *Ibíd.*, p. 109.

"pequeños Estados Unidos" en sus países de adopción. "La palabra que viene de afuera debe hacerse carne indígena; de lo contrario no logrará que se oiga la eterna Palabra de la cual presume ser un eco."[47]

A las organizaciones misioneras trabajando en la región, Mackay les hizo un llamado urgente a la unidad y la cooperación en la misión, ya que "la demostración de la unidad y solidaridad fundamentales de las fuerzas evangélicas produciría una profunda impresión en el mundo latinoamericano".[48] Aquí Mackay tocó una nota importante que se encontrará frecuentemente en la literatura posterior.

A las iglesias locales, Mackay las animó a mantener reverencia en la celebración del culto religioso y en el púlpito: "La predicación y el culto andan de cierto muy mal cuando el pensamiento religioso tiene que condimentarse con la salsa vulgar de los chascarrillos". Junto con esto, la recomendación incluía la adopción de lo que Mackay llamó "un nuevo tipo de evangelismo de vanguardia" que sacara a las ideas religiosas de los templos al "campo abierto para demostrar que son de valor, consideradas en sí mismas, y no simplemente como parte de un acto ceremonial". Se atrevió a pronosticar que cuando "los representantes del cristianismo protestante en la América Latina salgan a campo abierto y se interesen en presentar la fe que está en ellos, en una forma tal que apele al hombre común y corriente, amanecerá un nuevo día en la historia espiritual del continente".[49]

En cuanto al contenido del mensaje, Mackay hizo eco de las recomendaciones de los congresos del CCLA en que la obra evangélica "consiste en llevar el pueblo no a un sistema sino a una Personalidad". Aquí expresó la convicción de que lo importante no era si "el continente llegará a hacerse protestante, tal como nosotros, debido a nuestra mente institucionalizada, entendemos esa designación, sino si llegará a ser cristiano".[50] Años después añadió que "la

---

47 *Ibíd.*, p. 263.
48 *Ibíd.*
49 *Ibíd.*, p. 265.
50 *Ibíd.*, p. 261. Esto aparece en el apéndice escrito en 1947.

suprema tarea religiosa que espera ser realizada en América Latina, es la de reinterpretar a Jesucristo ante pueblos que nunca lo han considerado en forma alguna significativo para el pensamiento o para la vida".[51]

El balcón y el camino

Tan influyente como ese libro de Mackay en las mentes de las nuevas generaciones evangélicas latinoamericanas, fue su metáfora del balcón y el camino en la búsqueda de la verdad. Según Mackay, el "primer requisito necesario para alcanzar un conocimiento íntimo de Dios y el hombre, es que el que busca ese conocimiento se sitúe en una perspectiva apropiada".[52] El balcón y el camino definían esa perspectiva. La del balcón era la perspectiva del "espectador perfecto, para quien la vida y el universo son objetos permanentes de estudio y contemplación". El camino era el "lugar de acción, de peregrinación, de cruzada". El autor dejó claro que su propuesta tenía que ver con la perspectiva del camino, porque "la verdad religiosa se obtiene solamente en el Camino".

> El Camino es el símbolo de una experiencia inmediata de la realidad, en que el pensamiento, engendrado por un serio y vivo interés, genera a su vez la decisión y la acción. Cuando un hombre hace frente al reto de la existencia, con toda resolución y valentía, surge en él un interés vital. Se pregunta desde luego: ¿Qué debo hacer? Está ansioso de saber, no tanto lo que las cosas son en su esencia última, como lo que son y deben ser en su existencia concreta.[53]

La persona que asumía la perspectiva del Camino demostraba un interés por la justicia, una "completa adhesión a la justicia", era

---

51 *Ibíd.*, p. 278.
52 John A. Mackay, *Prefacio a la teología cristiana*, trad. Gonzalo Báez Camargo, México: Casa Unida de Publicaciones y El Faro, 1945, p. 35.
53 *Ibíd.*, p. 52.

alguien caracterizado por tener "hambre y sed de justicia". Claro que esos seres que "buscan la justicia como la 'perla de gran precio' sea cual fuere la interpretación que le dan deben estar preparados para sacrificarlo todo por ella". Aquí Mackay dejaba claro que su propuesta era que hacer teología tenía implicaciones éticas directas. La teología no se podía divorciar de la ética. Por ejemplo, si alguien estaba considerando a Jesucristo como la Verdad personal, ése era precisamente el momento "de descender del Balcón al Camino. Porque Cristo no puede jamás ser conocido por hombres que quisieran ser sus patronos, sino sólo por aquellos que están dispuestos a hacerse sus siervos".[54]

Mackay en sus libros proveyó para las siguientes generaciones de latinoamericanos un modelo de reflexión, un análisis agudo y académico, una metodología literaria rigurosa, una agenda teológica, una propuesta eclesiástica y un desafío a ser autóctonos y relevantes. Era casi imposible ignorar su llamado. Cuando apareció la versión castellana de *El otro Cristo español* cayó en un campo fértil. Muchos jóvenes se sintieron inspirados y animados en su fe al encontrarse con los escritos de Mackay. Samuel Escobar, por ejemplo, menciona que antes de su ingreso a la universidad en 1951, el libro *El sentido de la vida* "fue un catalizador de mi conversión consciente a Jesucristo".[55] También:

> Los escritos de teólogos ecuménicos latinoamericanos como Emilio Castro y José Míguez Bonino, o evangélicos como René Padilla y Pedro Arana, muestran la influencia fuerte de Mackay. En América Latina él fue pionero de una nueva forma de evangelización para alcanzar a los que estaban fuera de la iglesia, a las élites paganizadas, especialmente a los estudiantes universitarios. Él escribió documentos que son puntos de referencia para la historia eclesiástica en nuestro tiempo

---

54 *Ibíd.*, p. 80.
55 Samuel Escobar, "Heredero de la Reforma Radical", en C. René Padilla, ed., *Hacia una teología latinoamericana: Ensayos en honor a Pedro Savage*, San José: Editorial Caribe, 1984, p. 53.

y creó metáforas y aforismos que son parte de la herencia teológica de la iglesia universal. Su vida y su carrera fueron una mezcla única de lo mejor de los movimientos evangélico y ecuménico.[56]

CELA I, 1949

Gonzalo Báez-Camargo y John A. Mackay estuvieron presentes en la Primera Conferencia Evangélica Latinoamericana (CELA I) llevada a cabo en Buenos Aires del 18 al 30 de julio de 1949, un año después de que se había formado el Concilio Mundial de Iglesias. Con 56 delegados oficiales y 47 visitantes, representando a 18 denominaciones, CELA I fue "organizada por las entidades de cooperación interdenominacional que agrupan a la mayoría de las fuerzas evangélicas en los países de la América Latina". En contraste con los congresos anteriores organizados por CCLA, esta conferencia "no se trataba del estudio de un campo misionero por las organizaciones que lo ocupan, sino de la consideración por las iglesias evangélicas nacionales de su propia situación y misión".[57]

Aunque CELA I no fue una conferencia teológica, en sus informes finales quedó plasmada también una declaración de fe. En la sección *Mensaje y Misión del Cristianismo Evangélico para la América Latina*, la Comisión II resumió en seis puntos sus conclusiones.

Nuestro mensaje para América y para el mundo es Jesucristo y su evangelio. Jesucristo, Hijo de Dios e Hijo del hombre, es la revelación de la naturaleza y de los designios de Dios como Padre, perfecto e infinito en amor, justicia y santidad.

---

[56] Samuel Escobar, "The Legacy of John Alexander Mackay", *International Bulletin of Missionary Research* 16, 1992, p. 116.

[57] CELA I, *El cristianismo evangélico en América Latina. Informes y resoluciones de la Primera Conferencia Evangélica Latinoamericana, 18 al 30 de julio de 1949, Buenos Aires, Argentina,* Buenos Aires: La Aurora, 1949, p. 18.

Este mensaje está en la Biblia. Ella es la fuente suprema de nuestro conocimiento de Dios y su revelación redentora en Jesucristo... La lectura de la Biblia es, por consiguiente, indispensable para la vida espiritual de todo cristiano. Corresponde a la Iglesia cristiana divulgar la Biblia y proclamar sus enseñanzas en la sociedad entera.

El hombre fue creado por Dios a su imagen y semejanza, para una vida de filial comunión con él y de fraternal relación con el prójimo. Pero... el hombre se rebela contra la voluntad divina y trata de ser él mismo su propia ley. Y de esta rebeldía, esencia del pecado, procede el desorden humano con sus consecuencias de miseria y maldad. Incapaz de salvarse a sí mismo, el hombre necesita de la conversión, del perdón y de la regeneración.

En el Evangelio encontramos la respuesta divina a nuestra necesidad... Dios en su infinito amor ha tomado la iniciativa de salvar a los hombres. Él ha venido a nosotros, en su plenitud, en Jesús de Nazaret, que venció el poder del pecado y de la muerte... Su pasión y muerte redentoras en el Calvario nos dan la seguridad del perdón del Padre... La resurrección de Cristo... garantiza el triunfo sobre el pecado y la muerte de todos aquellos que confían en él.

En virtud del don de Cristo, Dios ha concedido y concede su Espíritu Santo, Consolador y Espíritu de verdad, para constituir y conservar la Iglesia, la comunión de los que Dios ha llamado "de las tinieblas a su luz admirable". Y, mediante la dirección y el poder del Espíritu, la Iglesia proclama al mundo la obra salvadora de Cristo, para conversión de los incrédulos y santificación de los creyentes. La Iglesia enseña a los hombres el amor de su Maestro y Señor y se acerca a ellos con la predicación del Evangelio de la gracia; practica el ministerio de la misericordia, enseñanza y sanidad; insta a la paz y reconciliación entre los hombres; testifica contra la iniquidad y la injusticia, y en sus oraciones pone delante de Dios las penas y angustias de todos los que sufren.

> Cristo insta a sus seguidores a buscar primeramente el Reino de Dios y su justicia, lo cual significa aceptar gozosamente la soberanía de Dios en todo y en todos… La presencia del Reino en la tierra implica no solamente la regeneración individual, sino la transformación de todos los órdenes de la vida humana, mediante la obra del Espíritu Santo en las vidas regeneradas, que se manifiesta en la acción obediente de los fieles… Cristo establecerá su Reino de amor y justicia, y, al final, bajo el dominio absoluto de Dios, habrá "un cielo nuevo y una tierra nueva".[58]

En cuanto a la aplicación de este mensaje a la situación latinoamericana, se destacaron seis áreas: el amor universal de Dios, un mensaje cristocéntrico, la salvación cabal del ser humano, valoración de la personalidad humana, sentido ético de la religión cristiana y una lista de valores morales que debían subrayarse (veracidad frente a la hipocresía, santidad frente a la falta de pureza en los hogares, el servicio frente al caudillismo, la dignidad de todo trabajo honrado, la libertad y el derecho de cada creyente para dirigirse a Dios sin intermediarios, y la búsqueda del reino de Dios frente a la interpretación materialista de la vida).[59]

CELA I reconoció la necesidad de instituciones teológicas para la preparación de los pastores con programas de estudio ajustables a las necesidades específicas. Se recomendó que la columna vertebral de la enseñanza fuera "el estudio y la interpretación de la Biblia", además de los estudios históricos y teológicos, incluyendo lo básico de los idiomas bíblicos originales. Junto con esto, era importante incluir clases prácticas de labor pastoral. El cuerpo docente, en ese momento principalmente compuesto de extranjeros, debería incluir paulatinamente más profesores autóctonos que hubieran estudiado en "los mejores centros universitarios y perfeccionarse así en su labor docente". Era crucial que los profesores de teología

---

[58] *Ibíd.*, pp. 35–37.
[59] *Ibíd.*, pp. 41–45.

mantuvieran vínculos estrechos con las iglesias, pero no debían "estar tan recargados de trabajos eclesiásticos" que no tuvieran "tiempo suficiente para preparar sus clases, mantenerse al día en sus estudios teológicos y hacer contribuciones originales a la literatura evangélica".[60]

Respecto a la literatura evangélica, dentro del contexto del CCLA se estaba promoviendo obras principalmente de autores latinoamericanos. Libros como *Reformismo cristiano y alma española*, de Ángel M. Mergal; *Discurso a la nación evangélica*, de Alberto Rembao, y *Radiofonía evangélica*, de Manuel Garrido Aldama se habían publicado antes del Congreso de Buenos Aires.[61] Esto surgió como iniciativa estratégica de la Conferencia de Literatura Cristiana que se llevó a cabo en Ciudad de México en 1941 para los países de habla española, y los congresos de 1936 en San Pablo y de 1947 en Río de Janeiro para Brasil. El plan era seguir publicando libros en temas "como la Biblia, la Iglesia, Doctrina y Apologética, la Vida cristiana, Educación cristiana y Literatura infantil".[62] CELA I definió metas para la preparación de autores nacionales tanto en libros

---

60 *Ibíd.*, pp. 68–73.

61 Manuel Garrido Aldama, *Radiofonía evangélica en la América Latina: ¿Por qué? ¿Cómo?*, Buenos Aires: La Aurora, 1949; Ángel Manuel Mergal Llera, *Reformismo cristiano y alma española*, Buenos Aires: La Aurora, 1949; Alberto Rembao, *Discurso a la nación evangélica. Apuntaciones para un estudio de la transculturación religiosa en el mundo de habla española*, Buenos Aires: La Aurora, 1949. Antes de CELA I Mergal ya había publicado varias obras importantes. Ángel Manuel Mergal Llera, *Un hidalgo iluminado: Esteban S. Huse. Historia de su obra en Puerto Rico*, Barranquitas: 1939; Ángel Manuel Mergal Llera, *Puente sobre el abismo: sonetos espirituales*, Barranquitas: Academia Bautista, 1941; Ángel Manuel Mergal Llera, *Federico Degetau: Un orientador de su pueblo*, New York: Hispanic Institute, 1944; Ángel Manuel Mergal Llera, *El agraz*, Río Piedras: Seminario Evangélico, 1945; Ángel Manuel Mergal Llera, *Defensa de la educación democrática*, San Juan, Puerto Rico: Asociación de Iglesias Evangélicas de Puerto Rico, 1946. Otras obras posteriores de Mergal: Ángel Manuel Mergal Llera, *Arte cristiano de la predicación*, México: Comité de la Literatura de la Asociación de Iglesias Evangélicas de Puerto Rico, 1951; Ángel Manuel Mergal, Llera, *Puerto Rico: Enigma y promesa*, San Juan, Puerto Rico: Editorial Club de la Prensa, 1960; Ángel Manuel Mergal Llera, *El reino permanente*, San Juan, Puerto Rico: Iglesia Evangélica Unida de Puerto Rico, 1965.

62 CELA I, p. 76.

como en artículos periodísticos e hizo un llamado a que las iglesias participaran en la distribución de la literatura producida.

Lo que podemos decir del contenido teológico y el plan de CELA I es que se mantenía aún dentro de la tradición delineada por los congresos anteriores organizados por el CCLA. Lo nuevo en Buenos Aires fue que en esos momentos estaban representadas iglesias y denominaciones específicas, lo que hacía pensar que había mejor posibilidad de una implementación directa de los lineamientos definidos. Se nota una conciencia clara de las necesidades y un compromiso de mantener el esfuerzo de expandirse. Pero, aparece el cuestionamiento de qué tan representativo fue realmente el CELA I de los evangélicos latinoamericanos. Las denominaciones representadas fueron principalmente de la línea reformada —valdenses, metodistas, nazarenos, bautistas, hermanos, luteranos, presbiterianos, episcopales— con una mínima participación pentecostal y de misiones de fe —Discípulos de Cristo y Alianza Cristiana y Misionera—. No hubo representantes de la América Central donde las iglesias eran mayoritariamente de la línea dispensacionalista y antiecuménica. De algunos países como Colombia y México hubo un solo delegado. Continuó la brecha que desde comienzo del siglo se sentía entre los del CCLA y la mayoría de las misiones de fe.

Capítulo 3

Segunda generación, 1949–1970

Cuando un grupo de guerrilleros idealistas derrocaron al dictador Fulgencio Batista el día de Año Nuevo de 1959 y se estableció en Cuba el primer gobierno comunista en las Américas, la Guerra Fría experimentó su cima. Ya que la presencia evangélica en América Latina era primordialmente el resultado del proselitismo misionero norteamericano, se activaron todo tipo de alarmas, poniendo a los evangélicos en pánico. Para ellos, estaba claro de qué lado se encontraba Dios, pero definitivamente no era con los "izquierdistas". Comunismo y socialismo llegaron a ser para el mundo evangélico el "pecado imperdonable", el Anticristo, enfermedades horribles de proporciones apocalípticas. Los evangélicos, al igual que las oligarquías nacionales, desarrollaron estrategias para mantenerlas fuera de la región y para exorcizarlas en cualquier momento que se sospechara de su espantosa presencia. Como decía el escritor y político dominicano Juan Bosch:

> Al promediar el año 1961, América Latina es el campo de la batalla política más enconada del mundo. La reacción —no sólo continental, sino hemisférica— se ha lanzado con todas sus armas a una lucha sin cuartel. So pretexto de que la revolución de Cuba es comunista, todos los medios de expresión, que están en manos de las oligarquías terratenientes, financieras y comerciales, golpean día y noche a las masas con el terror psicológico. Su plan es lograr que se desate en América la

persecución contra los comunistas; y después, como es claro, perseguirán a los revolucionarios no comunistas.[1]

A mediados del siglo XX América Latina era la región con mayor crecimiento demográfico del mundo: Argentina, 251%, y Brasil, 191%.

"Todo predicador es un teólogo, malo o bueno, pero, en fin, teólogo", escribía el puertorriqueño Ángel Mergal. Para él, la teología no era ocupación exclusiva de expertos, sino que era la ciencia misma de la predicación. "La teología no puede ser otra cosa que la experiencia de una revelación expresada en palabras humanas: el acoplamiento de la Palabra de Dios y la palabra del hombre".[2] Esta descripción de Mergal reconoce que, aunque no había tratados teológicos ni enciclopedias sobre el tema producidos por latinoamericanos, en esos años la teología se escuchaba desde los púlpitos. Teología era administrar la Verdad "por pequeñas dosis a la congregación". Para Mergal, la fuente primera de la teología evangélica debía ser la Palabra, ya que "*Teos*, Dios y su *logos* (su racionalidad) son los objetos de la predicación" y por lo tanto de la teología.[3]

El argentino Alejandro Clifford (1907–1980) fue un pionero en proveer espacio para la reflexión teológica. En 1928 fundó la revista juvenil *El Despertar*, dentro de su denominación local los Hermanos Libres, publicación que estuvo en circulación por cuatro décadas. Clifford comenzó en 1953 a publicar *Pensamiento Cristiano* (PC), una revista no denominacional precisamente como plataforma de diálogo y reflexión en teología y Biblia que terminó de publicarse en 1980. También Clifford fue el primer editor general de la revista *Certeza* dirigida principalmente a estudiantes universitarios y profesionales dentro del contexto de la Comunidad Internacional de Estudiantes Evangélicos (CIEE). *Certeza* salió a la luz en 1959 y su último número se publicó en 1980. Por casi tres decenios, estas

---

1 Citado en *Panorama Iberoamericano, 1962*, II Congreso de Comunicaciones Evangélicas, Huampaní, Perú: setiembre 15–26, 1962.
2 Mergal Llera, *Arte cristiano de la predicación*, p. 50.
3 *Ibíd.*, p. 64.

revistas presentaron la teología que se estaba fraguando en América Latina. Allí se encuentran los primeros escritos de los que más tarde llegaron a convertirse en los teólogos más conocidos de la región, pero también aparecen muchos otros que aportaron sus escritos en áreas como la sociología, la psicología, la educación y la sociedad en general. Además de Clifford, podríamos destacar a Miguel Zandrino, David Powell y René Padilla en Argentina, al español José Grau y a los peruanos Pedro Arana y Samuel Escobar, entre otros.

Samuel Escobar, quien participó en los equipos editoriales de *Certeza* y *Pensamiento Cristiano*, las evalúa como "un laboratorio de aprendizaje teológico, periodístico y docente".

> En *Certeza* queríamos lograr que el Evangelio de Jesucristo llegase al universitario de manera pertinente, en buen castellano, y sin perder la garra evangelizadora. La meta en *Pensamiento Cristiano* era presentar al evangélico pensante un panorama de lo que se estaba produciendo en materia bíblica, teológica e histórica, en Europa y Norteamérica, y al mismo tiempo estimular a los autores evangélicos latinoamericanos... Fue en esta revista donde por primera vez aparecieron en castellano los nombres de F. F. Bruce, James Packer, A. Rendle Short, D. J. Wiseman, John Stott, representativos de una escuela de pensamiento evangélico serio y responsable.[4]

El equipo editorial de *Certeza*, además de la revista, trabajó en la publicación de libros traducidos y de autores latinoamericanos. El primer título publicado fue *Cristianismo básico,* del escritor inglés John R. W. Stott. De esta manera, la editorial *Certeza* promovió la teología, los estudios bíblicos, el análisis histórico y social, y la literatura en general. También se animó a publicar libros de autores locales poco conocidos, pero con temáticas relevantes.[5]

---

4 Escobar, "Heredero de la Reforma Radical", en *Hacia una teología latinoamericana: Ensayos en honor a Pedro Savage*, p. 59.

5 La lista de los libros publicados es larga. Aquí aparecen algunos de los más representativos. Pedro Arana Quiroz, *Progreso, técnica y hombre,* Buenos Aires: Ediciones Certeza, 1970; Arnoldo Canclini, *Cristianismo y existencialismo,* Buenos

Un año después de CELA I, dentro del contexto del movimiento evangélico ecuménico, se comenzó a publicar en Buenos Aires la revista *Cuadernos Teológicos* (CT), auspiciada por cuatro seminarios y facultades de teología —Buenos Aires, Matanzas (Cuba), México y Rio Piedras (Puerto Rico)—. CT se proponía tratar temas teológicos desde el punto de vista protestante latinoamericano.

Las primeras preocupaciones de las iglesias "jóvenes" de Asia, África y América Latina no giraron en torno a la teología, sino al evangelismo, la organización de iglesias, la enseñanza de la niñez y juventud, y la preparación de ministerio nacional. Pero en todos estos continentes ha llegado ya el momento, en la vida

---

Aires: Ediciones Certeza, 1972; Juan Driver, *Comunidad y compromiso: Estudios sobre la renovación de la iglesia*, Buenos Aires: Ediciones Certeza, 1974; Samuel Escobar, *Biblia y medicina psicológica*, Córdoba, Argentina: Ed. Certeza, 1963; Samuel Escobar, *¿Quién es Cristo hoy?*, Buenos Aires: Ediciones Certeza, 1970; Samuel Escobar, *Decadencia de la religión*, Buenos Aires: Ediciones Certeza, 1972; Samuel Escobar, *La chispa y la llama: Breve historia de la Comunidad Internacional de Estudiantes Evangélicos en América Latina*, Buenos Aires: Ediciones Certeza, 1978; Samuel Escobar, *Evangelizar hoy*, Buenos Aires: Ediciones Certeza ABUA, 1995; Samuel Escobar, C. René Padilla, y Edwin M. Yamauchi, *¿Quién es Cristo hoy?*, Buenos Aires: Ediciones Certeza, 1971; Comunidad Internacional de Estudiantes Evangélicos, *Fe y crisis de fe*, Buenos Aires: Ediciones Certeza, 1976; Ricardo Foulkes, *La iglesia primitiva de Jerusalén: Un estudio terminológico*, Buenos Aires: Ediciones Certeza, 1972; Justo Gonzáles, *El Apocalípsis, o la revelación del ciudadano*, Buenos Aires: Ediciones Certeza, 1972; Michael Green, *¡Jesucristo vive hoy!*, Buenos Aires: Ediciones Certeza, 1976; Michael Green, *La evangelización en la iglesia primitiva*, Buenos Aires: Ediciones Certeza, 1976; Hugh Evan Hopkins, *Manual del combatiente cristiano*, Córdoba: Ediciones Certeza, 1961; Andrés Kirk, *¿Una teología de la revolución?*, Buenos Aires: Ediciones Certeza, 1972; Jorge A. León, *¿Es posible el hombre nuevo?*, Buenos Aires: Ediciones Certeza, 1979; Ada Lum y Ruth Siemens, *El estudio bíblico creativo*, trad. Adam F. Sosa, Buenos Aires: Ediciones Certeza, 1977; C. René Padilla, ed. *Fe cristiana y Latinoamérica hoy*, Buenos Aires: Ediciones Certeza, 1974; C. René Padilla, *El evangelio hoy*, Buenos Aires: Ediciones Certeza, 1975; Osvaldo Jorge Ruda, *Psicoanálisis, reflexología y conversión cristiana*, Córdoba: Ediciones Certeza, 1964; John Stott, *Cristianismo básico*, Córdoba, Argentina: Ediciones Certeza, 1959; John Stott, *Creer es también pensar*, Buenos Aires: Ediciones Certeza, 1974; John Stott, *Las Cartas de Juan*, Buenos Aires: Ediciones Certeza, 1974; John Stott, *Las controversias de Jesús*, Barcelona: Certeza, 1975; John Stott, *La misión cristiana hoy*, Buenos Aires: Ediciones Certeza, 1975; Miguel A. Zandrino, *El origen del hombre: Un enfoque bíblico y científico*, Buenos Aires: Ediciones Certeza, 1977.

de las iglesias evangélicas, en el que la teología tiene que ocupar un lugar cada vez más importante, por el bienestar espiritual de las mismas y por su contribución a las corrientes intelectuales de los respectivos países.[6]

CT incluía artículos escritos por estudiosos evangélicos latinoamericanos "sobre la Iglesia y la fe cristianas, su historia y su interpretación actual", artículos traducidos, recensiones de libros, y documentos históricos de diferentes cónclaves teológicos locales y mundiales. También tenía como propósito servir de vínculo para los egresados de las cuatro instituciones teológicas involucradas.

En la política editorial de CUADERNOS TEOLÓGICOS, se dará preferencia a contribuciones originales en español o portugués. Se tratará de presentar, en el curso de cada año, artículos sobre algún aspecto de cada uno de los siguientes temas: Antiguo Testamento, Historia de la Iglesia y de la doctrina cristiana, Dogmática cristiana, Ética cristiana, Teología práctica y el movimiento misionero y ecuménico.[7]

Posiblemente uno de los factores que animaron la publicación de CT haya sido las evaluaciones de dos observadores europeos en CELA I, el francés Marc Boegner y el español Manuel Gutiérrez Marín, quienes coincidieron en que la conferencia había sido débil en contenido teológico. Esto llevó al metodista argentino, delegado en CELA I, Adam F. Sosa a preguntarse: "¿Será verdad que los evangélicos latinoamericanos no tenemos teología, o aun que la menospreciamos? ¿Estaremos equivocados en nuestra manera de apreciar y expresar los puntos esenciales de nuestra fe? Nuestras maneras distintas de presentar el mensaje, ¿no serán manifestaciones de una teología propia en formación? ¿Qué hay detrás de esta situación teológica que alarma a algunos de nuestros hermanos?".[8]

---

6 "Editorial", *Cuadernos Teológicos* 1, n.º 1, 1950.

7 *Ibíd.*

8 Adam F. Sosa, "Algunas consideraciones sobre la actual posición teológica de los

Sosa reconoció que, si bien no había teología escolástica, se hacía teología al predicar el evangelio.

> Es innegable que el pensamiento evangélico latinoamericano gira alrededor de la Biblia… para la obra de la evangelización que es la gran tarea de nuestras iglesias, la simple exposición del plan de salvación, con que Pedro conquistó a sus primeros tres mil convertidos, y que para Pablo era la más convincente teología —Cristo y Cristo crucificado— sigue teniendo hoy el mismo poder que entonces.[9]

Sin embargo, Sosa aclaró que el pensamiento teológico latinoamericano era más el resultado de la influencia del avivamiento inglés y norteamericano que de la reforma europea. Para él, esto se debió a que el movimiento avivamientista fue posterior a la Reforma y consecuentemente una influencia mucho más poderosa en el origen de las iglesias que llegaron a América Latina. "El signo de esa predicación era la evangelización, y las iglesias evangélicas latinoamericanas, cualquiera sea su afiliación denominacional, han nacido bajo ese signo y tienen en común el vivir bajo ese signo. Sus énfasis doctrinarios —si no queremos llamarlos teológicos— son los mismos de aquel movimiento y de su similar norteamericano.[10]

Además de los avivamientos mencionados, Sosa identifica también al pietismo como influencia importante en el pensamiento teológico latinoamericano. Para él, los evangélicos en América Latina enfatizaban la experiencia sobre la doctrina, sin necesariamente abandonar esta última. La evangelización era la característica predominante en las iglesias, y por eso, aunque "el teólogo puede conformarse con proclamar que Dios salva al hombre, el evangelista no puede darse por satisfecho hasta no comprobar que el hombre se ha salvado". Por ello, la experiencia personal era dentro del

---

evangélicos latinoamericanos", *Cuadernos Teológicos* 9, n.º 2, 1960, p. 152.

[9] *Ibíd.*, p. 153.

[10] *Ibíd.*, p. 156.

movimiento evangélico "una doctrina común a todos los grupos evangelizadores". Sosa explica que:

> El término "experiencia" está bastante desacreditado en el ambiente teológico, donde se lo asocia casi exclusivamente con posiciones místicas y subjetivas y con el nombre de Schleiermacher —y aquí tenemos otro punto de diferencia entre nuestro enfoque teológico y el más difundido en el protestantismo. En el evangelismo latinoamericano, el término experiencia —aunque tenga innegables concomitancias pietistas y místicas— no se refiere meramente a una posición subjetiva —y podríamos agregar que generaciones enteras de predicadores desconocieron el nombre de Schleiermacher. Es la designación de una condición de la más patente objetividad, inseparable del ya mencionado concepto de la conversión. En realidad, quizá fuera más apropiado hablar de "religión experimental", es decir, de una fe viva cuyos resultados no se puede dejar de ver.[11]

Otras características que Sosa identificó en el pensamiento teológico latinoamericano en contraste con el europeo fueron la integración del concepto de misión con evangelización, el apostolado de los laicos —"siempre será de más valor el testimonio fiel de un obrero auténtico que el de un clérigo disfrazado de obrero"—, la doctrina de la mayordomía cristiana desconocida en la teología europea, y la idea de que las iglesias debían ejercer una influencia positiva en la sociedad para resolver males endémicos como el alcoholismo.

Pero era importante aprender de las iglesias europeas, donde "la teología tiene a su servicio las mentalidades más preclaras y la liturgia ha alcanzado el máximo desarrollo, pero donde el pueblo en general no participa en la vida de la iglesia —o, más bien dicho, la iglesia no influye en la vida del pueblo— y en muchos casos lo único que impide que tengan que cerrar sus templos es que cuentan con el sostén del estado". Al final Sosa advierte que:

---

[11] *Ibíd.*, p. 157.

La teología y la liturgia sólo tienen valor como ayudas para la vida religiosa; nunca pueden ser substitutos de ésta. Y lo mismo cabe afirmar en cuanto a la moral y la actividad eclesiástica. No creemos ilegítimo parafrasear las palabras del Maestro y decir que la teología, la liturgia, las diversas actividades eclesiásticas y la misma moral "han sido hechas por causa del hombre, y no el hombre por causa de ellas". A la vez que con toda teología sana afirmamos que Dios es supremo, nuestro deber de gratitud a Él nos obliga a reconocer humildemente el hecho de que el objeto del supremo interés de Dios somos nosotros (Juan 3.16). Si alguna vez acentuamos demasiado esta segunda parte, es de esperar que sea para exaltar la grandeza de la primera. Si cualquiera de ambos términos se olvida, o se acentúa en desmedro del otro, podrá haber "teología", pero no habrá verdadera fidelidad al Evangelio.[12]

En el análisis de Sosa se percibe que los evangélicos latinoamericanos estaban comenzando a explorar su identidad de una forma independiente sin la tutela extranjera. Sus preguntas y comentarios reflejan un compromiso con la iglesia, una comprensión más autóctona de la misión y una claridad propia e incipiente sobre la realidad evangélica en el continente. Sosa demuestra que la teología y los modelos eclesiásticos recibidos habían experimentado una adaptación a la realidad local y estaba comenzando a mostrar características propias, que reflejaban al mismo tiempo lo heredado y lo latinoamericano. Este rumbo lo tomaron otros pensadores en esos años.

Por ejemplo, Thomas Liggett, rector del Seminario Evangélico de Puerto Rico, argumentaba que para que el protestantismo respondiera a los desafíos latinoamericanos debía "afirmar su compatibilidad con la cultura latina. Por mucho tiempo hemos aceptado sin reserva la tesis católica romana de que la cultura latina y el cristianismo católico romano van juntos y que el cristianismo

---

12 *Ibíd.*, p. 161.

evangélico y protestante es algo extraño a la cultura latina".[13] Para Liggett, esa tesis era falsa. ya que el movimiento de Reforma en Europa del siglo XVI no se limitó a los países del norte, sino que afectó también a Italia, Francia y España. Para apoyar su argumento, Liggett nombra al francés Juan Calvino y a los españoles Juan de Valdés, Francisco de Encinas, Juan Pérez de Pineda y Cipriano de Varela, entre otros. "Si uno les suma a estos y a otros testigos del mundo literario, los cientos de miles que ingresan a las iglesias protestantes en América Latina, se hace más obvio que podemos afirmar enfáticamente que el cristianismo evangélico toca una cuerda sensible en el corazón latino, y, proveyendo una atmósfera libre de opresión e intimidación, se siente a gusto tanto en la cultura latina como en cualquier otra cultura de la cristiandad". Sin embargo, Liggett veía la falta de unidad entre las iglesias como un obstáculo grave frente a la cultura religiosa monolítica de la Iglesia Católica. "Debemos unirnos para lograr dos objetivos: el uso máximo de nuestros recursos para la tarea que tenemos por delante, y la manifestación de nuestra unidad cristiana que debe ser real no sólo para los que están dentro de la iglesia, sino también discernible para los de afuera".[14]

Samuel Escobar también exploró la identidad evangélica preguntándose si eran fundamentalistas los evangélicos latinoamericanos.[15] El cuestionamiento tenía sentido, ya que muchas de las misiones de fe que habían llegado se describían con ese calificativo, y como los evangélicos en América Latina eran descendientes de esos movimientos misioneros, heredaban así, en gran parte, la misma identidad. Escobar veía que "ya apunta[ba]n entre nosotros nuevas generaciones latinoamericanas cuya fe evangélica [...] [era] planta de nuestro suelo". Afirmaba que todavía no se había "alcanzado la total madurez, ni [...] roto vínculos institucionales,

---

[13] Thomas J. Liggett, *Latin America: A Challenge to Protestantism*, Río Piedras: Evangelical Seminary of Puerto Rico, 1959, p. 8.

[14] *Ibíd.*, pp. 9–10.

[15] Samuel Escobar, "¿Somos fundamentalistas?", *Pensamiento Cristiano* 13, 1966, pp. 88–96.

culturales y espirituales con nuestros hermanos de Norteamérica y Gran Bretaña".

Haciendo un recuento histórico, Escobar explicó que el surgimiento del liberalismo y modernismo teológico a finales del siglo XIX provocaron una lucha en su contra, naciendo así el fundamentalismo. El liberalismo "tendía a rechazar elementos sobrenaturales del mensaje bíblico, abrazando cierto optimismo en cuanto al hombre". Esto consideraba todos los aspectos doctrinales, incluyendo la teología, la soteriología, la cristología y la doctrina de la Biblia, afectando así también el aspecto ético y moral del mensaje. Inicialmente el fundamentalismo fue "un movimiento en protesta contra esta radical desfiguración del mensaje cristiano."

Sin embargo, aunque al comienzo el movimiento ayudó al colapso de la teología liberal, "en su campaña contra el llamado 'evangelio social' el fundamentalismo fue reduciendo 'todo el consejo de Dios' y poco sintió la necesidad de presentar el cristianismo como una visión comprensiva del mundo y de la vida".

> Debido a que fracasó al no relacionar la revelación cristiana con las preocupaciones más amplias de la civilización y la cultura, y al reducir con criterio estrecho la religión a nada más que la piedad personal, el fundamentalismo corrió el peligro de degenerar en un simple entusiasmo morboso y enfermizo. En el fondo de esta tendencia pietista radicaba una antítesis indiscriminada entre el corazón y la cabeza, a la cual se apegaban la mayoría de los pastores y educadores fundamentalistas y sus instituciones. Este empequeñecimiento del intelecto y este dar expresión a la experiencia religiosa en una fraseología referida sólo a los términos emocionales y volitivos de la vida, es una tendencia que realmente está más de acuerdo con la teología modernista que con la teología bíblica.[16]

Para Escobar, el fundamentalismo no logró presentar una alternativa "bíblica, sólida y ortodoxa" frente al liberalismo y, además, en

---

[16] *Ibíd.*, p. 92.

Norteamérica ese movimiento asumió también una posición de extremo conservadurismo y extremo derechismo político defendiendo, a toda costa, el *american way of life*. En ese sentido, ser fundamentalista era un apelativo con el que definitivamente los evangélicos latinoamericanos no se identificaban. Pero, dentro de la realidad social en América Latina, el neoliberalismo califica de "fundamentalista (a veces con el adjetivo 'retrógrado' también) a quien siendo evangélico no esté de acuerdo con ellos".

Al final, ¿cómo responde Escobar la pregunta?

¿Somos fundamentalistas? *No* si por ello se entiende la degeneración teológica señalada por Henry,[17] el antiintelectualismo simplista, la falta de seriedad en el estudio de la Biblia y el espíritu reaccionario básico. No, si por ello se entiende el segregacionismo racial, el extremismo derechista político y la ingenuidad de creer que el "American way of life" es el reino de Dios en la tierra. No, si por ello se entiende la negación a considerar la aplicación del evangelio a todas las áreas de la vida y la cultura.

Eso sí, creemos que hay fundamentos básicos claros, creemos en la autoridad de las Escrituras, creemos en el legado doctrinal de veinte siglos de cristianismo bíblico, porque nos damos cuenta de que es el único que con realismo —con verdad— revela, diagnostica y responde a la necesidad humana, porque es Palabra de Dios. Y creemos también que las nuevas generaciones evangélicas —en especial las estudiantiles— tienen la tarea de comprender la aplicación del evangelio a todas las áreas de la vida, de elaborar una teología fiel a la Biblia y atenta a las necesidades del hombre latinoamericano de hoy. Y creemos también que hay que *vivir* el evangelio en este mundo convulsionado de hoy, en fidelidad a Cristo y su Palabra. Ello significará ser luz y sal, estar presentes en todas

---

17 Carl F. H. Henry, *Evangelical Responsibility in Contemporary Theology*, Grand Rapids: Eerdmans, 1957.

las áreas de servicio y aun de lucha cuando sea necesario, pero como Cristóforos, portadores de Cristo. Es decir, como hombres libres que por ello mismo no caen en la esclavitud a los muchos ídolos o mitos de nuestro tiempo.[18]

En Escobar, como en Sosa, se nota un análisis que toma distancia de la tradición recibida, a la cual critica respetuosa pero decididamente. Escobar fue capaz de entender el trasfondo de las doctrinas importadas, sus demandas y contexto sociopolítico. Pero su crítica es constructiva y propone un camino de reflexión para los latinoamericanos que estaban pensando su fe con acento propio. Era posible evaluar las teologías llegadas del extranjero sin abandonar los elementos básicos y sin capitular ante el modernismo imperante. Estaba llegando el momento para definir la identidad evangélica latinoamericana tomando distancia de sus progenitores extranjeros.

Claro que, como se viene notando, no había una sola voz evangélica latinoamericana. Cuando se invitó a Kenneth Strachan a presentar su entendimiento de la evangelización, su charla provocó reacciones claves para entender lo que estaba pasando teológicamente en ese momento. Strachan compartió la experiencia evangelística que como director de la Misión Latinoamericana (LAM) había vivido en los años posteriores a la Segunda Guerra Mundial. Había llegado el momento, según Strachan, para que la tarea de evangelización pasara de los misioneros extranjeros a las iglesias nacionales. "La mayoría de nosotros nos sentimos constantemente convictos de nuestro fracaso como testigos".[19] Había un sentido de insatisfacción en el evangelismo. Muchas iglesias estaban encerradas en sí mismas, aisladas de la sociedad y dependiendo principalmente de sus pastores, provocando una "pasiva irresponsabilidad" de los miembros.

---

18 Escobar, "¿Somos fundamentalistas?", p. 96.

19 Kenneth Strachan, "Llamado al testimonio", *Cuadernos Teológicos* 14, n.º 2–3, 1965, p. 68. Esta presentación y el diálogo subsecuente tuvieron lugar en la reunión de la Comisión para la Misión Mundial y la Evangelización organizada por el Concilio Mundial de Iglesias en México, 1963.

Además, las realidades políticas difíciles, la nueva vitalidad de la iglesia católica, la proliferación de las sectas y la penetración intensa de las ideas marxistas, obligaban a una revaloración de los programas y prácticas evangelísticas. Strachan llegó a la conclusión de que "la expansión de todo movimiento está en proporción directa al éxito que tenga en lograr movilizar a la totalidad de sus miembros en la propagación continua de sus creencias".[20]

Strachan definió, entonces, cuatro premisas prácticas para la aplicación de su conclusión sobre la evangelización. Primero, "todo cristiano, sin excepción, está llamado a ser un testigo de Cristo de acuerdo con sus dones y su situación". Esto lograba la movilización de toda la membrecía eclesiástica. Segundo, el "testimonio personal debe estar centrado en la comunión y el testimonio comunal de la congregación local". Tercero, era importante relacionar esa actividad comunitaria "con el testimonio total de todo el Cuerpo de Cristo". Aquí era importante el llamado a la unidad. Finalmente, el alcance debía ser "total y completo. El mandato es a toda criatura, entre todas las naciones, en todo el mundo".[21] Esas premisas se venían aplicando en varios países donde el programa de Evangelismo a Fondo se estaba desarrollando.

En su respuesta a Strachan, Víctor Hayward cuestionó varios aspectos tanto metodológicos como de contenido.

> ¿Es Cristo el Salvador del mundo, o Salvador sólo de la Iglesia? ¿Es Salvador solamente de "aquellos que creen", Señor solamente de la Iglesia? ¿O es el "Salvador de todos los hombres", aunque "especialmente de aquellos que creen", y Señor del mundo, tanto como de la Iglesia? ¿Proclamamos su venida como un evento secular, o religioso? ¿Es su salvación un medio para que las almas de los hombres escapen de este mundo impío, u osamos anunciar "la redención del mundo por nuestro Señor Jesucristo"? ¿Hablamos de la redención de cuerpos y mentes

---

20 *Ibíd.*, p. 71.
21 *Ibíd.*, p. 73.

de los hombres, así como de sus almas —en otras palabras, de sus personalidades totales en toda su relación con su ambiente, tanto aquí como en el más allá? ¿O hemos perdido de vista la preocupación del Creador por todo el mundo secular que Él creó?

La cuestión es qué dimensiones tiene nuestro Evangelio. ¿Proclamamos como algo de importancia *secular* que el Jesucristo que vino ha de volver, para darse a conocer como Aquel por cuyo intermedio Dios ha estado reconciliando todas las cosas consigo, como el centro designado por Dios para la creación entera, y como el significado de toda la historia de la humanidad? ¿Lo proclamamos como el Verbo por medio del cual fueron creadas todas las cosas, y como Aquel que aun ahora gobierna en este mundo, aunque su gobierno está oculto y sólo al fin será universalmente reconocido? ¿Concierne su salvación más que a las almas individuales? El hecho de que Cristo es nuestro Salvador personal no significa que sea nuestro Salvador privado. Esto está claro en cuanto a individuos cristianos. ¿Pero está claro que Cristo no es el Salvador privado de su Iglesia?[22]

Hayward estaba apuntando a un entendimiento estrecho que limitaba la proclamación del evangelio a la conversión personal, pero que dejaba a un lado "secciones enteras de la doctrina bíblica". Para él, la evangelización debía centrarse en el mundo, no en la iglesia. De lo contrario, la iglesia repetía el mismo error de los judíos que, "en lugar de sentirse elegidos para el testimonio, el servicio y el sufrimiento se creyeron elegidos para disfrutar privilegios especiales". El objetivo del evangelio debía ser la creación entera, "hombres en estructuras sociales y corporativas que existen". El evangelio tiene pertinencia en todas las áreas de la existencia humana.[23]

---

22 Victor E. W. Hayward, "Llamado al testimonio. ¿Pero qué clase de testimonio?", *Cuadernos Teológicos* 14, n.° 2–3, 1965, p. 81.

23 *Ibíd.*, p. 85.

Respondiendo a los cuestionamientos de Hayward, Strachan reconoció que en círculos evangélicos conservadores "hay énfasis que contribuyen a un modo de pensar y una vida ultra individualistas, falsamente pietistas, centrados en la iglesia, que constituyen una representación imperfecta y un tanto tergiversada de nuestra sagrada vocación y misión en Cristo".[24] Strachan no aceptó la "falsa dicotomía entre el mundo y la iglesia" de Hayward.

> ¿No debemos reconocer que, a pesar de los fracasos en sus actitudes o su conducta, la Iglesia de la era presente *está* en el mundo, y que el Evangelio le ha sido confiado *a* ella *para* el mundo? De modo que el Evangelio no es correlativo ni de la Iglesia ni del mundo, sino que más bien se relaciona *con* el mundo *a través* de la Iglesia. No hay por tanto una real opción.[25]

Las preguntas claves eran, para Strachan, ¿qué es esencialmente el evangelio? y ¿qué del evangelio es esencial predicar al mundo? Strachan estaba de acuerdo con Hayward en que el mensaje tiene implicaciones que van más allá del individuo y la iglesia, "que abarca la creación entera y todo el ámbito de la vida humana". Pero el peligro de pasar por alto secciones enteras de la Biblia estaba presente en cualquiera de las partes, tanto en los que enfatizaban la regeneración y el arrepentimiento individual como en los que lo sacaban de la proclamación. Los dos lados necesitaban corrección a la luz de las Escrituras.

Era clave entender lo esencial del evangelio también por cuestiones prácticas. Strachan decía que la proclamación inicial debía incluir lo esencial del evangelio y lo demás era parte continua del ministerio de la iglesia y los creyentes. Por eso, añadía él, "no me parece justo, exigir a ningún esfuerzo evangelístico organizado, que en sus presentaciones iniciales presente más que aquellos hechos básicos del Evangelio que son necesarios para lograr esa respuesta

---

24 Kenneth Strachan, "Un comentario más", *Cuadernos Teológicos* 14, n.º 2–3, 1965, p. 87.

25 *Ibíd.*, p. 88.

que Dios desea y exige". Al final Strachan reconoce la necesidad de ser pertinentes, de que la iglesia asuma una actitud de autocrítica y renovación, "pero en completa fidelidad a los términos del Evangelio y de su misión esencial".[26]

El pastor metodista uruguayo Emilio Castro también participó en esta conversación. Castro estaba de acuerdo en que la iglesia preocupada con su propia existencia era el "mayor obstáculo para la evangelización".[27] Junto con esto, él apuntaba a la necesidad de que las iglesias y denominaciones evangélicas no solamente proclamaran la reconciliación, sino que la vivieran mostrando unidad. Castro rechazó la distinción de Strachan entre la predicación inicial de lo esencial y el resto que viene después. Castro explicó lo siguiente:

> De lo que se trata es proclamar a Cristo, sus promesas y sus mandamientos, de tal manera que el nuevo convertido acepte su responsabilidad en el mundo y no sea egocéntrico. Es un mensaje de arrepentimiento, y esto comprende no sólo el dolor por nuestros pecados, sino un cambio radical en toda nuestra posición hacia la vida; un Cristo crucificado que ha tomado sobre sí la suerte de todos los pecadores y nos invita a llevar con él la cruz del servicio en el mundo; un Cristo resucitado que nos llama a vivir la realidad del hombre nuevo. En breve, el convertido no debiera tener una religión de una sola dimensión, sino vivir realmente de acuerdo con el Evangelio y tener una dimensión total.[28]

Para Castro, la evangelización propuesta por Strachan tenía dos peligros latentes. Primero, "si fuera una mera técnica colocada a disposición de iglesias centradas en sí mismas y socialmente irresponsables, sólo aumentaría su irresponsabilidad". Era importante

---

[26] *Ibíd.*, pp. 91–94.

[27] Emilio Castro, "La evangelización en la América Latina", *Cuadernos Teológicos* 14, n.º 2–3, 1965, pp. 107–11. Además de Castro también contribuyeron Markus Barth y Martin Conway. Sus aportes se encuentran en el mismo número de *Cuadernos Teológicos*.

[28] *Ibíd.*, p. 109.

que las iglesias reconsideraran su mensaje tomando en serio la totalidad de la realidad latinoamericana. Segundo, una evangelización que sacara a los creyentes de sus "lugares de testimonio responsable en la sociedad" era nada más que una "tragedia para el Evangelio en América Latina". En este caso la iglesia sería, según Castro, "socialmente irresponsable."

Este diálogo entre Strachan, Hayward y Castro es paradigmático de lo que estaba viviendo el cristianismo evangélico latinoamericano. Era un momento de búsqueda, de definición y de evaluación. Había cuestionamientos claves sobre la identidad y la misión de la iglesia, su relevancia, el contenido y el alcance del mensaje, la relación con la sociedad en general y su involucramiento en la vida de los latinoamericanos. Tanto los evangélicos más cercanos al movimiento ecuménico como los conservadores estaban buscando entender mejor su lugar en el momento complejo de América Latina. Todos se hallaban experimentando dolores de crecimiento. Pero también el diálogo dejó ver que los dos lados se estaban separando cada vez más. Cada uno enfatizaba diferentes aspectos. Eso sí, era importante que se mantuviera la conversación.

CELA II, 1961

Benjamín Moraes, presidente de la Segunda Conferencia Evangélica Latinoamericana (CELA II) decía:

> La hora que pasa es extremadamente grave y no podemos contentarnos en repetir frases que llegaron a ser verdaderos "slogans" de los púlpitos evangélicos hace décadas. Es cierto que habremos de seguir proclamando las verdades eternas que la Biblia, la santa Palabra de Dios, nos enseña. Pero se impone un examen nuevo de las situaciones políticas, sociales, económicas y religiosas de América Latina, para que hablemos las verdades eternas en un lenguaje adecuado a los nuevos auditorios, capacitándonos, entonces, para recibir el Verbo Divino que se hace carne para cada generación. El panorama

general latinoamericano cambió mucho en la última década. De esto nuestras iglesias están concientizándose, para que su testimonio sea más adecuado y seguro.[29]

Entre los cambios importantes que Moraes identificó estaban la rápida industrialización y el resultado de una mayor cantidad de obreros manuales, el proselitismo marxista especialmente entre los estudiantes y el despertar espiritual dentro del catolicismo romano. También dentro del protestantismo evangélico, Moraes señaló el crecimiento de los grupos independientes sin relación con ninguna de las denominaciones tradicionales y las corrientes ultraconservadoras con pretensiones mesiánicas que condenaban a todos los que pensaban distinto. Posiblemente Moraes se estaba refiriendo a la organización que lideraba Carl McIntire, quien logró que la policía limeña interrogara a varios líderes de CELA II, entre ellos John Mackay, al acusarlos de tener vínculos comunistas.

En vista de esos episodios, CELA II enfatizó el tema de la unidad y de una evangelización "que no solamente añada miembros a nuestras congregaciones, sino que aumente el número de testigos de Jesucristo en el mundo". La evangelización se entendía no solamente en su aspecto verbal, sino también en la participación activa de los creyentes en todos los asuntos de la sociedad.

> Contemplamos con profunda simpatía y en espíritu de solidaridad la búsqueda ansiosa de nuestros pueblos por un futuro mejor. Sentimos como nuestros sus anhelos de justicia, de una distribución más equitativa de las riquezas que Dios ha colocado en nuestra tierra, el deseo de grandes masas de nuestra población de independencia social y económica, de igualdad cultural y de una participación plena en la vida y dirección de nuestras naciones. Nos solidarizamos con las

---

[29] CELA II, *Cristo la esperanza para América Latina: Ponencias-Informes-Comentarios de la Segunda Conferencia Evangélica Latinoamericana, 20 de julio al 6 de agosto de 1961, Lima, Perú*, Buenos Aires: Confederación Evangélica del Río de la Plata, 1962, p. 12.

ansias de libertad de América Latina. Lo hacemos porque sabemos que la justicia y la libertad son consecuencias innegables del evangelio, dones que Dios da al hombre y por los cuales debemos luchar.[30]

La ponencia teológica en CELA II estuvo a cargo del metodista argentino José Míguez Bonino, quien definió el mensaje evangélico, además de la obvia proclamación verbal, "también la actitud de vida de los creyentes en el mundo, sus luchas y sus sufrimientos, en fin, la totalidad de la palabra y la acción con la cual damos testimonio de Jesucristo".[31] Míguez partió de lo que CELA I había definido: "Nuestro mensaje para América y para el mundo es Jesucristo". Lo que cuestionó fue si los evangélicos habían "sido fieles a la totalidad de Jesucristo tal como la Escritura nos lo señala". Míguez veía entre los evangélicos tres énfasis diferentes en cuanto a la cristología. Primero, los "conservadores" (aunque a Míguez no le gustaban esas etiquetas) enfatizaban a Jesucristo como "la víctima expiatoria". Las iglesias "liberales", en segundo lugar, presentaban a Jesucristo como maestro "cuyas enseñanzas acerca de Dios como Padre, de la ley de amor que corresponde al Reino de los Cielos, de las indicaciones del Sermón del Monte han ocupado el primer lugar". Y, finalmente, otros grupos presentaban a Jesucristo como el "Juez que viene al final del tiempo a consumar su obra".[32] Míguez respondió que:

> La insistencia unilateral en un Cristo Maestro viene a resultar en un mero moralismo impotente. El énfasis exclusivo en la segunda venida resulta un ultramundanismo pasivo, en una especie de fanatismo y la separación del sacrificio de Cristo de su vida y enseñanzas nos da la figura de un Cristo pasivo, cuya humanidad verdadera poco significa. Es necesario mantener la

---

[30] *Ibíd.*, p. 25.

[31] José Míguez Bonino, "Nuestro Mensaje", en *Cristo la esperanza para América Latina. Ponencias-Informes-Comentarios de la Segunda Conferencia Evangélica Latinoamericana*, Lima: CELA, 1961, p. 70.

[32] *Ibíd.*, p. 72.

unidad de estos tres aspectos: Jesucristo sacrificio por nosotros, Jesucristo nuestro maestro, Jesucristo el Juez y Rey que viene en gloria.[33]

A esto, habría que añadir dos aspectos que según Míguez faltaban en la cristología evangélica latinoamericana: un reconocimiento de las consecuencias prácticas de la encarnación y la soberanía actual de Jesucristo sobre el universo entero. En cuanto al primer aspecto, Míguez se preguntaba si acaso "¿no nos ha faltado en nuestra obra evangélica un sentido de identificación con el hombre latinoamericano que corresponda al mensaje de la encarnación, un sentido de solidaridad con los perdidos, con los pecadores, con los desorientados? ¿No hemos querido nosotros salvar a la gente desde afuera, sin acercarnos demasiado a ellos por temor de contaminarnos? ¿No hemos despreciado incluso un tanto a nuestros pueblos sintiéndonos nosotros superiores, demasiado santos para mezclarnos con sus turbios problemas y pasiones?". Consecuentemente, Míguez recomendó una "profunda meditación sobre la encarnación del Hijo de Dios".[34]

La soberanía presente y actual de Jesucristo sobre todo el universo también llevaba a Míguez a cuestionar la práctica evangélica:

> ¿No parecemos proceder los evangélicos sobre la base que Cristo sólo tiene derecho de soberanía en la Iglesia pero que el mundo no le pertenece? ¿No hemos reconocido a Satanás derechos de soberanía sobre el mundo que no le son propios sino que son usurpados y que por lo tanto no tenemos por qué reconocerle? ¿No ha resultado eso a veces en una doble moral como si en el mundo Satanás fuera soberano y le obedecemos a él y sólo en la Iglesia Jesucristo es Señor y tenemos que preocuparnos de su voluntad, en tanto que otras veces ha resultado una cierta indiferencia al mundo, pensando que solamente dentro de la

---

[33] *Ibíd.*, p. 73.
[34] *Ibíd.*, p. 74.

iglesia ocurren cosas que le interesan a Jesucristo y que Él no es el Soberano Señor que rige el destino de los hombres y de las naciones?[35]

Míguez resumió en una frase brillante su preocupación cristológica: "Un Cristo reducido resulta siempre en un cristianismo reducido y en un testimonio raquítico".

Míguez habló también del lugar central de la Biblia para los evangélicos latinoamericanos, recomendando evitar controversias estériles, mayormente importadas. En seguida hizo un llamado a la unidad de la iglesia evitando el excesivo individualismo para vivir la realidad de una comunión fraternal entre las iglesias. Mencionó explícitamente el hecho de que ahí mismo, en CELA II, no era posible que se celebrara la santa cena, ya que no todos iban a participar porque había diferentes convicciones al respecto. El otro elemento que Míguez resaltó del mensaje fue el de la vida cristiana: "La iglesia evangélica de América Latina ha insistido en que un creyente es una persona cambiada, que da manifestaciones de cambio en su vida. Y creo que eso es algo que debemos mantener y acrecentar en nuestro protestantismo". Sin embargo, esto presentaba el peligro de que "esa vida cristiana se vaya endureciendo en una especie de legalismo frío y negativo", más parecido al fariseísmo de la época de Jesús.[36]

¿Qué significaba proclamar ese mensaje en el contexto latino-americano? Míguez señaló cuatro aspectos importantes para tener en cuenta. Primero, Latinoamérica era un continente "revo-lucionado y hambriento de una transformación total", y por eso "Cristo es la esperanza de América Latina revolucionaria. La esperanza de una revolución en la que el hombre concreto sea respetado y dignificado". Segundo, la población latinoamericana vivía en completa "desorientación y búsqueda humana". De nuevo, Míguez apunta a Jesús como el modelo de hombre, el modelo de la

---

[35] *Ibíd.*, p. 75.
[36] *Ibíd.*, pp. 82–83.

existencia humana: "Jesús no es solamente el modelo de la verdadera humanidad, sino la fuente de la verdadera humanidad".[37]

En tercer lugar, proclamar el mensaje en América Latina tenía que considerar los casi cinco siglos de influencia católica romana. Aquí Míguez fue enfático al decir que lo más importante "no es la confrontación de la Iglesia Evangélica con Roma. Lo más importante es la confrontación de Jesucristo con Roma y nosotros estamos simplemente al servicio de esa confrontación… Cristo es el juez de la Iglesia Católica Romana y no nosotros… Pero Cristo es también el Salvador del catolicismo romano". Y cuarto, estaba la proclamación del mensaje dentro de las mismas iglesias evangélicas. Es que, para Míguez, los evangélicos eran "extraños a la vida misma de América Latina". Aquí hizo un llamado a la profundidad teológica:

> La palabra teología ha sido un tanto vilipendiada, asimilada muchas veces a un dogmatismo extremo y otras a algún tipo de filosofía realizada por allí por las nubes. La teología es simplemente el esfuerzo de la Iglesia por obedecerle también con la mente del Señor. Es simplemente el esfuerzo de la Iglesia por confrontar el mensaje que predica todos los días con la Palabra de Dios. Y yo creo que hace mucha falta a nuestra Iglesia Evangélica latinoamericana una profundización teológica.[38]

La ponencia de Míguez en CELA II fue tanto alentadora como profética. Sus evaluaciones nos dejan ver un cuadro positivo y realista de la situación eclesiástica y teológica a comienzos de los años 60. Se mostró disposición para tener una mirada crítica y constructiva dentro del movimiento evangélico. Sus observaciones sobre las deficiencias cristológicas concordaban con las de Mackay, casi tres décadas antes, en cuanto al docetismo prevalente. Parece que poco había cambiado en ese aspecto, pero Míguez además dejó plasmada una propuesta de cambio y crecimiento. Dentro del mensaje evangélico, presente en ese momento en las iglesias, estaban

---

37 *Ibíd.*, pp. 85–86.
38 *Ibíd.*, p. 91.

las semillas que irían a producir una cosecha auténtica para el reino de Dios, solo que la mayoría de los evangélicos hacían una siembra selectiva, siguiendo marcadamente las líneas denominacionales. Era el momento de buscar la unidad y la integración del mensaje para que fuera posible una transformación real para la iglesia misma y para todas las áreas de la vida en el continente.

Además de Mackay y Míguez, otro que analizó el docetismo de la teología evangélica latinoamericana fue el cubano Justo Luis González, quien, partiendo de la afirmación "el centro de nuestra fe es la encarnación", analizó dos extremos que la han negado desde el comienzo de la era cristiana: docetismo y ebionismo. El docetismo era un énfasis espiritualista donde lo material era inferior. El ebionismo, por el contrario, reducía la fe a lo material, ya que la distancia entre Dios y el mundo era infranqueable y, por lo tanto, lo eterno no se mezclaba con lo temporal. González dijo que los dos estaban de forma velada en la fe evangélica:

> Demasiado a menudo nosotros los cristianos, tras haber rechazado toda insinuación de docetismo en lo que a la persona de Cristo se refiere, caemos en un docetismo práctico que es una negación implícita de la encarnación de Dios en Cristo. Este docetismo se caracteriza por una interpretación espiritualista del cristianismo, como si éste no tuviera que ver más que con ciertas realidades espirituales y supracelestes. Según él, todo lo que sea material se halla lejos de guardar relación alguna con el cristianismo. La tarea del cristiano está en orar, asistir a la Iglesia y leer la Biblia. La política, los negocios y la vida pública en general no son más que una manifestación del pecado y un ardid de las fuerzas del mal, con el propósito de arrancarnos de la vida espiritual.
>
> Todo esto no es más que un docetismo velado que se refiere, no ya a la persona de Cristo, sino al modo como Dios se relaciona con el mundo. Este docetismo velado no es menos peligroso que su antecesor de los primeros siglos, pues toda tergiversación de la relación de Dios con el mundo lleva

a la tergiversación del momento central de esa relación: la encarnación.[39]

Lo que propuso González para contrarrestar ese docetismo velado era un *materialismo cristiano*. Esto es "que nuestro Dios no es el Dios que se revela en una supuesta esfera de lo espiritual, que existe aparte de lo material. No. Dios es el Creador de este mundo y de su materia. Nuestro Dios es el Dios cuya máxima revelación nos es dada en un hombre de carne y hueso". La implicación práctica del error espiritualista era que llevaba a los cristianos a desentenderse del mundo, y se hacían "merecedores de la acusación de que se preocupan tanto por el cielo que se olvidan de la tierra en que viven". En ese caso, "el cristianismo sirve de paliativo que hace a los hombres olvidar sus miserias en lugar de luchar por vencerlas, y se justifica entonces la acusación de Karl Marx de que la religión es el opio de los pueblos".[40] Una tragedia que la Iglesia haya dejado al mundo donde precisamente debía ser luz y sal.

Siendo que la situación latinoamericana era definitivamente de revolución, González veía tres alternativas para los evangélicos. Primero, que la iglesia se alineara "con las fuerzas conservadoras" para detener los cambios que se avecinaban. Por supuesto, él no recomienda esta opción: "No puede haber blasfemia mayor que ésta de establecer semejante ecuación entre la voluntad de Dios y el *statu quo*". Segundo, que la iglesia se desentendiera de la revolución. Esto era igual a que la iglesia se encerrara en una "torre de marfil" ignorando los cambios sociales. Para González, esto sería "una negación flagrante del mensaje de encarnación". Tercero, la única alternativa era "introducirnos en la situación en que se halla el mundo, participar de ella como nuestro Señor participó de nuestros dolores, y hacer todo lo posible para dirigirla". Aquí González advierte que "si pecamos cuando no deseamos ser cristianos revolucionarios,

---

[39] Justo L. González, *Revolución y encarnación*, vol. 1, Colección Universitas, Río Piedras: Librería La Reforma, 1965, pp. 22–23.

[40] *Ibíd.*, p. 25.

pecamos también cuando caemos en la tentación de hacernos revolucionarios cristianos… Lo primero es error doceta, que pretende encontrarse con lo divino fuera de las realidades concretas. Lo segundo es error ebionita, que cree que lo divino se halla en la simple exageración y culminación de lo humano".[41]

Las palabras y el análisis de González dejaron un ejemplo de lo que era hacer teología en el contexto latinoamericano de la década de los 60. No era posible no ver y vivir los cambios sociales, políticos y económicos sin ser afectado por ellos. Pero era una propuesta difícil de aceptar por una comunidad evangélica que en su mayoría se había mantenido al margen de la historia. González no era el único protestante que vio las circunstancias como una oportunidad única que la iglesia no podía dejar pasar. Entre otros, estaba también el movimiento Iglesia y Sociedad.

ISAL

Una semana antes, en el mismo lugar en el que se reunió CELA II, en Huampaní, Perú, se llevó a cabo la Primera Consulta Evangélica Latinoamericana sobre Iglesia y Sociedad, convocada por las confederaciones de iglesias de Argentina, Brasil y Uruguay, para tratar una temática triple: la responsabilidad cristiana ante los rápidos cambios socioculturales, la actuación profética del cristiano en la vida política latinoamericana y la preocupación cristiana por el progreso y el desarrollo económico. Ésta fue la primera vez que "se reunieron evangélicos de todo el continente para considerar específicamente el significado de la responsabilidad del cristiano frente a una situación de rápida transformación social".[42] El resultado más sobresaliente de esta consulta fue la formación de la Junta Latinoamericana de Iglesia y Sociedad, conocida más comúnmente por ISAL, constituida oficialmente en febrero de 1962.

---

[41] *Ibíd.*, pp. 53–54.

[42] ISAL, *América hoy: Acción de Dios y responsabilidad del hombre,* Montevideo: Iglesia y Sociedad en América Latina, 1966, p. 11.

ISAL evaluó Huampaní como "una toma de conciencia y la primera aplicación importante de un método de análisis" que definiría la metodología isalina en las otras consultas. El método "consistió en analizar por separado los aspectos básicos de la realidad latinoamericana (económico, político, sociocultural), y referir después las características y necesidades puestas en evidencia a la situación de la iglesia". La iglesia evangélica y la sociedad latinoamericana se habían mantenido separadas, según ISAL, hasta ese momento, y la relación entre las dos se había ignorado "premeditada e inexplicablemente".[43]

> El estudio de la realidad social demostraba que la iglesia se hallaba ante un hecho que la desbordaba; había intentado analizar un proceso de "rápidos cambios sociales" de ritmo sin duda vertiginoso y tendencia envolvente, pero en última instancia —era su convicción— un proceso de orden social, externo, de naturaleza diferente a la sustancia propia de la iglesia. El análisis llevaba ahora a descubrir la naturaleza profunda y global del cambio. Esa transformación radical del orden social, lo que ya había dado en llamarse la "revolución" latinoamericana, pasaba por el propio eje de la vida y organización de la iglesia. Era un hecho —y éste fue el descubrimiento de Huampaní— que la envolvía y la condicionaba. Nada más equivocado, ante ese descubrimiento, que pretender una actitud impasible y objetiva, determinando premeditadamente qué cambios se habrían de realizar en la vida eclesiástica a fin de "adaptar" o modernizar su estrategia. El impulso profundo y el sentido de la transformación se originaba en las entrañas de la sociedad y la iglesia se hallaba poseída por las mismas tensiones y desgarramientos de la sociedad en cuyo cuerpo habría cobrado forma y existencia su propio cuerpo.[44]

---

[43] *Ibíd.*, p. 13.
[44] *Ibíd.*, p. 14.

Este concepto eclesiológico, aunque aparentemente novedoso, reflejaba en gran parte la propuesta del CCLA en los congresos a comienzos del siglo, donde se animó a que la iglesia se considerara parte activa en la sociedad y evitara verse como un club exclusivo y separado. Pero el hecho de que en Huampaní 1961 se viera como un descubrimiento, reflejaba la situación de una iglesia ensimismada, encerrada en los templos e irrelevante para la sociedad en general.

Iglesia y Sociedad fue definida como una nueva actitud de "cristianos interesándose por la sociedad como tal, por la situación del hombre en esa sociedad, por las condiciones socio-económicas que determinaban la frustración y el sufrimiento humano en un ámbito limitado y concreto, América Latina; y era la fórmula hallada para expresar, también, una nueva concepción del testimonio cristiano a través del servicio y el cumplimiento de las responsabilidades sociales y políticas que el creyente comparte con todo ciudadano."[45]

Frente a esto surgía el cuestionamiento si no se estaba dejando a un lado la misión evangelística de la iglesia. Cuando fue convocada la Consulta en Huampaní, había principalmente dos posiciones sobre el tema. La primera entendía que la responsabilidad social estaba subordinada a la tarea evangelística. La segunda posición consideraba que tanto la responsabilidad social como la evangelización eran partes igualmente importantes en la misión de los cristianos. "En el ejercicio de su responsabilidad social, el cristiano daba su testimonio; su proclamación de Jesucristo obedecía a otros métodos y respondía a nuevas circunstancias, pero no por eso dejaba de ser aquella una tarea esencialmente evangelística… la preocupación social era un testimonio tan valedero e importante de Jesucristo como las prácticas en las que tradicionalmente se había encaminado la acción evangelística".[46]

Ante lo que ISAL llamó el "más colosal cambio de estructuras que jamás haya tenido lugar en América Latina", se llamaba a la

---

[45] *Ibíd.*, p. 12.
[46] *Ibíd.*, p. 13.

iglesia a estar en continuo diálogo con los diferentes aspectos de la sociedad, como la transición de una sociedad agrícola a una industrial, el resquebrajamiento de la vida familiar, el rápido crecimiento demográfico, el papel social de la mujer, el nuevo poder que estaba adquiriendo la clase obrera y el desafío de los medios de comunicación.[47]

Luis Odell, secretario de ISAL, explicó que al considerar la acción social de la iglesia evangélica, lo que se entendía era "una resistencia o una lucha contra el catálogo tradicional de "vicios" originados en nuestra raíz pietista y puritana: el alcohol, los vicios sociales en general, el uso indebido del sexo, y sólo en un nivel más indefinido y periférico, la miseria, el sufrimiento físico etc.".[48] Para Odell, la iglesia latinoamericana vivía en un completo "analfabetismo social" que a menudo llevaba a los creyentes "hacia posiciones reaccionarias, aburguesadas, dando muestras de desconcierto y verdadera desorientación en la comprensión del proceso social, político y económico" en el continente. Su llamado era el siguiente:

> Es hora de superar la filosofía tradicional de la acción social en las iglesias —el asistencialismo como la mejor expresión de la caridad y la piedad cristianas— y lanzarnos imaginativamente al descubrimiento y la aplicación de nuevas formas de acción y servicio, capaces de contribuir decisiva y positivamente a la renovación integral de los países latinoamericanos. La situación nos obliga a una acción que, por su intensidad y alcance, nos permita, si no recuperar ese tiempo ya ido, avanzar en la comprensión de nuestra responsabilidad, a fin de no quedar definitivamente rezagados en la carrera contra el tiempo histórico que vivimos.[49]

---

[47] ISAL, *Encuentro y desafío: La acción cristiana evangélica latinoamericana ante la cambiante situación social, política y económica*, Montevideo: ISAL, 1961, pp. 35–37.

[48] Luis L. Odell, "Junta latinoamericana de iglesia y sociedad (JLAIS): Origen, definición, objetivos", *Cristianismo y Sociedad* 1, n.º 2, 1963, p. 3.

[49] *Ibíd.*, p. 4.

En Huampaní también se discutió la participación política de la iglesia latinoamericana. Entre otras cosas, se reconoció que el propósito de esa participación era "proveer a todos los seres humanos condiciones adecuadas para una vida plena y abundante". Reconociendo que la participación política de la iglesia era inevitable, la Consulta recomendó animar a los creyentes para que individualmente se involucraran evitando que se identifique a la iglesia como institución con un partido político específico. Esa participación de los creyentes no sería fácil, tendría tensiones y peligros, pero se debía "actuar en la obediencia al Señor de la iglesia a cuya voluntad responde el curso entero de la historia".[50] El objetivo principal era la búsqueda de la justicia social.

> Los pueblos han despertado en esta hora a la realidad de que la miseria, el sufrimiento material y otros males de que padecen, no tienen por qué subsistir en una sociedad que posee los recursos técnicos y económicos para superar esa situación en poco tiempo. La noción cristiana de justicia social no es sencillamente el dar "a cada uno lo suyo". En la concepción bíblica la justicia social es la acción de Dios derribando todo aquello que oprime y esclaviza al hombre, dando lugar a una nueva sociedad en la cual la dignidad humana sea íntegramente reconocida. La meta de la justicia social cristiana es otorgar al hombre los medios adecuados para una vida legítima en Jesucristo.[51]

La responsabilidad del cristiano, en el aspecto del desarrollo económico, se definió como "trabajar por el establecimiento de sistemas tales que den a cada ser humano la oportunidad de una vida decente y de desarrollarse espiritual y culturalmente". Para la Consulta, este sistema debía promover la libertad, la justicia y el progreso. Pero la iglesia debía evitar identificarse con un sistema

---

[50] ISAL, *Encuentro y desafío: La acción cristiana evangélica latinoamericana ante la cambiante situación social, política y económica*, pp. 42–45.

[51] *Ibíd.*, p. 48.

económico determinado. Ni el capitalismo ni el colectivismo satisfacían plenamente las necesidades de la persona. Por eso, el cristianismo "tiene que ayudar a encontrar un nuevo camino que supere las deficiencias y peligros de los dos sistemas rivales".[52] Era importante que para lograr esto, tanto los cristianos como las iglesias se prepararan y consideraran esas cuestiones cuidadosamente.

Aunque el movimiento evangélico había llegado a América Latina "poseído de una mística contagiosa, la de evangelizar, y de un instrumento poderoso para realizar esa tarea, la Biblia", lo que había provocado un crecimiento inicial considerable, en los años 60 había "llegado a un punto de estancamiento y crisis". Al comienzo, el movimiento evangélico ofrecía una alternativa real ante el catolicismo romano de la época:

> El movimiento evangélico ha opuesto a la religiosidad superficial, la necesidad de una vida profunda de comunión espiritual con Cristo; a las prácticas sincretistas, la centralidad suprema de Jesucristo en la Iglesia y en la piedad personal y colectiva; al divorcio entre la religiosidad y la moral, la necesidad absoluta del nuevo nacimiento con frutos visibles en la vida privada; a la ignorancia de las Escrituras, la exigencia de leer y estudiar la Biblia para ser miembro de la Iglesia; a la pasividad religiosa del pueblo, la más completa participación y responsabilidad de los laicos en la evangelización y gobierno de la Iglesia. Estos fueron y continúan siendo los grandes motivos que dan vigencia y poder al movimiento evangélico latinoamericano.[53]

Sin embargo, a pesar de ese comienzo promisorio, después de "la infancia y primera juventud," el movimiento evangélico, principalmente las denominaciones más antiguas, se encontraba "sin saber cómo evangelizar al hombre latinoamericano". La causa principal

---

52 *Ibíd.*, pp. 55–56.
53 Gonzalo Castillo-Cárdenas, "El cristianismo evangélico en América Latina", *Cuadernos Teológicos* 2, n.° 5, 1964, pp. 62–63.

de esta situación era que "la mera ortodoxia doctrinal, la piedad personal, los ritos y asambleas solemnes… y en general las formas tradicionales de vida y los 'programas' de las iglesias resultan para las masas no solo ajenos a sus problemas, sino ofensivos a Dios y al hombre". La solución propuesta era que "aquellos que dicen ser cristianos acepten primero responsabilidad por la situación humana del pueblo y entreguen su vida para cambiarla". Dicho de otra manera, los cristianos evangélicos debían asumir un compromiso activo con la nueva situación latinoamericana de revolución. La nueva evangelización llegaba a ser, entonces, "participar como cristianos, tanto en la demolición como en la construcción, corriendo todos los riesgos, y viviendo todos los equívocos de la revolución".[54]

Para Hiber Conteris, las teologías recibidas, tanto las liberales como las fundamentalistas, eran la causa de que las iglesias no se involucraran en la revolución, sino que más bien ayudaran a mantener el *statu quo* en general.

> Salvo contadas y poco significativas excepciones, estas dos corrientes mencionadas determinan las actitudes básicas del protestantismo latinoamericano frente al cambio social. Para intentar una caracterización elemental, podría decirse: 1) Las iglesias que responden a la corriente del "Evangelio Social" parecen reconocer la necesidad del cambio. Ese cambio, sin embargo, debe hacerse preservando los valores "cristianos" de la sociedad tradicional. Por valores "cristianos" se entiende invariablemente una concepción de la vida determinada por una época y una sociedad con la que la iglesia de identificó en los orígenes del movimiento protestante en América Latina. La raíz de esos valores se encuentra en el individualismo como filosofía básica para entender la libertad, la democracia política, los derechos humanos, la acción y el sistema económico, etc. 2) La otra actitud corresponde a los grupos fundamentalistas que postulan una separación radical entre el "Evangelio" y

---

54 *Ibíd.*, p. 65.

"el mundo". La misión de la iglesia es predicar el Evangelio y atender a la salvación "espiritual" del hombre, sin mayor preocupación por las determinantes económicas y sociales de su condición. Esto las ha llevado a caer en nuevo maniqueísmo en que el espíritu es afirmado como la realidad verdadera, mientras que la dimensión social corresponde "al mundo", a una falsa y secundaria realidad.[55]

Conteris vio una tercera opción esperanzadora: las iglesias "indígenas" o pentecostales, las cuales estaban en todo el continente y tenían en común que su membrecía era principalmente de los sectores más bajos de la sociedad, "en el campesinado o en comunidades indígenas en zonas rurales, y en el creciente proletariado urbano que ha emergido en América Latina". Esas iglesias, "a pesar de su teología ultramundana y fundamentalista", estaban llegando a ser agentes activos en la revolución.[56] Siendo que para Conteris la revolución implicaba "gran despliegue de violencia", la iglesia necesitaba un cambio radical "en su estructura, carácter y formas de vida y organización comunitaria".[57] Dicho cambio implicaba para Conteris la participación activa de los creyentes en la revolución violenta, ya que no quedaba otro camino para lograr la transformación estructural deseada en América Latina.

ISAL realizó su segunda consulta en la granja presbiteriana El Tabo, Chile, del 12 al 21 de enero de 1966. En los años que habían pasado desde Huampaní, ISAL había mantenido un programa intenso en varios frentes. En el área de publicaciones, además de la revista cuatrimestral *Cristianismo y Sociedad* que comenzó en 1963, ISAL promovió la publicación de libros que seguían la temática central de realidad social y responsabilidad de la iglesia.[58] En esta

---

[55] Hiber Conteris, "El rol de la iglesia en el cambio social de América Latina", *Cristianismo y Sociedad* 3, n.° 7, 1965, p. 55.

[56] *Ibíd.*, p. 56.

[57] *Ibíd.*, p. 58.

[58] Entre otros, los siguientes libros fueron auspiciados por ISAL en sus primeros años. Paul Abrecht, *Las iglesias y los rápidos cambios sociales,* México: Casa Unida

literatura se presentó la reflexión y la agenda teológica y pragmática que ISAL iba definiendo en esos años. También se convocó una Consulta sobre Servicio y Acción Social en Río de Janeiro, setiembre 1963, donde se reiteró que la acción social, como ministerio de la iglesia, debía ser una dimensión de la proclamación del evangelio. En esta consulta se formó una secretaría especial para asesorar a las iglesias en la formulación de proyectos, convocar conferencias y publicar sus conclusiones sobre el tema. ISAL parece que no se quedó en la teoría, sino que pasó rápidamente a la aplicación práctica de su reflexión. También fue importante la capacitación de líderes en la temática que promovía ISAL. Esto se realizó a través de consultas e institutos regionales y nacionales por lo menos en ocho países.

En El Tabo, ISAL definió mejor su metodología teológica. Se reconoció la necesidad de una mediación ideológica al hacer teología. Se utilizó el concepto socioeconómico de "estructura" para interpretar la naturaleza del cambio social en América Latina y llamar a ese cambio "revolución". También se introdujo la categoría de "teología de la historia" para interpretar ese cambio desde la iglesia.

> Las características asumidas por el cambio social en América Latina, la naturaleza global de ese proceso, originaban la necesidad de una reflexión total sobre la historia; resultaba imprescindible hallar una interpretación de la situación actual

---

de Publicaciones, 1961; Julio de Santa Ana, *Id por el mundo: Estructuras para la misión*, Buenos Aires: Methopress, 1966; Egbert de Vries, *El hombre en los rápidos cambios sociales*, México - Buenos Aires: Casa Unida de Publicaciones y La Aurora, 1962; ISAL, *Encuentro y desafío: La acción cristiana evangélica latinoamericana ante la cambiante situación social, política y económica*; ISAL, *Realidad social de América Latina: Manual para institutos de líderes*, Montevideo: Iglesia y Sociedad en América Latina, 1965; ISAL, *Hombre, ideología y revolución en América Latina*, Montevideo: Iglesia y Sociedad en América Latina, 1965; ISAL, *América hoy: Acción de Dios y responsabilidad del hombre*; Carlos Barreiro, Julio Lenkersdorf, André Dumas, Joseph Hromadka, *Fe cristiana y marxismo*, vol. 1, *Cuadernos de "Cristianismo y Sociedad"*, Montevideo: ISAL, 1965; A. F. Carrillo de Albornoz, *Bases de la libertad religiosa*, México: Casa Unida de Publicaciones, 1964; Philippe Maury, *Cristianismo y política*, Buenos Aires: Methopress, 1964.

a partir de un proceso totalizador y dotado de sentido. Ese proceso, desde el punto de vista bíblico, es la propia historia. La historia considerada no como quehacer exclusivo del hombre, sino y principalmente como realización de Dios, como desarrollo de la voluntad de redención humana, anticipada, conocida e interpretada a partir de la revelación en Jesucristo. El hombre se convierte, pues, en el sujeto y a la vez el objeto de la transformación histórica. La "humanización" del hombre es el "telos provisional" de la historia, el objetivo inmediato o "penúltimo" que antecede a la reunión final de todas las cosas en Jesucristo.[59]

La iglesia, entonces, se encuentra en el centro mismo de la historia y, consecuentemente, ISAL declara que "la revolución social es también la revolución de la iglesia".[60] Se formuló esta pregunta: ¿Puede el cristiano participar en el ataque directo a las estructuras legales establecidas (revolución) cuando no hay perspectivas de que ellas puedan ser transformadas por la acción de los movimientos políticos y sociales vigentes?". En su respuesta, ISAL dejó claro que había muchas formas de violencia activas en la sociedad latinoamericana, como la violencia invisible, la violencia blanca y la violencia moral, que "ya está matando de hambre y enfermedades al hombre latinoamericano y le está privando de oportunidades para la vida". Por ello, pensar que el cristiano asuma acciones de revolución violenta no era introducir violencia en una sociedad sin violencia.

> La violencia puede ser capaz de restablecer en nuestra sociedad un orden más aproximado a la voluntad de Dios para el hombre… En este contexto, la tarea inmediata del cristiano será señalar y desenmascarar las formas de la violencia invisible o blanca; buscar sus causas y posibles remedios; poner en práctica estos

---

[59] ISAL, *América hoy: Acción de Dios y responsabilidad del hombre*, p. 17.
[60] *Ibíd.*

remedios con el menor empleo posible de violencia directa; estudiar y utilizar los mecanismos preventivos de toda clase de violencia. Y, cuando el final de todo esto, deba decidirse, ya sea por una acción o la otra, y se encuentre inseguro de su decisión, deberá recordar que quizás nunca tendrá la seguridad absoluta y definitiva de que su decisión sea la única posible; por tanto, deberá mantener la comunión fraternal con aquellos de sus hermanos que hayan decidido en forma diferente a él.[61]

¿Confuso? Tal vez, pero la discusión mostraba la dirección que ISAL estaba tomando. La iglesia debía asumir un rol activo en la revolución. No había lugar para una posición de neutralidad. Difícil tragar esa píldora cuando hasta ese momento el énfasis había sido en una iglesia supuestamente apolítica, dedicada exclusivamente a lo espiritual.

También en El Tabo se reconoció la necesidad de que la iglesia fuera más latinoamericana, que mostrara más la naturaleza, la cultura y la forma de ser características de la región. La situación era que "la liturgia, los himnos (el culto en general), las lecciones de la Escuela Dominical, el trabajo de la juventud, su constitución, la teología, todo esto está lejos, en forma y contenido, de la cultura autóctona latinoamericana. ¿De qué manera se podría incorporar en el culto, en su liturgia y en sus himnos **nuestro** lenguaje, nuestro ritmo?". Si recordamos, ya Inman en 1929 había señalado esto. La pregunta era entonces: "¿Hasta dónde los trazos culturales del protestantismo europeo y norteamericano son incompatibles con nuestro estilo y con la naturaleza del hombre latinoamericano?".[62] También: "¿Cuáles son los buenos y malos frutos de una evangelización llegada de afuera? Viniendo de países que ya conocían el evangelio ¿cómo podrían implantarse entre nosotros sin el ropaje y las formas extranjeras?". Este cuestionamiento, que ya hemos visto antes, de la necesidad

---

61 ISAL, "II Consulta Latinoamericana de Iglesia y Sociedad 'El Tabo'- Chile, enero 12–21, 1966", *Cristianismo y Sociedad* 4, n.º 9–10, 1966, p. 95.
62 ISAL, *América hoy: Acción de Dios y responsabilidad del hombre*, p. 122.

de romper los moldes importados comienza a definirse con más exactitud. Ahí se identifica el elemento cultural como lo que define la latinamericanización de la iglesia. Por ello, se preguntaban en El Tabo: "Acaso el Pentecostalismo en este sentido, puede significar un cambio, 'la' forma latinoamericana del protestantismo? ¿Puede el pentecostalismo servir de base para las nuevas formas de vida cristiana necesarias hoy en nuestro continente?".[63] Es interesante que en El Tabo se reconociera la influencia pentecostal, que hasta ese momento parecía ignorarse en las conferencias continentales tanto de ISAL como de otros trasfondos.

La evaluación de ISAL sobre la situación teológica de la iglesia evangélica en el continente se resumió así:

Es posible observar que el protestantismo latinoamericano ha incorporado a su predicación y mensaje una "doctrina" directamente heredada de sus orígenes misioneros: se trata de la convicción de que la transformación interior a que da lugar la conversión a Jesucristo, tiene consecuencias en la vida personal que resultan en una mejor situación de orden social y económico. Aunque no existe ninguna formulación teológica de esa "doctrina", el consenso general parece determinar su validez. Lo paradójico, en este caso, es que una convicción de esta naturaleza parece contradecir la necesidad de solidaridad social que exige el proceso de desarrollo nacional en que se hallan los países del continente. La "doctrina" de la superación personal (concepción eminentemente individualista del "éxito"), llevó a la iglesia a la creación de una serie de instituciones equivalente a una **subcultura** protestante, esto es, a un sistema total enquistado en la cultura nacional. En este microcosmos, los creyentes tienden a aislarse y refugiarse, como es el caso del sistema educacional creado por diversas tradiciones evangélicas y paralelo al sistema público prevaleciente. "Doctrina" e institución, por lo tanto, se

---

63 *Ibíd.*, p. 125.

sostienen mutuamente y esto ha provocado cierta "mentalidad" protestante a veces enfrentada en términos conflictuales al medio ambiente latinoamericano.[64]

En el documento final, *Mensaje a las iglesias evangélicas de América Latina*, ISAL propuso que "la única forma de que la iglesia participe significativamente en esta revolución, y lleve el mensaje de Jesucristo a las nuevas estructuras de la sociedad latinoamericana, se halla en la búsqueda de su propia renovación". La idea era una renovación tanto de forma como de contenido. En forma, en cuanto al culto y liturgia; en contenido, en lo referido al mensaje. De no renovarse, la iglesia no encontraría "el camino para el cumplimiento de su permanente y única misión." Esto no era una tarea fácil, sino "dolorosa y difícil", pero no imposible.[65]

La Tercera Consulta Latinoamericana de ISAL se llevó a cabo en Piriápolis, Uruguay, en diciembre de 1967. Fue una instancia para redefinir la identidad y la misión de ISAL, y evaluar lo hecho hasta ese momento y plantearse objetivos para el futuro. ISAL aclaró que no era un grupo político, que no se identificaba con ningún programa político específico, pero que proponía planteamientos concretos en el campo político: "necesidad de liberación de la hegemonía que sobre el continente ejercen los Estados Unidos de América y del dominio que en su provecho ejercen las clases dirigentes, como así mismo la concepción de nuevas estructuras económicas, sociales y políticas que tiendan a facilitar la creación del nuevo hombre a que siempre ha aspirado el cristianismo".[66] Se nota que la discusión ha dejado a un lado el concepto del reino de Dios para hablar de humanización o nuevo hombre.

ISAL tampoco se consideraba una iglesia ni un ministerio especializado de la iglesia "que procura solamente incluir a cristianos;

---

64 *Ibíd.*, p. 130.

65 ISAL, "II Consulta Latinoamericana de Iglesia y Sociedad 'El Tabo'- Chile, enero 12–21, 1966", p. 102.

66 ISAL, "III Consulta Latinoamericana de ISAL", *Carta de ISAL* 1, n.º 1, abril, 1968, p. 2.

sino que aspira también a encontrarse con aquellos que padecen la opresión y/o buscan potencialmente la transformación". Tal vez intencionalmente o sin darse cuenta, ISAL se estaba separando de la comunidad evangélica a la que quería servir. Por ejemplo, en cuanto al programa de ISAL, se incluyó "ofrecer a sus miembros los elementos necesarios para que se integren en el esfuerzo de concebir y alcanzar una sociedad más justa". Esto era, sin lugar a dudas, un plan encomiable, sólo que en los documentos ya no aparecen las iglesias como su objetivo, sino los individuos. ¿Sería que las iglesias estaban comenzando a desconfiar del carácter evangélico de ISAL? Si consideramos las publicaciones de ISAL, el desapareció tema evangelístico; en cambio, parecían más centradas en temas sociales, económicos y políticos. Era difícil convencer a todos de que no eran una agrupación política, aunque ellos quisieran demostrar lo contrario. Eso no significaba que ISAL no estaba llamando la atención a realidades importantes que las iglesias habían desatendido casi completamente hasta ese momento. La situación del continente era álgida y no parecía haber salida. Los cuestionamientos de ISAL eran reales; pero, al alienarse de la comunidad que inicialmente las apoyó, perdió su mejor posibilidad de cambios tangibles.

La Cuarta Asamblea Continental de ISAL se realizó en julio de 1971 en Ñaña, Perú, con el tema: "Bases para una estrategia y programa de ISAL". Mucha agua había corrido debajo del puente desde Huampaní diez años atrás. Los informes de la asamblea dejaban clara la radicalización por la que pasaba ISAL. El tema principal tuvo que ver con la inserción de los cristianos en el proceso de liberación de América Latina. ISAL definió liberación como "la ruptura con el sistema de dependencia económica y de explotación que sufren nuestros pueblos, generada por la acción del imperialismo aliado con las clases dominantes nacionales".[67] Ante esta pregunta: ¿Para

---

[67] ISAL, "Bases para una estrategia y programa de ISAL. IV Asamblea Continental, Julio 1971. Ñaña, Perú", en Rafael Thomas; Escobar Carvajal, Filemón; Aguiar, César; Assmann, Hugo; Barreiro, Julio; Franco, Pablo, eds. *América Latina: Movilización popular y fe cristiana*, Montevideo: ISAL, 1971, p. 140.

qué el proceso de liberación de América Latina?, la respuesta de ISAL fue la siguiente:

> [Para] crear una sociedad más justa en la que desaparezcan distinciones odiosas de clase y se instaure una organización más racional de la producción obedeciendo a necesidades propias de los trabajadores. Será una sociedad en la que el poder debe ser ejercido por las clases populares que hoy sufren la explotación. Para ello será necesario socializar los medios de producción y democratizar el ejercicio del poder. Será una sociedad nueva en lo que lo social predominará sobre lo individual.[68]

Se nota el cambio de dirección desde El Tabo, donde se dijo que ISAL no apoyaba un proyecto político específico.

Con esa lectura sociopolítica, las iglesias evangélicas eran "exponentes de formas culturales de intereses de clases, y valores ligados de tal manera al pasado que hay que superar, así como también a los centros de dominación imperialista". Por ello, se recomendó "la nacionalización de las iglesias, entendiendo tal concepto no sólo como el paso que permite la adopción de formas culturales autóctonas o regionales, sino como una identificación de la iglesia con los intereses y el destino histórico del pueblo al que deben servir".[69] Esa acción también debía afectar la reflexión teológica:

> Dadas las peculiaridades de la situación teológica latinoamericana actual, por "renovación teológica" auténtica no hay que entender tal cosa como la repetición de teologías formuladas en sociedades opulentas (teología de la muerte de Dios, teología de la esperanza, etc.), sino el intento por comprender los símbolos y categorías de la fe en el marco del proceso de liberación apuntalando y no estorbando al mismo. Los meros cambios de formas de vida de la iglesia (liturgia, pastoral, cánticos, etc.)

---

[68] *Ibíd.*, pp. 143–44.
[69] *Ibíd.*, pp. 148–49.

por sí mismos no son muy útiles para implementar nuestra liberación. Por ello la fuerza viene de las clases populares que quieren un nuevo mañana, una nueva sociedad. La iglesia, pues, debe estar al servicio de las mismas y —en lo posible—estar atenta a formular una "teología del pueblo", y no una "teología para el pueblo.[70]

El metodista uruguayo Julio de Santa Ana, uno de los principales ideólogos de ISAL, comparó la presencia inicial de las iglesias evangélicas y la propuesta de un cambio social con la Reforma protestante en Europa del siglo XVI. Pero desde la llegada de los protestantes hubo dos corrientes que se enfrentaron: los defensores del pensamiento del *evangelio social* y los que insistían en que la acción cristiana era única y primordialmente espiritual. De Santa Ana explicó que esas dos corrientes opuestas "dominaron el quehacer teológico latinoamericano durante la mayor parte de lo transcurrido en el siglo XX; de ambas corrientes, hasta ahora la más dinámica ha sido la fundamentalista, que en realidad ha primado en la mayoría de las iglesias evangélicas del continente".[71] El enfrentamiento entre las dos posiciones, desgastó los esfuerzos evangélicos.

Por un lado, el "evangelio social" perdió de vista las peculiares condiciones sociales de América Latina y en muchas oportunidades cayó en la actitud de enfatizar el cambio de conducta antes que el cambio en la sociedad; pero, por otra parte, el "fundamentalismo" insistió tanto en la ultramundanidad del cristianismo que llegó a perder de vista la dimensión social del evangelio. Mientras que el "evangelio social" en su afán de influir sobre la sociedad, llegaba a perder lo específico de la acción cristiana, el "fundamentalismo" negaba importancia a las estructuras sociales, económicas y políticas, como si sobre ellas no tuviera que ser proclamado también el señorío de

---

[70] *Ibíd.*, p. 150.

[71] Julio de Santa Ana, *Protestantismo, cultura y sociedad: Problemas y perspectivas de la fe evangélica en América Latina*, Buenos Aires: La Aurora, 1970, p. 112.

Jesucristo. Pero lo más desgraciado del caso es que tal polémica no ha surgido en función de la situación latinoamericana y sus problemas, sino como proyección de debates y discusiones que tuvieron lugar a fines del siglo pasado y principios del presente en los países donde se originó la misión evangélica a estas tierras. En consecuencia, además de desgastar las fuerzas del movimiento evangélico, al centrarlo en una discusión ajena a la situación latinoamericana, llegó a provocar una acentuación de su alienación respecto a nuestros pueblos, haciendo de este modo, un mal difícilmente reparable al protestantismo latinoamericano.[72]

A partir de los años cincuenta, De Santa Ana explicó las teologías de Barth, Brunner, Tillich, Niebuhr, Aulén, y otras se fueron conociendo en varios seminarios latinoamericanos, particularmente el énfasis en la *encarnación* del cuerpo de Jesucristo en el mundo y su exigencia de tomar en serio las estructuras temporales a través del servicio social. Aunque esta perspectiva no eliminó las polémicas internas, sí ayudó a que el protestantismo latinoamericano considerara en su reflexión teológica sus situaciones particulares. Por ejemplo, la pregunta de por qué el crecimiento numérico no implicaba necesariamente "las señales del mundo nuevo, las que deben acompañar la proclamación del mensaje de salvación, según la Biblia, en el cumplimiento de la misión de la iglesia". También la interrogante de hasta "qué punto la predicación de los púlpitos evangélicos no ha estado apuntando hacia un modo de vida muy lejano para los pueblos latinoamericanos". De Santa Ana analizó que, con esa predicación, "en vez del cumplimiento de la misión de la Iglesia, lo que ha estado realizando el movimiento evangélico ha consistido sobre todo en la propagación de un cierto tipo de creencias y de ideales de vida que poco tienen que ver con el estilo de la existencia de nuestros pueblos".[73]

---

[72] *Ibíd.*, p. 113.
[73] *Ibíd.*, p. 117.

De Santa Ana vio la dependencia extranjera como impedimento para que se tomara en serio la encarnación en la obra evangélica. Por ello, era imperativa "la encarnación del mensaje de las iglesias y la indigenización de las mismas".[74] Además, la iglesia debía ampliar su entendimiento de su misión incluyendo todas las dimensiones de la realidad humana, especialmente la relación de la iglesia con la sociedad. Pero, el déficit en conocimiento bíblico y en exégesis y hermenéutica había incidido "en detrimento de una buena reflexión teológica".

> Por un lado, se asiste hoy —por influencia del fundamentalismo— a una referencia constante a textos bíblicos que generalmente son extraídos de su contexto, y que así resultan falseados en su interpretación. Por otra parte, quienes son conscientes de la necesidad de una buena exégesis, no conociendo ni teniendo los instrumentos adecuados para realizarla, caen necesariamente en la lectura de comentarios que, si bien son de cierta utilidad, muchas veces por provenir de otras situaciones y otros países, desvían la interpretación del mensaje, tornándola insignificante para nuestra situación latinoamericana.[75]

Para De Santa Ana, hacía falta también una buena reflexión en teología pastoral y en teología de la historia que tomara en cuenta las condiciones particulares de la situación y cultura latinoamericanas. Junto con esto, era imprescindible una renovación de la educación teológica que no solo preparara para conducir iglesias, sino, sobre todo, "ministros que sean verdaderos servidores de los hombres y de la sociedad latinoamericana." Consecuentemente:

> Sólo entonces, cuando los teólogos evangélicos latinoamericanos sean realmente hombres de su pueblo y hombres de Dios, cuando vivan, hasta el desgarramiento, la tensión que se produce en el encuentro del Dios vivo con los hombres y sus esperanzas,

---

74 *Ibíd.*, p. 119.
75 *Ibíd.*, p. 143.

cuando de esa tensión surjan pensamientos que se desplieguen concretamente en acciones solidarias y creadoras con los hombres de América Latina, asistiremos al surgimiento pleno de una reflexión teológica que será realmente latinoamericana. Ese día, los moldes hechos a partir de teologías foráneas habrán sido dejados de lado, no por oposición a los mismos, sino porque no responden tan efectivamente como los propios a los problemas que vivimos. Entonces la teología dejará de ser libresca; será a la vez un acto de obediencia a Dios y un signo de solidaridad con nuestros pueblos y sus destinos.[76]

Con ISAL tenemos la primera vez que un grupo se une en la tarea de hacer teología contextual. Hasta ese momento habían sobresalido individuos en varios países, o equipos editoriales en las diferentes revistas evangélicas disponibles. ISAL aprovechó la coyuntura histórica y logró que intelectuales protestantes se unieran para analizar la iglesia y su involucramiento social en el contexto latinoamericano de esos años. En ese sentido, podemos considerar a ISAL el primer equipo de trabajo teológico protestante en América Latina. Su aporte al debate teológico fue su propuesta metodológica interdisciplinaria donde se incluyeron instrumentos de la sociología en la teología, dos disciplinas que muy poco se juntaban hasta ese momento. También ISAL comenzó a relacionar la teología con la situación histórica, social y económica del continente, una propuesta que se había explorado muy poco anteriormente. En general, antes de ISAL la teología se relacionaba con el aspecto espiritual y religioso de los latinoamericanos. ISAL amplió esa área de influencia haciendo teología aprovechando los recursos disponibles en otras ciencias. Sus preguntas de cómo hacer teología y cómo ser iglesia en un momento histórico específico marcaron el quehacer teológico desde ese momento.

ISAL fue un ejemplo de lo que podría pasarle a un grupo que rápidamente se distancia de las iglesias evangélicas: al final se quedó

---

[76] *Ibíd.*, p. 150.

solo y su agenda atrajo más a los no creyentes que a los evangélicos. Tensiones internas y represión política hicieron que ISAL se desmantelara, aunque algunos de sus miembros siguieron publicando y manteniendo el diálogo.[77] Las discusiones de ISAL prepararon el ambiente para las teologías que en los setenta llenaron el ambiente: las llamadas teologías de la liberación, principalmente desde el catolicismo, y las teologías evangélicas radicales que surgieron desde esfuerzos como la Fraternidad Teológica Latinoamericana (FTL).[78]

---

[77] Por ejemplo: Julio de Santa Ana, *Cristianismo sin religión: Ensayo*, Montevideo: Editorial Alfa, 1969; Julio de Santa Ana, *Protestantismo, cultura y sociedad: Problemas y perspectivas de la fe evangélica en América Latina*; Julio de Santa Ana, *El desafío de los pobres a la iglesia*, San José: Editorial Universitaria Centroamericana, 1977; Julio de Santa Ana, *Hacia una iglesia de los pobres*, Buenos Aires: La Aurora, 1983; Julio de Santa Ana, *Por las sendas del mundo caminando hacia el reino: Reorientación pastoral y renovación teológica en América Latina*, San José: DEI, Seminario Bíblico Latinoamericano, 1984; Julio de Santa Ana, *La práctica económica como religión: Crítica teológica a la economía política*, San José: DEI, 1991; Julio de Santa Ana, *Evangelización y conquista*, Montevideo: Ediciones de Juan Darién, 1994; Pablo Richard, *Desarrollo de la teología latinoamericana: 1960–1978*, San José: Seminario Bíblico Latinoamericano, 1979; Pablo Richard, ed. *Raíces de la teología latinoamericana*, San José: DEI-CEHILA, 1985. Hiber Conteris se dedicó a la ficción y al relato, donde aparecen muchas de sus ideas que promovió en ISAL. Entre sus obras están: Hiber Conteris, *La diana en el crepúsculo*, Barcelona: Laia, 1986; Hiber Conteris, *La cifra anónima: cuatro relatos de prisión*, Montevideo: Ediciones Trilce, 1988; Hiber Conteris, *Round Trip: Viaje regresivo*, Montevideo: Planeta, 1998; Hiber Conteris, *Oscura memoria del sur*, Montevideo: Editorial Fin de Siglo, 2002. También: Hugo Assmann, *Opresión-Liberación: Desafío a los cristianos*, Montevideo: Tierra Nueva, 1971; Hugo Assmann, *The Christian Contribution to the Liberation of Latin America*, Cuernavaca, 1971; Hugo Assmann, *Teoponte: Una experiencia guerrillera*, Oruro: Centro Desarrollo Integral, 1971; Hugo Assmann, *Teología desde la praxis de la liberación: Ensayo teológico desde la América dependiente*, Salamanca: Sígueme, 1973; Hugo Assmann, *Cristianos por el socialismo: exigencias de una opción*, Montevideo: Tierra Nueva, 1973; Hugo Assmann, *Theology for a Nomad Church*, New York: Orbis Books, 1975; Hugo Assmann, *Dominación y dependencia*, Buenos Aires: Tierra Nueva, 1975; Hugo Assmann, *El juego de los reformismos: Frente a la revolución en Centroamérica*, San José: DEI, 1981; Hugo Assmann, *La iglesia electrónica y su impacto en América Latina: Invitación a un estudio*, San José: DEI, 1988; Hugo Assmann, *Clamor dos pobres e "racionalidade" econômica*, Sao Paulo: Ediçoes Paulinas, 1990; Hugo Assmann, *Economía y religión*, San José: DEI, 1994; Hugo Assmann, *La idolatría del mercado*, San José: DEI, 1997.

[78] Para un análisis de la influencia de ISAL en las teologías de la liberación, ver: Alan Neely, "Protestant Antecedents of the Latin American Theology of Liberation"

Luis P. Bucafusco, presidente de CELA III (Buenos Aires, 13–19 de julio, 1969), definía la misión de la iglesia en términos de deuda, "de concreta responsabilidad y compromiso para con la totalidad del hombre latinoamericano. La *misión* de la iglesia como *deuda* aleja ya toda posibilidad de aislamiento". Explicó que:

> Es el sentirnos deudores [lo] que hace que nos preguntemos con seriedad y sinceridad sobre el sentido de la presencia evangélica y de nuestra acción en estos momentos de cambio, de intensa búsqueda. Porque no nos basta ya con saber que estamos para servir, sino que queremos comprender profundamente hasta dónde debe llevarnos este servicio al hombre. Y porque nos preocupa la totalidad del hombre es que estamos comprometidos con el proceso de transformación y desarrollo de nuestros pueblos. No estamos por un cambio que sustituya una miseria con otra, que sea caldo de cultivo para el odio y la violencia, sino un cambio profundo, radical, que borre las enojosas e irritantes desigualdades y permita a cada ser humano vivir en la plenitud de sus posibilidades para lograr la *vida abundante* que es promesa de nuestro Señor. La *deuda* como *misión* nos hace estar ahí, en el campo de batalla para luchar por ese orden nuevo, más humano y más pleno de la presencia del Señor, la soberanía de Jesucristo debe expresarse en la totalidad de la vida del hombre y dentro del contexto político, económico, social, cultural y religioso. ¡*Somos deudores*, hay que pagar la deuda![79]

(disertación doctoral), American University, 1977. Para críticas evangélicas de ISAL, ver Pedro Arana Quiroz, *Providencia y revolución*, Lima: El Estandarte de la Verdad, 1970; Pedro Arana Quiroz, "La revelación de Dios y la teología en Latinoamérica", en Peter Savage, ed., *El debate contemporáneo sobre la Biblia*, Barcelona: Ediciones Evangélicas Europeas, 1972; Samuel Escobar, "El reino de Dios, la escatología y la ética social y política en América Latina", en René Padilla, ed., *Reino de Dios y América Latina*, El Paso: Casa Bautista de Publicaciones, 1975; Andrés Kirk, "La Biblia y su hermenéutica en relación con la teología protestante en América Latina", en Peter Savage, ed., *El debate contemporáneo sobre la Biblia*, Barcelona: Ediciones Evangélicas Europeas, 1972.

[79] Luis P. Bucafusco, "Impresiones personales sobre la III CELA", en *Deudores al*

El paternalismo y la dependencia ideológica de las iglesias evangélicas llevaron a Bucafusco a reconocer que tanto las estructuras eclesiásticas como la teología estaban "contaminadas con los vicios y problemas" importados. La situación era más complicada, ya que, además de lo ideológico, estaba de por medio el aspecto financiero. Frente a eso, Bucafusco veía que muchos latinoamericanos "quieren liberarse de todo paternalismo obsesivo y quieren alcanzar la propia identidad, es decir configurar su propia personalidad". Eso no significaba un rompimiento con la iglesia mundial ni una actitud de rechazo al evangelio. Más bien, "se quiere *ser*, se quiere tener vida propia estructurada según la circunstancia latinoamericana y poder formular una teología relevante a la condición y situación del hombre en América Latina, pero que esta teología sea fruto del pensamiento y reflexión de latinoamericanos que *viven* y *trabajan* en el continente, que están insertados en la realidad del hombre latinoamericano".[80]

En las palabras de Bucafusco sobresale una descripción de lo que estaba pasando. Los latinoamericanos comenzaban a querer romper la dependencia y buscar su propio camino, no solo en lo estructural, sino sobre todo en lo teológico. Era un momento de crecimiento importante en el que se desea continuar la trayectoria que se había seguido, pero ahora sin la tutela extranjera. Se buscaba ser relevantes y conscientes de su contexto latinoamericano del momento. A partir de la década de los sesenta, esta es una tendencia que ya no tuvo retroceso. A partir de entonces, los latinoamericanos asumieron su rumbo propio muchas veces ante el estupor de los tutores de afuera.

El pastor metodista uruguayo Emilio Castro lo expresó de una manera gráfica:

El Evangelio llegó a nosotros como una planta trasplantada en maceta y que ha sido enterrada en el suelo nativo de nuestra

---

Mundo, III Conferencia Evangélica (CELA), Montevideo: UNELAM, 1969, p. 14.
[80] *Ibíd.*, p. 15.

propia situación. Sólo que la hemos enterrado con la maceta puesta y que nos hemos olvidado de lo importante que es quebrarla a los efectos de que el poder del Evangelio, echando raíces con plenitud, en nuestra tierra autóctona, pueda dar sus más auténticos frutos... frutos legítimamente latinoamericanos. No se trata, pues, de repetir formas cristianas, quizá útiles en otras latitudes o en otras épocas, sino de expresar la fe en el aquí y ahora de nuestro continente, con la seguridad de que, al relacionar el Evangelio con los problemas y oportunidades de cada situación local y nacional, cumplimos con nuestra responsabilidad misionera, ya que de esta manera, buscamos la meta que movió a los predicadores que llegaron en el pasado a nuestros países: plantar la Iglesia de Jesucristo en el sólido y fértil suelo latinoamericano.[81]

José Míguez Bonino aportó su análisis diciendo que la influencia del protestantismo presentaba ambigüedades visibles. Por ejemplo, la conversión significó para muchos una experiencia subversiva de libertad. Pero, se preguntó Míguez, "¿se originó la subversión evangélica en las demandas del Evangelio o fue una nota religiosa dominada por la ideología capitalista liberal que ha sometido a América Latina a una condición de dependencia, subdesarrollo y explotación bajo la que gime hoy?".[82] Además:

¿Podría decirse que la conversión trajo "liberación" cuando apenas ha reemplazado una alienación por otra, proveyendo un refugio, una sociedad substitutiva (iglesia) y por lo tanto apartando a las personas del verdadero frente de batalla donde el destino de la sociedad se define? Finalmente, ¿fue realmente el Evangelio la fuente de nuestras polémicas contra el catolicismo romano, o fue la teología pietista, individualista

---

81 Emilio Castro, *Un pueblo peregrino: Reflexiones sobre la misión de la iglesia en el mundo actual*, Buenos Aires: La Aurora, 1966, p. 56.

82 José Míguez Bonino, "Protestantism's Contribution to Latin America," *Lutheran Quarterly* 22, n.° 1, febrero, 1970, p. 94.

y subjetiva que nos llevó al fariseísmo legalista por un lado y al conservadurismo burgués por otro lado?[83]

Este análisis lo encontramos también en la ponencia que el peruano Samuel Escobar presentó en Cochabamba en diciembre de 1970, cuando se fundó la Fraternidad Teológica Latinoamericana (FTL).[84] Lo que Escobar llamó *ropaje anglosajón* tenía que ver con la dependencia en el aspecto teológico de los evangélicos latinoamericanos. Escobar identificó cuatro factores históricos relacionados: el origen social de los misioneros —la mayoría procedían de la clase media, la nota polémica antihispana que se proyectó en rechazo a lo hispano, la polémica fundamentalismo-modernismo en Norteamérica y el pietismo y la inclinación monasticista—. Era importante reconocer estos factores para que el teólogo evangélico reflexionara "hasta dónde sus preferencias y perspectivas las condiciona, o las determina, esta herencia social y política del misionero; y en qué medida dichas preferencias y perspectivas, que inciden en su trabajo teológico, corresponden a la enseñanza de la Palabra de Dios y no son un simple reflejo de un molde cultural de clase media". También, al querer hacer teología, un pensador latinoamericano debía tener cuidado "de no incurrir en la ira de sus patrocinadores misioneros al hacerse sospechoso de herejía. Ésta no es la mejor atmósfera para una labor creadora".[85] El pietismo, como elemento espiritual del movimiento misionero, podía degenerar en un individualismo egoísta y crear "una actitud de monasterio".

---

83 *Ibíd*.

84 Samuel Escobar, "El contenido bíblico y el ropaje anglosajón en la teología latinoamericana", en Peter Savage, ed., *El debate contemporáneo sobre la Biblia*, Barcelona: Ediciones Evangélicas Europeas, 1972. Para el aspecto histórico de esta reunión en Cochabamba, ver Samuel Escobar, "La fundación de la Fraternidad Teológica Latinoamericana: Breve ensayo histórico", *Boletín Teológico* 59/60, 1995; Daniel Salinas, *Latin American Evangelical Theology in the 1970s: The Golden Decade*, Leiden: Brill, 2009.

85 Escobar, "El contenido bíblico y el ropaje anglosajón en la teología latinoamericana", en *El debate contemporáneo sobre La Biblia*, pp. 29–30.

Entre nosotros, el pietismo de los misioneros se acentuó dada la fuerza de la cristiandad establecida que Roma representaba, con sus variedades de sincretismo y paganismo apenas disfrazado. Se le agregó a ese pietismo el complejo de minoría y al perderse el vigor de la primera generación se ha convertido en factor de estancamiento y escandalosa falta de presencia evangélica en la totalidad de la vida y cultura iberoamericana. Esto se ha visto reforzado por el predominio de una teología dispensacionalista que ha provisto un justificativo más para el rechazo de la cultura, el retraimiento del mundo, el fariseísmo derivado del "complejo de remanente", y la adopción de un esquema doctrinal fácil, cerrado. Esto hace difícil la actitud inquisitiva… propia de la actividad teológica.[86]

Ante esa situación de dependencia, Escobar llamó a los latinoamericanos a "determinar lo permanente de esa preciosa herencia y deshacernos de lo accesorio". Para esto, Escobar delineó siete pautas prácticas: revalorar lo hispánico, redescubrir y valorar la Reforma protestante, especialmente los elementos latinos en ella, crear una atmósfera de madurez y libertad, luchar contra los bloques y la rotulación, particularmente los que respondían a intereses eclesiásticos y misioneros, dar una dimensión pastoral a la labor teológica, entender la revolución y, finalmente, recobrar la esperanza. Para Escobar, la tarea teológica tenía un elemento eclesial importante:

Precisamente el teólogo bajo el impacto de la Palabra de Dios puede hacer que la iglesia llegue a distinguir entre el simple tráfico eclesiástico y la Misión de la iglesia. El teólogo bíblico puede señalar el peligro de extravío que a veces se cierne sobre el pueblo de Dios. Por ejemplo, cuando la comunidad de creyentes confunde crecimiento numérico con crecimiento según la enseñanza bíblica, necesita una voz de alerta. Lo mismo cuando se empieza a confundir activismo eclesiástico

---

[86] *Ibíd.*, p. 31.

con cumplimiento de la misión. El teólogo no puede dedicarse a elaborar doctrinas que justifiquen esas prácticas. Su papel es descubrir las verdades bíblicas que corrijan los yerros. Tarea impopular, por cierto, tarea de profeta. El peligro opuesto sería que el teólogo en su torre de marfil no perciba la acción del Espíritu en medio de Su pueblo, correspondiendo a la enseñanza de la revelación.[87]

También en Cochabamba, el peruano presbiteriano Pedro Arana Quiroz definió la teología latinoamericana como "una expresión de nuestra fe cristiana que contenga los factores históricos y culturales iberoamericanos; que sea consciente y contemporánea en su acercamiento a la realidad de nuestro continente; es decir: relacionada con el diario vivir y pertinente en la transmisión de su mensaje".[88] Para Arana, esta labor incluía, en esos años, conocer y tomar una posición bíblica ante varios elementos que estaban afectando al ambiente evangélico: el racionalismo liberal junto con el humanismo de Comte, el subjetivismo fundamentalista que adjudicaba a la experiencia la autoridad máxima en asuntos de fe, el absolutismo existencialista y la propuesta de la revelación en la revolución de ISAL. Para Arana, estos factores estaban enfrentados con el mensaje bíblico.

Para el bautista ecuatoriano René Padilla, el movimiento evangélico en América Latina era en su mayoría teológicamente conservador, caracterizado por el asentimiento a la autoridad de la Biblia. Sin embargo, ese asentimiento era puramente formal "sin consecuencias prácticas para la definición doctrinal y ética ni para la predicación". Esto repercutía en "una ausencia casi total de reflexión teológica en círculos evangélicos conservadores latinoamericanos".[89] Padilla amplió diciendo:

---

[87] *Ibíd.*, p. 35.

[88] Arana Quiroz, "La revelación de Dios y la teología en Latinoamérica", en *El debate contemporáneo sobre la Biblia*, p. 42.

[89] C. René Padilla, "La autoridad de la Biblia en la teología latinoamericana", en Peter Savage, ed., *El debate contemporáneo sobre la Biblia*, Barcelona: Ediciones

Una de las características más comunes de la predicación en las iglesias evangélicas en América Latina es su falta de raíces bíblicas. Pese al común asentimiento a la autoridad de la Biblia, en la práctica hay una falta pasmosa de seriedad frente a la revelación escrita. El texto es usado a menudo como pretexto, como un trampolín desde el cual los predicadores lanzan sus peroratas y exhortaciones sin preocuparse mayormente por establecer la relación entre éstas y el texto escrito. Si a esto se añade el factor de la distancia entre el mensaje y los interrogantes que el mundo moderno plantea a la fe cristiana, no es de asombrarse que la gran mayoría de evangélicos en nuestro continente tenga tan poca noción de la forma en que la autoridad de la Biblia se aplica a la vida práctica. El púlpito evangélico en América Latina está en crisis. El énfasis unilateral en la evangelización, divorciada de la enseñanza, ha resultado en una distorsión de la predicación y, consecuentemente, de la vida y misión del pueblo de Dios en el mundo. Donde la Palabra de Dios objetiva es reemplazada por las opiniones humanas sujetas al condicionamiento de las circunstancias o las ideologías del momento, la experiencia cristiana se reduce a un subjetivismo en el cual se destruye la esencia misma del ser cristiano puesto que se destruye la conexión entre la experiencia religiosa y la realidad objetiva de la revelación dada "una vez para siempre".[90]

Padilla describió la situación de los evangélicos en América Latina como "triste superficialidad doctrinal", "intelectualización del evangelio que no se debe a la mucha teología, sino al desplazamiento de la teología por fórmulas doctrinales simplistas procesadas en el exterior" y sin elementos de juicio para "discernir entre la experiencia puramente religiosa y la experiencia genuinamente cristiana, entre el pietismo y la piedad, entre la fe-asentimiento y la fe-entrega,

---

Evangélicas Europeas, 1972, p. 124.
[90] *Ibíd.*, p. 138.

entre el profesionalismo y el discipulado, entre el racionalismo y la ortodoxia, entre la intolerancia y la convicción".[91]

La Declaración Evangélica de Cochabamba invitó a los creyentes a confesar que Dios se ha revelado "de manera clara y definitiva por medio de Jesucristo, de quien testifica la Biblia". Ese hecho debía ser la base para la reflexión teológica que tuviera en cuenta la situación del continente. Se invitó a los creyentes a volver a la Biblia, a "cuestionar nuestras *tradiciones evangélicas* a la luz de la revelación escrita", a ser realmente discípulos "dentro de la compleja realidad social, política y económica de América Latina". Era necesario un "nuevo movimiento Bíblico" dentro de las iglesias latinoamericanas.[92]

Con la formación de la FTL se consolida una etapa de búsqueda de identidad propia y de definición de lo que debía ser una teología propiamente latinoamericana y evangélica. Era un esfuerzo grupal, no denominacional, con representación continental amplia (desde México hasta el Cono Sur) y dispuesto a dejar a un lado diferencias doctrinales e ideológicas por un fin común. La FTL catalizó la inquietud de latinoamericanos que ya estaban en ese proceso de reflexión teológica, y proveyó la plataforma de unidad y trabajo mutuo necesarios en ese momento histórico. Unidad y colaboración entre sus miembros eran imperativas en una década que estremeció el quehacer teológico latinoamericano cambiándolo completamente y llevándolo por rumbos que ni los visionarios del CCLA se imaginaron.

---

[91] *Ibíd.*, p. 153.

[92] Peter Savage, ed. *El debate contemporáneo sobre la Biblia,* Barcelona: Ediciones Evangélicas Europeas, 1972, pp. 225–28.

Capítulo 4

Evangélicos en busca de su identidad y teología, década de 1970 y 1980

En 1971, el libro del sacerdote dominico peruano Gustavo Gutiérrez, *Teología de la liberación: Perspectivas*, puso la reflexión teológica latinoamericana en la plataforma mundial. La propuesta de Gutiérrez y sus conclusiones fueron traducidas casi inmediatamente a una veintena de idiomas, logrando así que en el mundo las teologías de la liberación llegaran a ser conocidas simplemente como *teología latinoamericana*. Para los evangélicos que ya estaban reflexionando teológicamente, este suceso los eclipsó y hasta sirvió para que en muchos lugares, incluso dentro de América Latina, fueran etiquetados también de *liberacionistas*. Las cosas se complicaron más porque no hubo una respuesta unida a las teologías de la liberación desde los evangélicos. Había desde los que la rechazaron completamente hasta los que las abrazaron sin reserva. La comunidad evangélica latinoamericana se fragmentó mucho más de lo que ya estaba cuando se trataba el tema de las nuevas teologías. Lo cierto es que las cosas no podían seguir sin cambios. Las cuestiones sociales, económicas y políticas demandaban una respuesta bíblica, y no era fácil romper los moldes heredados.

Por ejemplo, René Padilla escribiendo sobre el libro de Gutiérrez lo definió como la *magnus opus* de la teología de la liberación. Sin embargo, la propuesta de Gutiérrez dejaba "mucho que desear desde el punto de vista bíblico".[1] Padilla comentó:

---

[1]   C. René Padilla, "La teología de la liberación", *Pensamiento Cristiano* 20, n.° 4,

Según él, el cristianismo está tomando forma en la praxis de pequeños grupos de cristianos involucrados en la lucha por una nueva sociedad libre. La teología es esencialmente la reflexión sobre la praxis dentro de una situación histórica concreta. Al atarse a una *praxis* revolucionaria particular que es considerada como exenta de juicio, este tipo de teología comete su primer error antes de iniciar la formulación de sus temas básicos. En ningún momento ni siquiera se intenta mostrar por qué esta *praxis* específica, y no ninguna otra, es seleccionada como el objeto de la reflexión y qué es lo que le da a ésta un carácter *cristiano*. Con demasiada facilidad se da por sentado que la liberación patrocinada por la izquierda política coincide con la liberación propuesta por la fe cristiana. En ningún momento es la *praxis* adoptada por el teólogo sujeta a un análisis crítico en relación con sus presupuestos básicos. A uno le queda la impresión de que todo el asunto relativo a la clase de acción que se espera del cristiano en una situación revolucionaria ha sido definido *a priori*, que el papel de la teología es entonces meramente el de proveer una fachada para esta opción política particular. La exégesis bíblica no tiene ninguna importancia para la teología de la liberación.[2]

Esa "ideologización" de la fe, "enteramente consecuente con el marco de referencia de la filosofía marxista, pero muy distante del evangelio de Jesucristo", no debería impedir que los evangélicos reconocieran los desafíos de esa teología. Padilla definió dos desafíos: la necesidad de evaluar los presupuestos filosóficos de la teología evangélica y la importancia de considerar seriamente la situación concreta donde se hace la teología. En cuanto al primero, Padilla reconoció que, en muchos casos, la reflexión teológica evangélica resultaba marcada por "el conservadurismo y el conformismo al *statu quo*". En cuanto al segundo, "la cruda realidad de nuestra

---

diciembre, 1972, p. 171.

2   *Ibíd.*

situación histórica es un hecho frente al cual la teología evangélica está obligada a un esfuerzo por discernir la voluntad de Dios y las demandas del discipulado cristiano". Si la teología de la liberación no se acepta como una respuesta válida, entonces, preguntó Padilla, "¿dónde está la teología evangélica que proponga una solución con la misma elocuencia pero a la vez con una base más firme en la Palabra de Dios?".[3] En cierta forma, con esta pregunta Padilla estaba delineando una agenda para la reflexión teológica evangélica latinoamericana. Uno de los frentes que asumió esos desafíos fue precisamente la FTL.

La FTL se definió como "una comunidad de pensadores que están al servicio de Cristo y de su Iglesia, convencidos del valor de la reflexión teológica en relación con el Ser y el qué Hacer de la Iglesia". Tenía tres objetivos principales:

1. Promover la reflexión en torno al Evangelio y a su significación para el hombre y la sociedad en América Latina. Se trata de estimular el desarrollo de un pensamiento evangélico atento a la Palabra de Dios y que tome en serio las interrogantes que le plantea la vida en Latinoamérica, aceptando para su reflexión el carácter normativo de la Biblia como Palabra escrita de Dios y esforzándose por escuchar, bajo la dirección del Espíritu Santo, el mensaje bíblico en relación con las relatividades de su situación concreta.

2. Constituirse en plataforma de diálogo entre pensadores que confiesan a Jesucristo como Señor y Dios, y están dispuestos a reflexionar a la luz de la Biblia a fin de edificar un puente entre el evangelio y la cultura latinoamericana.

3. Contribuir a la vida y misión de la iglesia de Cristo en América Latina, sin pretender hablar en nombre de la iglesia ni asumir la posición de vocero teológico del pueblo evangélico en el continente latinoamericano.[4]

---

3   *Ibíd.*, p. 172.
4   Estatutos de la Fraternidad Teológica Latinoamericana, Cochabamba: 1970, p. 2.

Para esta labor, se definieron seis áreas de trabajo: teología bíblica, ética, estructura e historia de la iglesia, apologética, educación teológica y ministerio pastoral. Lo central era que toda reflexión en estas áreas debía considerar las peculiaridades culturales, las demandas y preguntas vigentes en América Latina. Era una reflexión contextual y continua desde y para Latinoamérica. Ésta fue la nota distintiva de las discusiones durante la Segunda Consulta Teológica Internacional que la FTL convocó en Lima, 11–19 de diciembre, 1972.[5]

El educador y pastor salvadoreño Emilio Antonio Núñez, por ejemplo, se refirió a la necesidad de que el teólogo conociera las ideologías que ofrecían "una respuesta definitiva a los problemas que nos aquejan en América Latina". Núñez advertía que cuando un teólogo tendía a espiritualizar todo el esquema escatológico bíblico, se encontraba en desventaja ante los que ofrecían "un nuevo orden" para el continente. Por eso, "la sana hermenéutica bíblica y la realidad que estamos viviendo como cristianos latinoamericanos nos obligan a revisar nuestros esquemas teológicos, especialmente en lo que toca al reino mesiánico. Parece que ha llegado el día para una renovación de lo apocalíptico y milenario en el seno de la Iglesia Evangélica latinoamericana. La esperanza mesiánica tiene que ver con el cielo y con la tierra, con el individuo y con la sociedad.[6]

Núñez reconoció que la enseñanza recibida hasta ese momento, principalmente de la línea dispensacionalista, recalcaba "la naturaleza judaica y futura del reino, sin preocuparse mucho de su aspecto presente". Para Núñez, "muchos de aquellos misioneros, y los líderes que ellos entrenaron para el ministerio, eran decididamente futuristas y separatistas, y no lograron integrar su enseñanza del reino con la realidad cultural de nuestro continente, cosa que tampoco nosotros los evangélicos de generaciones más recientes hemos hecho".

---

5   Los trabajos de esta consulta aparecieron en C. René Padilla, ed., *El reino de Dios y América Latina*, El Paso: Casa Bautista de Publicaciones, 1975.

6   Emilio Antonio Núñez, "La naturaleza del reino de Dios", ponencia presentada en la II Consulta Teológica Internacional de la Fraternidad Teológica Latino Americana, llevada a cabo en Lima los días 11–19 de julio de 1972, p. 6.

Eso había llevado a que la mayoría de los evangélicos latinoamericanos se encontraran dentro del apocalipticismo, incluyendo a los pentecostales, con un concepto limitado y débil del reino. Hacía falta reconocer e identificar debidamente "la tensión entre el reino que viene y el reino que ya está entre nosotros".[7] Estas palabras de Núñez tenían más peso, ya que él venía de un contexto dispensacionalista. Lo que vemos en su análisis es un paso de madurez donde el teólogo puede tomar distancia de la tradición recibida y, sin rechazarla completamente, evaluarla reconociendo sus deficiencias.

En su presentación en Lima, René Padilla concordaba con Núñez en que la iglesia evangélica latinoamericana estaba ignorando la realidad del reino presente. Para Padilla, a través de la iglesia y en ella "los poderes de la nueva edad, desatados por el Mesías, están presentes en medio de los hombres." Padilla explica:

En América Latina urge una toma de conciencia del significado del "ya" del Reino de Dios para la totalidad de la vida y la misión de la Iglesia. El énfasis unilateral en la evangelización, y en una evangelización concebida en términos de la predicación de los rudimentos del arrepentimiento y la fe, ha dado por resultado una comunidad "evangélica" marcada por el profesionalismo y a menudo carente de las señales más elementales del Reino, como son la comunión (*koinonía*) y el servicio (*diakonía*). Desafortunadamente, la "estrategia" que varias de las "misiones" imponen a la Iglesia en América Latina se inspira en una noción eclesiocéntrica de la evangelización que identifica la conversión a Cristo con el asentimiento mental a una fórmula doctrinal y el poder espiritual con la habilidad para la manipulación ideológica del prójimo. A la teología en este sector del mundo le cabe la tarea de forjar una definición de la misión de la Iglesia desde un punto de vista cristocéntrico. Una definición que evite las aberraciones en que ha caído esa "estrategia" como resultado del condicionamiento que el sistema capitalista ha venido

---

[7] *Ibíd.*, p. 22.

> ejerciendo sobre los "misiólogos" del mundo evangélico. Una definición que haga justicia a la enseñanza bíblica respecto a la Iglesia como la comunidad mesiánica que no busca su propia gloria sino la gloria del Señor.[8]

Esto le llevó a Padilla a concluir que el redescubrimiento de la esperanza cristiana era una necesidad apremiante para los evangélicos en América Latina. "Una esperanza que responda al desafío de las ideologías de izquierda o de derecha con toda su programación de una sociedad en la cual la vida sea más humana. Una esperanza que radicalice las exigencias éticas del Evangelio y sacuda de su acomodamiento burgués a una segunda y tercera generación de evangélicos que han olvidado el sentido cristiano de la pobreza. Una esperanza, en fin, que ubique a la misión de la Iglesia dentro del marco del propósito de Dios de formar una nueva humanidad".[9] Padilla estaba proponiendo que había llegado el tiempo de un replanteamiento de la escatología desde la situación latinoamericana.

José Míguez Bonino, en la ponencia presentada en Lima, explicó que, partiendo de la Biblia, no era posible separar la acción directa de Dios de la historia humana. Para Míguez, ése era un problema que enfrentaba la teología latinoamericana del momento. "En efecto, católicos y protestantes hemos vivido aquí mayormente inconscientes de la referencia histórica; me atrevería a decir, tanto de la 'general', dada nuestra desvinculación con el mundo, como de la 'especial', dada la forma religiosa y ultramundana en que hemos concebido nuestra fe (como enunciado doctrinal o experiencia emotiva). Al tomar conciencia de estas dimensiones históricas, no sabemos cómo integrarlas".[10]

---

8   C. René Padilla, "La iglesia y el reino de Dios", ponencia presentada en la II Consulta Teológica Internacional de la Fraternidad Teológica Latino Americana, llevada a cabo en Lima los días 11–19 de julio de 1972, pp. 21–22.

9   *Ibíd.*, pp. 27–28.

10   José Míguez Bonino, "Reino de Dios e historia: Reflexiones para una discusión del tema", ponencia presentada en la II Consulta Teológica Internacional de la

En su presentación en Lima, Samuel Escobar explicó que el protestantismo anglosajón, la mayor influencia en los latinoamericanos, presentaba una "incapacidad aparentemente fatal para vivir la teología o practicar la verdad hasta sus últimas consecuencias". Además, "presionados por un pragmatismo que nos incapacita para la reflexión", la tarea teológica en Latinoamérica era limitada. Escobar identificó en los evangélicos latinoamericanos varias notas distintivas de la llamada "reforma radical" o anabaptista: "En el seno de una cristiandad nutrida más de lo político que de lo espiritual, los evangélicos afirmaron la *naturaleza espiritual* del Reino de Dios. En el seno de un cristianismo constantiniano con 'iglesia oficial', los evangélicos afirmaron la *absoluta separación* entre el trono y el altar (o el púlpito)".[11] Sin embargo, Escobar señaló que al anabaptismo actual había perdido la nota escatológica. Por ejemplo,

> Entre los llamados "evangélicos" en Norteamérica, no se percibe más el radicalismo ético. La "separación" del mundo se reduce a los tabúes sociales más conocidos y que no significan en modo alguno un desafío a la forma de vida de la sociedad ambiente. Aunque teóricamente lejos de desear la unión entre iglesia y Estado, hay una disposición vigorosa a mantener a toda costa los valores y la forma de vida y los privilegios que el mundo otorga. Se combate activamente cualquier concesión al socialismo que menoscabe la tradición capitalista, y al mismo tiempo se defiende celosamente el derecho a la exención de impuestos, que convierte a algunos cuerpos eclesiásticos en poderosas corporaciones financieras. Se sospecha de todos aquellos que amenazan a la "autoridad legítima" de palabra o de hecho. El interés en la profecía se ha tornado cultivo de lo

---

Fraternidad Teológica Latino Americana, llevada a cabo en Lima los días 11–19 de julio de 1972, p. 5.

[11] Samuel Escobar, "El reino de Dios, la escatología y la ética social y política en América Latina", ponencia presentada en la II Consulta Teológica Internacional de la Fraternidad Teológica Latino Americana, llevada a cabo en Lima los días 11–19 de julio de 1972, p. 6.

que José Grau llama "escatología-ficción", es decir, el intento de probar con cifras, piruetas exegéticas y selección de datos históricos, que los comunistas representan el anti-Cristo; el Mercado Común Europeo su aliado; y la actual actitud pro-israelita de ciertas potencias occidentales, una muestra de clarividencia espiritual y signo del favor de Dios sobre su existencia nacional y su política exterior.[12]

El tema escatológico era crucial, principalmente por el desafío que el marxismo estaba presentando en la región. "Es el mesianismo proletario y la visión de un reino de felicidad que viene al cabo de la revolución lo que alimenta la fragua de la militancia marxista". La respuesta evangélica de una visión apocalíptica que hacía postergar las demandas radicales del reino de Dios seguía muy bien la agenda marxista que proponía un empeoramiento de la situación para que se produjera la revolución. "Más que preocuparse por las necesidades urgentes de las masas latinoamericanas en materia de pan, educación, trabajo, salud, dignidad, lo que hay que hacer es luchar por predicar el evangelio para 'apresurar' la llegada de ese Reino". Para Escobar, se había perdido la conexión entre ética y escatología. "Algo debe andar mal entre los cristianos cuando los hijos de las tinieblas les roban la esperanza. Peor aún, cuando los acusan de haberla convertido en opio".[13]

La urgencia de evaluar y definir con claridad la escatología evangélica llevó a Escobar a proponer cuatro dimensiones que se debían explorar: la ética, principalmente en áreas como la paz y la justicia; la crítica donde se le enseñaba a los cristianos a tener un pensamiento crítico del mundo; la apologética que mostrara el aporte de los cristianos para el mejoramiento de la sociedad; y la de esperanza que mostrara lo nuevo y diferente del Reino en las viejas estructuras políticas y eclesiásticas. Para aplicar las implicaciones de una escatología así, Escobar se preguntaba:

---

12 *Ibíd.*, pp. 9–10.
13 *Ibíd.*, pp. 16–17.

¿Es posible servir a un Dios que de tantas maneras manifiesta su paz y no sentir al mismo tiempo preocupación por la paz en las relaciones nacionales e internacionales? ¿Dejaremos a otros la esperanza de paz? ¿Es posible creer todo lo anterior y no interesarse en las relaciones obrero-patronales? ¿Es posible no simpatizar con los esfuerzos en procura de un trato más adecuado y humano al proletariado? Cuando las condiciones que impone el capital extranjero para invertirse son "mano dura con los obreros" y "legislación que satisfaga las justas expectativas de los inversores", ¿deben ser sólo los comunistas los que protesten? Más aún, cuando se es cristiano y se es patrón en estas tierras ¿basta con cumplir apenas la letra de leyes injustas?[14]

El argentino Juan Carlos Ortiz, pastor pentecostal, escribió también sobre la necesidad de reconsiderar el mensaje evangélico que se predicaba en América Latina, especialmente sus aspectos éticos. "Las Escrituras no dividen lo social de lo espiritual", decía Ortiz; por lo tanto, "no existe un evangelio social y otro espiritual". La experiencia de Ortiz ejemplificaba la situación:

En la iglesia evangélica fundamentalista de la cual soy parte, nos hemos regido por todos los versículos que tienen que ver con el pasado glorioso de la época apostólica y el futuro maravilloso allá en el cielo. Pero hemos evadido la responsabilidad de dar la solución a los problemas de aquí y ahora. Muy poco nos hemos definido en cuanto al presente. Predicaciones, himnos y coros nos hablan de lo hermoso que será el cielo. Que allí no habrá tristeza, miseria, pecado, etc. Sin embargo, en las Escrituras no existe tal evangelio. Es cierto la tremenda verdad escatológica del cielo y la gloria, pero todo eso está entrelazado con la verdad de aquí en la tierra y del tiempo presente.[15]

---

14 *Ibíd.*, pp. 18–19.
15 Juan Carlos Ortiz, "Definiciones socio-económicas de la iglesia para la problemática latinoamericana", *Pensamiento Cristiano* 19, n.° 4, 1972.

Para Ortiz, el evangelio del reino de Dios incluía "en un solo paquete lo espiritual-social-económico-agrario-sanitario-etc. Todo. Es tanta herejía un evangelio que propugna solamente lo espiritual como el que enfatiza sólo lo social". Los dos son inseparables. Nuestro mensaje debe incluir todo el evangelio, tanto las ofertas como las demandas. Debe ser integral y completo. "No podemos salvar el 'almita' de una persona y dejarle en su 'casita' de miseria o abundancia". La iglesia debe vivir el evangelio de Jesucristo en la sociedad, debe ser actora no espectadora en el proceso de cambios. "Ayer, cruzarnos de brazos fue ayudar al sistema injusto de participación en las riquezas de Dios, que sufrimos hoy. Cruzarnos de brazos hoy, significa ayudar al sistema injusto del materialismo ateo, que privará a nuestros hijos de la fe de sus padres".[16] Ortiz propuso, entonces, una eclesiología sin "religión" en la cual la Iglesia sea una comunidad cristocéntrica, "donde se busca la justicia del Reino de Dios y donde [como] condición para llegar a formar parte de ella, los 'nuevos' no tienen que levantar la mano y bautizarse no más, sino definirse ante las demandas de Jesucristo, de negarse a sí mismo, tomar la cruz y renunciar a todo en bien de la comunidad".[17] Para esto, Ortiz reconocía que era necesaria una reevangelización de los creyentes, una propuesta atrevida viniendo de un pastor pentecostal. Ortiz, desde su trasfondo, llegó a un análisis similar a los que vemos en los miembros de la FTL.

Por ejemplo, René Padilla propuso que "la Iglesia en América Latina es una Iglesia sin reflexión teológica propia". Para apoyar esto, llamó la atención a varias áreas de la vida eclesiástica: la literatura cristiana casi completamente traducida, la predicación que repetía lo llegado de afuera sin "inserción en nuestra propia realidad histórica", la repetición de fórmulas teológicas de las misiones de origen, el cuerpo docente y los programas de educación teológica, y la himnología. Todos esos factores apuntaban a una dependencia

---

[16] *Ibíd.*

[17] Juan Carlos Ortiz, "Definiciones socio-económicas de la iglesia para la problemática latinoamericana", *Pensamiento Cristiano* 20, n.° 1, 1973.

teológica, a "una iglesia sin teología, sin reflexión consciente al servicio de la Palabra de Dios".[18] Padilla preguntaba:

> ¿Qué evangelio es éste que predicamos, si nuestra predicación no se nutre del estudio concienzudo de la Palabra de Dios y de la reflexión sobre su significado en nuestra situación concreta? ¿Hemos hecho a la fe cristiana *realmente nuestra* mientras nos limitamos a repetirla según fórmulas elaboradas en otras latitudes? ¿Puede haber una evangelización *realmente bíblica* —una presentación de todo el consejo de Dios— sin reflexión teológica que busque la comprensión de la pertinencia del Evangelio a la totalidad de la vida humana en un contexto histórico definido?[19]

Padilla veía tres consecuencias de esa dependencia teológica: la falta de encarnación del evangelio en la cultura latinoamericana, la incapacidad de la iglesia para hacer frente a las ideologías de moda y la pérdida de la segunda y tercera generación de evangélicos. Lo trágico era que, en América Latina, después de casi un siglo de presencia evangélica, "el Evangelio tiene todavía un sonido extraño, o no tiene ningún sonido, en relación con muchas de las aspiraciones y preocupaciones, problemas e interrogantes, valores y costumbres de nuestra vida en Latinoamérica". También, la iglesia que no reflexionaba teológicamente corría el peligro de dejarse llevar por cualquier corriente ideológica del momento sin que tuviera criterios para criticar y evaluar a esas ideologías. Padilla vio la urgencia de "un armazón teológico que nos ayude a valorar los varios modos de interpretar nuestra situación (o de cambiarla), sin caer en la sacralización de ninguna ideología, sea de derecha o de izquierda".[20] Aquí Padilla citó el caso de ISAL, donde se confundió evangelio con ideología política y donde "la teología no toma en serio el

---

18 C. René Padilla, "La teología en Latinoamérica", *Pensamiento Cristiano* 19, n.º 75, 1972, p. 206.
19 *Ibíd.*, p. 207.
20 *Ibíd.*, pp. 209–10.

carácter normativo de la revelación bíblica". En ese caso, "Dios es transformado en un objeto manipulado por el hombre y anexado a estrategias y programas que pretenden expresar su voluntad. En su lugar aparece un dios falso que absolutiza la revolución: un *nuevo Hombre* utópico, inalcanzable, un hombre sin rostro". Para Padilla, "la teología isalina no es una alternativa para quien desee mantenerse fiel al Evangelio". Al final Padilla expresó la necesidad urgente en América Latina de una teología evangélica con tres características importantes: "que haga justicia a la totalidad del testimonio bíblico, tome en serio la situación en que nos encontramos y sea un incentivo para el cumplimiento de la misión cristiana".[21]

También en otros frentes se estaba reflexionando sobre el trasfondo misionero de la presencia evangélica en Latinoamérica. Lo que Escobar había llamado el *Ropaje Anglosajón* se iba desglosando y especificando más. Rubén Lores desde Costa Rica, por ejemplo, señaló la doctrina política estadounidense del *Destino Manifiesto* como elemento importante en el desarrollo histórico y teológico de las iglesias que en América Latina fueron iniciadas por misiones norteamericanas. Esas iglesias "han recibido un "cuerpo" de actitudes, posturas éticas, ideologías políticas, ideas económicas y lealtades relacionales que están más sustancialmente relacionadas con la ideología del "destino manifiesto" que con el Evangelio de Jesucristo". Por Destino manifiesto Lores entendía la noción de que "a los Estados Unidos le ha sido asignado por la providencia dominio sobre otros países".[22]

Para Lores, el desarrollo del movimiento misionero se debió más a factores no teológicos que teológicos. Por ejemplo, "los líderes misioneros establecieron políticas y estrategias para sacar tanta ventaja como fuera posible de la situación favorable que proveía el colonialismo. Lo que muy pocos, si algunos, parecían darse cuenta,

---

[21] *Ibíd.*, pp. 211–13.

[22] Rubén Lores, "El destino manifiesto y la empresa misionera", en Carmelo Álvarez, ed., *Lectura Teológica del Tiempo Latinoamericano: Ensayos en honor del doctor Wilton M. Nelson*, San José: Seminario Bíblico Latinoamericano, 1979, p. 208.

era que en una manera real el Evangelio estaba siendo traicionado por la legitimización consciente o inconsciente de las ambiciones políticas y las explotaciones de los poderes coloniales". Esto repercutió en que los convertidos llegaran a ser "defensores del *statu quo* para delicia del gobernante en el poder" y "defensores del *statu quo* al nivel de relaciones internacionales también. La mayor parte de las sociedades misioneras tienen su base u oficina principal en las naciones imperialistas".[23]

Junto con la doctrina del destino manifiesto, Lores identificó que el sistema económico capitalista fue también exportado a todo el mundo por los misioneros. Como consecuencia, "las iglesias que han sido establecidas y que han estado bajo la influencia extranjera por demasiado tiempo son incapaces de regresar a una experiencia de *tabula rasa* a fin de descubrir las verdaderas potencialidades del Evangelio de Jesucristo en términos de los valores y categorías de sus propias culturas".[24] Cualquier otro sistema estaba fuera de las posibilidades para un verdadero cristiano. Finalmente, Lores hizo un llamado a los misioneros y las agencias misioneras para que se dieran cuenta de "las ambigüedades de su llamamiento a la evangelización y la manera en que, consciente o inconscientemente, esta penetrante ideología del *destino manifiesto* los ha constituido a ellos más bien [en] embajadores del cristianismo anglo-sajón y del *American way of life* que del Evangelio de nuestro Señor Jesucristo".[25]

René Padilla presentó un análisis similar en el Congreso Internacional de Evangelización Mundial en Lausana, Suiza, del 16 al 25 de julio de 1974. Padilla definió lo que llamó *cristianismo cultura* como "la identificación del cristianismo con una cultura o expresión cultural determinada". Para él, la mayor expresión de esto era el *american way of life*, o forma de vida norteamericana. Para sustentar esto, citó a David Moberg diciendo que: "Hemos equiparado el 'americanismo' con el cristianismo hasta el punto que

---

23 *Ibíd.*, p. 218.
24 *Ibíd.*, p. 221.
25 *Ibíd.*, p. 226.

estamos tentados a creer que la gente en otras culturas al convertirse debe adoptar los patrones institucionales estadounidenses. A través de procesos psicológicos naturales se nos conduce a creer inconscientemente que la esencia de nuestro 'American Way of Life' es básica, sino totalmente cristiana".[26] Padilla explicó,

> La imagen del cristiano que algunas clases de cristianismo estadounidense han proyectado es la del exitoso hombre de negocios que ha encontrado la fórmula de la felicidad, fórmula que él quiere compartir con otros gratuitamente. El problema fundamental es que, en un mercado de "libres consumidores" de religión, en que la iglesia no tiene la posibilidad de mantener el monopolio de la religión, este cristianismo ha adoptado el recurso de reducir su mensaje al mínimo para hacer posible que todos los hombres quieran ser cristianos. El evangelio se convierte así en una mercancía cuya adquisición garantiza al consumidor la posesión de los valores más altos: el éxito en la vida y la felicidad personal ahora y para siempre. El acto de "aceptar a Cristo" es el medio para alcanzar el ideal de la "buena vida" sin ningún costo. La cruz pierde su escándalo, puesto que apunta al sacrificio de Jesucristo por nosotros, pero no es un llamado al discipulado: es cruz de Cristo, no del discípulo. El Dios de este cristianismo es el Dios de la "gracia barata", el Dios que siempre da pero nunca demanda nada, el Dios hecho expresamente para el hombre-masa que se rige por la ley del menor esfuerzo y busca las soluciones fáciles, el Dios que se concentra en aquellos que no tienen posibilidad de negarse a él porque lo necesitan como analgésico.[27]

Ese *evangelio cultura*, utilizando la tecnología, reduce el mensaje del evangelio "a una fórmula para obtener éxito" principalmente numérico. Padilla lo evaluó como "el producto religioso de una

---

26 C. René Padilla, *Misión integral: Ensayos sobre el reino y la iglesia*, Grand Rapids-Buenos Aires: Nueva Creación, 1986, p. 15.

27 *Ibíd.*, p. 16.

civilización en que ya nada, ni siquiera el hombre mismo, se escapa de la técnica". Padilla propuso que era necesario, para contrarrestar esa adaptación del evangelio a la cultura, recuperar el concepto de la soberanía de Cristo, porque donde existe ese concepto "no hay arrepentimiento; y donde no hay arrepentimiento no hay salvación". Eso produciría una ruptura con el mundo que rechaza a Dios, ya que "sólo en la medida en que seamos libres de este mundo podremos servir a los hombres".[28]

El puertorriqueño Orlando Costas reconoció que un bloque de países, incluyendo a Estados Unidos, era responsable de la expansión del cristianismo en América Latina. Sin embargo, revisando la historia de las relaciones internacionales, sobresalía la colonización y explotación de las naciones del sur. Para Costas, "los valores que apoyan la filosofía y práctica imperialista de esas naciones han entrado a la iglesia, distorsionando al evangelio muchas veces más allá de lo reconocible, logrando lo que algunos de mis amigos latinoamericanos han llamado bloqueos ideológicos y/o culturales para la comprensión de la fe bíblica".[29] Los misioneros de esas naciones eran parte de una "cultura religiosa sincretista" que presentaba como cristianos valores de sus culturas de origen aunque definitivamente no lo eran. "Peor aún, estos valores han permeado la estructura mental de la gran mayoría de los cristianos del Atlántico Norte y particularmente su metodología teológica". Además, esos valores:

Han sido no solamente utilizados para que sirvan como una justificación teológica del colonialismo, y más recientemente del neo-colonialismo, sino también han sido la base para una relación paternalista con las iglesias nacionales; una religiosidad culturalmente alienante; una ética de neutralidad y no-involucramiento; y una evangelización que está totalmente divorciada de los asuntos viscerales de una sociedad oprimida, o

---

[28] *Ibíd.*, p. 18.
[29] Orlando Costas, *The Church and its Mission: A shattering critique from the Third World*, Wheaton: Tyndale House, 1974, p. 13.

que tiene una orientación ladeada hacia el "más allá", o una evangelización que se reduce a una asistencia social (una operación de "curita", como algunos la llaman), que presta poca atención a las causas reales del problema (tanto espiritual como estructural), y que rehúsa penetrar en las dimensiones más profundas del evangelio (vida, muerte, culpa, reconciliación, etc.).[30]

Ampliando ese análisis, José Míguez Bonino estuvo de acuerdo con Lores en que la ideología del destino manifiesto produjo un complejo mesiánico en la sociedad norteamericana y consecuentemente en su emprendimiento misionero. Míguez identificó dentro de la cultura otros elementos claves:

Las misiones y los misioneros vinieron a América Latina, consciente o inconscientemente, como expresiones y agentes de una cosmovisión en la que la fe protestante se había integrado con una filosofía política (la democracia en su versión americana), un sistema económico (el capitalismo de la libre empresa), un proyecto histórico y geopolítico (los Estados Unidos como el campeón y el centro de un "nuevo mundo" de progreso y libertad), y una ideología (el credo liberal en el progreso, la educación y la ciencia).[31]

Como resultado de estas influencias, las comunidades protestantes que surgieron en Latinoamérica "crecieron en relación íntima con los intereses, la influencia y la penetración de los Estados Unidos", y por lo tanto ayudaron a "crear una imagen idealizada y benevolente de los poderes coloniales". Para Míguez, estaba en juego la misma identidad de las iglesias evangélicas en América Latina.

Las comunidades protestantes han sido en muchos casos enclaves culturales que han permanecido ajenos a la vida de

---

30 *Ibíd.*, p. 15.

31 José Míguez Bonino, "How does United States Presence Help, Hinder or Compromise Christian Mission in Latin America?", *Review and Expositor* 74, n.º 2, primavera, 1977, p. 176.

sus países, despreocupados e indiferentes a las necesidades y problemas del mundo que los rodea. La dependencia institucional y el casi total dominio misionero han mantenido en muchos casos a estas iglesias como nada más que apéndices de sus "bases" en el extranjero y han promovido una mentalidad de dependencia. Sus planes y programas han sido meramente un reflejo o una implementación de sus metas, *slogans* y programas definidos y lanzados en los Estados Unidos y, como se esperaba, ellos expresan los valores, preocupaciones e ideologías prevalentes en las iglesias americanas, que claramente estaban conectados cercanamente con los de la sociedad americana en general.[32]

Para algunos, darse cuenta de esa situación de dependencia, los estaba animando a buscar la manera de renovar, fortalecer y animar a las iglesias para que llegaran a ser "una fuerza crítica y positiva dentro de la sociedad latinoamericana."

El elemento común en todos los pensadores aquí presentados es que ellos fueron conscientes de que el *paquete* evangélico que llegó del exterior era una combinación de elementos culturales y religiosos que hasta esos años se mantenían al margen de la situación local de cada país. La pregunta parecía ser: ¿cómo se puede ser un cristiano auténtico en Latinoamérica hoy? La respuesta, sin embargo, no impidió la interacción con propuestas teológicas de otros continentes. Por ejemplo, la FTL organizó en 1973 una serie de reuniones en varios países con el teólogo estadounidense Carl Henry con el tema "La responsabilidad evangélica en la teología actual". También se invitó a John Stott en 1974, al biblista australiano Leon Morris en 1976, y al británico Michael Green en 1979. Además, miembros de la FTL participaron en diferentes reuniones teológicas internacionales que siguieron al Congreso de Lausana, en 1974.[33]

---

[32] *Ibíd.*, p. 178.

[33] Para una lista completa de las actividades de la FTL, ver "Cronología de actividades de la Fraternidad Teológica Latinoamericana", *Boletín Teológico* 27, n.° 59–60,

Sin embargo, esa interacción o diálogo con teólogos de otras latitudes, en algunos casos, presentó dificultades. Por ejemplo, Carl Henry, editor de la revista *Christianity Today*, en el informe de su gira por América Latina comentó que "algunos profesores del Seminario Latinoamericano en Costa Rica, uno de los más antiguos seminarios evangélicos y cuyo liderazgo fue recientemente entregado a latinoamericanos, apoyan una forma de teología de la liberación, mantienen una posición de crítica dura de la influencia de las misiones norteamericanas y apoyan al socialismo como la opción económica preferida y a la violencia como una posibilidad cristiana para el cambio social".[34] También dijo Henry que los evangélicos latinoamericanos no tenían una "alternativa convincente al socialismo como un marco de esperanza nacional para las masas, y además descuidan la producción de literatura teológica creativa".

Las reacciones a estos comentarios de Henry no se hicieron esperar. Dieciocho profesores del Seminario Bíblico citado escribieron una carta abierta protestando "la referencia distorsionada e irresponsable". Henry debería haberse dado cuenta de que entre los profesores había diferentes posturas en los puntos que mencionó. Además, la carta explicó que:

> Reconocemos que es difícil para algunos de nuestros hermanos blancos norteamericanos que viven en una sociedad relativamente libre, democrática y afluente entender cómo cristianos viviendo en Latinoamérica tal vez prefieran a uno de los partidos socialistas en lugar de las dictaduras militares o las oligarquías feudales de la derecha política. En muchos países estos partidos proveen la alternativa a las estructuras actuales. Muchos latinoamericanos tienen por lo menos tanta dificultad para entender cómo es que muchos norteamericanos pueden continuar apoyando a Nixon y creyendo en el capitalismo incluso después del escandaloso Watergate. Creemos que los

---

julio-diciembre, 1995.

[34] Carl F. H. Henry, "Evangelical Leader Reports on Religion in Latin America", *Religious News Service*, agosto 21, 1973.

cristianos deberíamos hacer todo lo posible para facilitar y mejorar el entendimiento y la comunicación dentro del cuerpo de Cristo, a través de informes bien informados y profundos, y no contentarse con etiquetas simplistas, distorsionadas e inexactas. Como institución evangélica teológica (no política) afirmamos el derecho de ciertos hermanos de apoyar partidos socialistas, tanto como afirmamos el derecho de otros profesores para votar republicano.[35]

Rubén Lores, presidente del Seminario escribió una carta personal donde explicaba que el informe de Henry fue "incompleto y no tomó tiempo para discutir esas cuestiones con nosotros ni para entender los énfasis generales de nuestro ministerio ni las condiciones de América Latina". Además, Lores añadió que ese tipo de informes negativos era precisamente lo que rechazaban los profesores del seminario, tanto los latinoamericanos como los norteamericanos.[36]

Samuel Escobar, presidente de la FTL, también participó en la respuesta a Henry. Escobar explicó que la reflexión teológica latinoamericana era amenazada "por la simplificación fundamentalista con su tendencia anticultural y de secta, y su anticomunismo". Escobar explicó que,

> Cualquier observador informado de la situación latinoamericana conoce que las categorías norteamericanas no pueden ser aplicadas a una sociedad que en algunos lugares recién ha salido de la estructura feudal que adoptó cuando fueron conquistados por la España medieval hace cuatro siglos y medio. Palabras como "democracia" y "socialismo" tienen que ser cualificadas cuando un anglosajón las usa para América Latina. No se debe olvidar que el mundo anglosajón pasó por la revolución industrial, el avivamiento wesleyano y los

---

[35] Seminario Bíblico Latinoamericano, "To Whom It May Concern", setiembre 26, 1973.

[36] Rubén Lores, *Carta Personal a Mr. Norman Rohrer, Evangelical News Service,* setiembre 21, 1973.

movimientos sindicales de origen indubitablemente cristiano. También palabras como "violencia" tienen que entenderse en contexto de una vida institucional muy inestable. Hay países en América Latina que han tenido más golpes de estado que años de independencia. Probablemente muchos protestantes conservadores que rechazan la violencia aplaudieron el golpe violento que derrocó al gobierno democráticamente electo en Chile.[37]

Al final Escobar denunció que "existe una irritación creciente hacia las actitudes policiacas de personas e instituciones que se llaman a sí mismos defensores de la ortodoxia en el mundo. Esas personas muchas veces son tentadas a utilizar presión institucional y financiera para imponer su punto de vista particular político o escatológico".[38]

Este episodio fue paradigmático de lo que estaba pasando. Por un lado, los latinoamericanos definiendo su identidad evangélica y por otro los extranjeros que miraban desde afuera con desconcierto. Como observamos al principio, la atracción que las teologías de la liberación tuvieron en los círculos académicos del mundo hizo que aún los evangélicos fueran catalogados dentro de esas teologías. Era difícil para los observadores de afuera entender las diferencias.

Además del aspecto crítico y analítico de las teologías recibidas se trabajó constructivamente elaborando propuestas teológicas. Samuel Escobar la llamó *una nueva reflexión*, "que quiere ser fiel a su pasado evangélico pero que al mismo tiempo está atenta a la realidad latinoamericana". Escobar explicó:

> No se trata de una teología académica que ha puesto en un laboratorio los últimos hallazgos de algunos pensadores alemanes o ingleses y luego de algunas modificaciones les ha colocado la etiqueta "made in Latin America". Se trata de una reflexión que ha nacido en el seno de comunidades evangélicas

---

[37] J. Samuel Escobar, "Evangelical Theology in Latin America", *EP News Service*, octubre 6, 1973.

[38] *Ibíd.*

características del sector más dinámico del protestantismo latinoamericano. Son comunidades que están creciendo por la acción evangelizadora, que tienen un alto sentido de misión en el mundo formadas por personas que se acercan a la Biblia no sólo con el lente del biblista sino también con el corazón del apóstol y la inquietud del misionero. En cierto modo se han entregado a la tarea de reflexionar teológicamente presionados por el paso de su presencia en diversos sectores de la sociedad latinoamericana, impulsados por su conciencia de minoría religiosa dentro de un continente normalmente cristiano, desafiados por el fermento social y cultural de un continente que empieza a tomar conciencia de su peculiar identidad indo-europeo-africana, y que procura formas de vida nacional más independiente.[39]

Escobar identificó tres temáticas centrales en la nueva reflexión teológica: el reino de Dios, la contextualización y la misión del pueblo de Dios. Aunque había continuidad con la reflexión anterior, lo nuevo era que el lenguaje usado era más abarcador y apropiado para la reflexión local. Por ejemplo, el tema del reino de Dios incluía "no sólo la salvación, sino la creación y soberanía de Dios, la consumación de todas las cosas, y más aún, la relación entre lo que Dios hace por medio de su pueblo y en su pueblo y la historia de los hombres y las naciones". La contextualización tenía que ver además de la interpretación de la Palabra, con la obediencia en el momento histórico que estaba viviendo la iglesia latinoamericana. El tema de la misión de la iglesia incluía el *ser* como el *hacer* de la iglesia. Escobar indica, entonces, que "la nueva reflexión está proponiendo al mismo tiempo una *ampliación* y una *profundización* del discurso de la iglesia evangélica y no una sustitución de lo antiguo por algo nuevo".[40] Escobar explicaba lo siguiente:

---

[39] Samuel Escobar, "La teología evangélica hoy", *Pensamiento Cristiano* 24, n.° 4, junio, 1978, p. 232.

[40] *Ibíd.*, p. 234.

En realidad la nueva reflexión teológica ha brotado de un profundo sentido de misión y de una profundización en la Palabra de Dios, tratando de ver hasta dónde nos lleva ella si la queremos tomar en serio dentro de las circunstancias de nuestro tiempo. Su "novedad" radica en que está retomando ciertos temas bíblicos en su riqueza, porque las iglesias evangélicas mismas han crecido y demandan esta tarea de descubrir "la carne" para una generación que ya no se satisface sólo con "la leche".[41]

Pero no todos estaban de acuerdo con la nueva reflexión teológica. Algunos argumentaban que se estaba reemplazando lo esencial por lo secundario corriendo así el riesgo de perder totalmente el mensaje bíblico revelado. Escobar respondió que en la Biblia no se debía diferenciar entre lo primario y lo secundario. Al hacer esa distinción se estaba creando un "canon dentro del canon". Para los latinoamericanos toda la Biblia era la Palabra de Dios. Sin embargo, "una buena parte de ésta se ha quedado sin entender ni explorar, empobreciéndose el contenido de la fe y la calidad de la militancia. Bien sea por claves hermenéuticas inadecuadas o por sistemas teológicos impuestos por la inercia y la falta de alternativas."[42] Finalmente, Escobar explica que:

La nueva reflexión teológica evangélica se ha propuesto entonces ser profundamente evangélica, lo cual quiere decir bíblica y pertinente. No quiere perder las dimensiones de su herencia histórica pero quiere que lo mejor de ésta dinamice el discurso y la actividad. Por ello se entrega a una doble tarea profética y reflexiva. La tarea profética de sacar a la luz los reduccionismos, simplificaciones y tergiversaciones que poco a poco se han acumulado en la forma de pensar y ser de los evangélicos. Al mismo tiempo reflexiva, poniendo la Verdad en

---

[41] *Ibíd.*, p. 235.
[42] *Ibíd.*

acción frente a los desafíos del mundo actual que presionan en la dirección de una renovación de la iglesia y su mensaje, como en los mejores tiempos del pueblo de Dios.[43]

Gonzalo Báez Camargo analizó la historia del pensamiento teológico evangélico latinoamericano en tres etapas. La primera era la etapa proselitista, en la que "se pensó que el papel del protestantismo era difundir los adelantos del progreso moderno". Era también la etapa del anticatolicismo agresivo y de la moralidad puritana. En la segunda etapa se enfatizaron tres puntos principales: "insistir en la centralidad de Cristo en la vida cristiana; la autoridad normativa de la Biblia como guía suprema de la fe, doctrina y práctica; y la demostración visible de lo que eso significaba en la vida de los protestantes como individuos y de las iglesias como colectividades". Era la etapa en la que el protestantismo debía demostrar su impacto social.[44] Finalmente, la etapa de "una nueva búsqueda de nuestra identidad evangélica". Esto implicaba una definición clara de la misión evangélica, para lo cual Báez proponía la pregunta: ¿Cambiar al hombre para cambiar al mundo o cambiar el mundo para cambiar al hombre?: "La cuestión es ésta: si el cambio esencial que corresponde promover a las iglesias evangélicas es el de estructuras o el del hombre en primer término". He ahí la tarea para los teólogos. Báez advirtió que "si el protestantismo en nuestras tierras se mantiene fiel a su fundamental misión evangélica, y no se deja desviar de ella ni permite que su mensaje se desvirtúe con infiltraciones extrañas, continuará sin duda su marcha".[45]

El pentecostal argentino Gabriel Vaccaro, quien asistió a la Asamblea de Iglesias en Oaxtepec, México, en 1978, explicó que había una sospecha mutua entre las iglesias históricas y las pentecostales. Mientras algunos veían a los pentecostales latinoamericanos "al lado

---

[43] *Ibíd.*, p. 237.

[44] Gonzalo Báez-Camargo, "El futuro del protestantismo latinoamericano", *Pensamiento Cristiano* 25, n.° 2, diciembre, 1978, pp. 104–05.

[45] *Ibíd.*, pp. 108–09.

del capitalismo y del *statu quo*", otros "por el solo hecho de defender la justicia y, en consecuencia, estar contra la marginación de muchos de nuestros pueblos", los tildaban de izquierdistas.[46] Vaccaro explicó que:

> Los pentecostales de América Latina no estamos con el *statu quo* y menos con el capitalismo e insistimos contra las injusticias de los hombres, pero eso tampoco debe llevar a pensar que somos fácil masa manejable por las ideologías de izquierda. Nuestra posición es clara, sencilla y terminante, brota del Evangelio de Jesucristo y el mensaje de nuestras Iglesias ha sido y es que el hombre se encuentre en el camino de su vida con Jesucristo.[47]

El análisis de Vaccaro dejaba ver que después de mucho tiempo los pentecostales estaban comenzando a participar activamente en las reuniones y congresos en los que hasta ese momento habían estado ausentes. "Las Iglesias Evangélicas Pentecostales no pueden vivir al margen del drama Latinoamericano y quieren aportar sus experiencias, su presencia, con toda humildad a los demás movimientos cristianos".[48] Ya no se podía seguir ignorando la importante presencia pentecostal en el continente.

Otro pentecostal argentino, Ernesto Saracco, en su presentación en CLADE II, en Lima, resumía la labor teológica de los evangélicos durante la década de los setenta como una búsqueda en tres frentes:

> En primer lugar, búsqueda de su identidad, ya sea aferrándose estrechamente a su herencia y confundiéndola, muchas veces, con el Evangelio; o rechazándola, con el peligro de caer en la ilusión de intentar vivir una fe sin raíces. En segundo lugar, búsqueda de la manera de relacionarse con el mundo y las consecuencias prácticas de éste. Por último, búsqueda de

---

46 Gabriel O. Vaccaro, "Oaxtepec desde una perspectiva pentecostal", *Cuadernos de Teología* 5, n.° 4, 1979, p. 291.

47 *Ibíd.*

48 *Ibíd.*, p. 292.

Dios. Un día que algunos supusieron encontrarlo escondido en el prójimo, otros viviendo monacalmente en la Iglesia o cómodamente instalado en el cielo.[49]

Dentro de esa búsqueda estaba la hermenéutica, o sea el modo de leer e interpretar la Biblia como latinoamericanos. Saracco llamaba la atención para que los evangélicos reconocieran que "los mayores problemas en la interpretación no están en el texto sino en el intérprete. El peligro constante de la comunidad evangélica está en confundir la Palabra con su propia interpretación de la Palabra y con el ropaje cultural que le impone". Aquí Saracco analizó el hecho de que, si por un lado se criticó la mezcla de evangelio y cultura extranjera, era también posible mezclar el evangelio con la cultura latinoamericana. "Tanto la actitud del intérprete frente a Dios, como su tradición eclesiástica y la cultura a que pertenece, son factores que constantemente condicionan el contenido y comprensión de la Palabra de Dios".[50] Por ello, era importante reconocer también la necesidad de la asistencia del Espíritu Santo. Sin embargo, Saracco advertía que:

> Debemos cuidarnos de caer en el fatalismo hermenéutico que ata tanto la Palabra a las situaciones humanas que la deja totalmente librada al destino de estas. Diríamos, usando una expresión del apóstol Pablo que empleó en otro contexto, *la Palabra no está presa* (2Ti 2.9). En realidad, la Palabra de Dios no está en la *sana doctrina* de la comunidad evangelizadora, ni en su hermenéutica. Es más, la trasciende y juzga. Por tal motivo, la comunidad evangelizadora debe abrirse ella misma al juicio de la Palabra sabiendo que no tiene el monopolio de ella ni de su interpretación. Por supuesto, esto choca con la mentalidad triunfalista y autosuficiente de gran parte del protestantismo

---

49 Norberto Saracco, "La palabra y el espíritu en la comunidad evangelizadora", en *América Latina y la evangelización en los años 80: Un congreso auspiciado por la Fraternidad Teológica Latinoamericana*, Lima: CLADE II, 1979, p. 173.

50 *Ibíd.*, p. 175.

Latinoamericano que tiene perfectamente empaquetada toda la revelación.[51]

Según Saracco, era imprescindible para los evangélicos entender las implicaciones de la encarnación en el cumplimiento de la misión. Eso incluía al menos cuatro aspectos. Primero, "asumir la cultura y la cosmovisión de la sociedad"; segundo, "despojarse de toda prerrogativa y espíritu de autosuficiencia"; tercero, "emprender el camino de la cruz" en contraste con la acomodación, y cuarto, "optar a favor del hombre y su salvación total".[52]

Los aportes de Vaccaro y Saracco desde la perspectiva pentecostal marcaron un hito importante en su momento. Fue precisamente en Oaxtepec y en CLADE II donde se comenzó a aceptar en el medio protestante y evangélico a los pentecostales como compañeros de misión. Antes de esto, la sospecha e incluso el recelo fueron lo que marcaron la relación con ellos. Por ejemplo, Pedro Savage se refirió a ellos como "iglesias que están igualando sus experiencias subjetivas y sueños con la Revelación dada de una vez por todas".[53] Como dijo Vaccaro: "Las Iglesias históricas por mucho tiempo subestimaron nuestro Movimiento".[54] A partir de ese momento, era ya absurdo seguir excluyéndolos, no solo porque numéricamente los pentecostales sumaban más miembros que todas las otras denominaciones juntas, sino también porque comenzaron a surgir voces pentecostales que articularon su fe de modo que podían dialogar con los demás. También se nota en los análisis de Vaccaro y Saracco una autoevaluación necesaria dentro de un movimiento que contaba con casi ocho décadas de presencia ininterrumpida en el continente. No todos los grupos pentecostales estaban representados en Oaxtepec y Lima, pero el hecho de que algunos estuvieran allí como protagonistas marcó un

---

[51] *Ibíd.*
[52] *Ibíd.*, p. 177.
[53] Memorando personal a Clyde Taylor del 17 de marzo, 1971.
[54] Vaccaro, p. 290.

momento de convergencia importante para el pueblo evangélico latinoamericano.

Sin embargo, no se puede decir lo mismo de la participación femenina en los foros teológicos latinoamericanos hasta finales de los setenta. Hasta ese momento el quehacer teológico era casi exclusivamente androcéntrico. Hubo durante CLADE II una reunión de diálogo donde las mujeres reclamaron más participación activa. Eso cambió en el siguiente Congreso, pero hasta los setenta las mujeres estuvieron ausentes, salvo algunas contadas excepciones, en las revistas evangélicas. Recién en la siguiente década aparecieron aportes sustanciales de mujeres latinoamericanas.

Uno de los primeros análisis del pensamiento teológico latinoamericano escrito por una mujer fue presentado en el *Diálogo ecuménico de los teólogos del tercer mundo* (Tanzania, 1976) por la argentina Beatriz Melano Couch. Ella empezó explicando algunas diferencias importantes entre la llegada del catolicismo y el protestantismo a América Latina.

> Mientras que la Iglesia Católica Romana fue exportada principalmente desde España como iglesia, un *corpus* doctrinal, una liturgia y una forma cultural, existen distintos tipos de "protestantismo" importados de distintos países (Luteranos alemanes, Calvinistas suizos, franceses, húngaros y holandeses, Presbiterianos escoseses [sic], Anglicanos ingleses, Metodistas galeses e ingleses, Valdenses italianos) cada uno representando una ola migratoria europea hacia fines del siglo pasado e inicios del presente. A estos distintos grupos étnicos deben agregarse además aquellos que nacieron a causa del esfuerzo misionero de los Estados Unidos de Norte América y Europa que representaban tanto a las iglesias tradicionales y libres como a las sectas. Todos estos grupos, inmigrantes o misioneros, trajeron consigo su propia cultura, estructura eclesiástica, doctrina, liturgia, moral, etc.[55]

---

55 Beatriz Melano Couch, "Teología de la liberación y misión de la iglesia en América

Al describir la doctrina de esas iglesias, Melano identificó al menos tres aproximaciones a la misión y la teología que se superponen en cualquier momento histórico. A la primera tendencia la llamó *iglesias libres y sectas*. Su principal interés era la conversión de almas. Esas iglesias enfatizaban lo ultramundano del cristianismo, mantenían una separación dualista entre mundo e iglesia, cuerpo y alma, materia y espíritu, el mal y el reino de Dios (que vendrá al final de esta era pecaminosa). Melano describió la teología de estas iglesias en cuatro puntos:

1. La conversión del alma es un *cambio de vida*, y esto implica un cambio a una conducta moral individualista. El cambio de corazón implica también un cambio de comportamiento. Esto conduce al pietismo y a una ética legalista.

2. En términos de misión de la iglesia, significa en general, proselitismo. La religión no se hereda. Uno debe convertirse. En un continente que ha sido evangelizado con *la espada y la cruz*, donde la religiosidad popular es una mezcla de creencias cristianas y superstición, en la cual el pueblo ha recibido poca o ninguna instrucción sobre la fe cristiana, hay una gran insistencia sobre la aceptación personal, racional y emocional de Cristo.

3. En cuanto a la relación entre este acercamiento y la cultura latinoamericana, implica la importación de patrones culturales extranjeros para la expresión popular, lo que trae como consecuencia un desarraigo de la propia cultura.

4. La liturgia es la misma de la iglesia madre, con la centralidad en el sermón, que muchas veces se convierte en una conferencia endoctrinadora y una ferviente polémica anticatólica, en lo que concierne a creencia y práctica.[56]

Melano describió la segunda tendencia teológica como "el casamiento entre cierta forma de pietismo con el evangelio social". En este

---

Latina: Un punto de vista protestante", *Cuadernos de Teología* 6, n.° 4, 1985, p. 22.
[56] *Ibíd.*, p. 23.

caso el mensaje tenía que ver no solo con el cambio de corazones, sino también con cambiar la sociedad: "El objetivo es la modernización de la sociedad siguiendo valores cristianos que se expresan políticamente en la democracia, socialmente alcanzando derechos humanos y económicamente en un sistema que respeta el valor de los seres humanos, su dignidad y su libertad personal". Ella explicó la característica principal de esta tendencia teológica como:

> En términos de misión de la iglesia, esto significa no solo la conversión del alma, sino también la creación de condiciones de vida tales que permitan al individuo el ejercicio de su libertad y el desarrollo de su potencial humano. De esta forma la responsabilidad cristiana es vista en términos de la promoción de salarios justos, condiciones seguras de trabajo, igualdad de derecho laboral, educación para todos, libertad de elección y expresión del individuo, cuidado del necesitado, etc. A su vez, esto se expresa en la creación de instituciones que encarnan estos ideales: hospitales, centros de salud, colegios, institutos bíblicos, seminarios, centros de acción social, etc.[57]

Esta versión del protestantismo fue influida por el liberalismo. Melano argumentó que el liberalismo protestante y la filosofía liberal coincidían en varios puntos, pero también presentaban diferencias importantes. Esta versión del protestantismo fue crítica de la sociedad semifeudal. También promovió la modernización de la sociedad y la separación entre iglesia y Estado. Sin embargo, las iglesias "se acomodaron dentro de un sistema económico: capitalismo (apoyado por una filosofía individualista), un sistema político: democracia, y un objetivo cultural: secularización (apoyado por el pragmatismo)".[58]

Sin embargo, después de la Segunda Guerra Mundial y la crisis de la ideología y teología liberales, los pensadores latinoamericanos se dieron cuenta de que su mensaje era inadecuado para responder a

---

[57] *Ibíd.*
[58] *Ibíd.*, p. 24.

su momento histórico particular. Tenían tres preguntas principales: "¿Cómo serle fiel a Jesucristo en nuestro tiempo y en nuestra encrucijada histórica? ¿Cuál es la misión de la iglesia en medio de la opresión económica y política? ¿Cuál es el significado de la esperanza cristiana para todos los marginados del resto de la sociedad, a causa de la explotación y la discriminación?".[59] Melano describió la década de los setenta como la más creativa en reflexión teológica protestante. Al terminar el decenio, la situación era de polarización y conflicto. Por un lado, "vivimos aún bajo el impacto del acercamiento teológico dualista caracterizado por la *ultramundaneidad* y el énfasis en la salvación del alma y en la moralidad individual; esta perspectiva está asociada con una militancia agresiva y conservadora en el campo político". Por otro lado, "algunos sectores de la iglesia en toda América Latina creen en un llamado a una praxis revolucionaria".[60]

También en la misma década, Melano identificó a un grupo de *evangélicos radicales* que querían romper el dualismo conservador y superar la *ultamundaneidad* por medio de análisis serios y la inmersión en la problemática latinoamericana.

> Su objetivo es el de concientizar a los elementos protestantes más conservadores para producir una renovación dentro de la iglesia, su punto de partida es una exégesis bíblica rigurosa y se están moviendo hacia un entendimiento realista de la situación social, económica, política y cultural de América Latina. Su posición representa una nueva ética social evangélica. Exponen y denuncian las estructuras de opresión y dependencia y hacen un llamado al compromiso cristiano para que se realicen los cambios necesarios. Para la mayoría la opción práctica concreta para América Latina pasa por un socialismo de tipo democrático y sin embargo tienen grandes sospechas del análisis de las clases sociales que utilizan algunos de los teólogos de la liberación y los critican abiertamente. Lo denuncian como algo que ni es

---

[59] *Ibíd.*, p. 27.
[60] *Ibíd.*, p. 38.

ni científico ni objetivo, afirman que representa una ideología marxista velada que debe exponerse, que es tan peligrosa como la ideología capitalista que condiciona la hermenéutica de la teología conservadora.

Aunque este grupo critica la hermenéutica y la teología de los liberacionistas y también su compromiso revolucionario, reconocen la legitimidad del llamado de *Iglesia y Sociedad* al despertar la consciencia protestante a los problemas del continente.[61]

Los *evangélicos radicales* eran los que formaban la FTL. Según Melano, ellos representaban una nueva propuesta teológica significativa e ignorarlos era una falta completa de visión. Finalmente, Melano evaluó que la teología latinoamericana, que incluía tanto las teologías liberacionistas como las evangélicas, estaba centrada en la cristología. También propuso tres tareas para la producción teológica: una constante purificación de las herramientas hermenéuticas; repensar algunos temas teológicos fundamentales para no caer en reduccionismos, sino para abarcar la totalidad del mensaje bíblico; y mantener la dimensión existencial de la teología de la liberación como un llamado a la obediencia a Dios.[62]

El año anterior a Oaxtepec y CLADE II, 1978, Orlando Costas comenzó a publicar *Pastoralia*, una revista para "pastores, líderes laicos, seminaristas, profesores de teología, dirigentes denominacionales y de organizaciones cristianas, evangelistas y misioneros", es decir, "todos aquellos hermanos que viven preocupados por las formas que toma la misión de Jesucristo en la América Latina contemporánea, especialmente en y a través de las iglesias evangélicas".[63]

Se trata, pues, de una revista que intentará enfocar la pastoral desde una perspectiva misional en el contexto general de América Latina y a la luz de la situación particular de las iglesias

---

[61] *Ibíd.*, p. 39.
[62] *Ibíd.*, p. 43.
[63] "Una revista para una nueva situación", *Pastoralia* 1, n.° 1, 1978, p. 1.

evangélicas. Reconocemos que en este contexto particular ello constituye un desafío, ya que la pastoral se ha ubicado tradicionalmente en la perspectiva del cuidado espiritual de la congregación y el mantenimiento institucional de la iglesia. No queremos por un solo instante descartar la estrecha relación de la pastoral con aquellos que han sido apartados para el cuidado espiritual de los creyentes y la administración de la iglesia local. Pero tampoco queremos limitar la pastoral a ciertas funciones llevadas a cabo por un número exclusivo de fieles, no importa cuánta preparación tengan ni cuán importante sean sus responsabilidades.[64]

Se necesitaba una revista de esa naturaleza, ya que más de cien mil pastores evangélicos laicos estaban experimentando confusión en cuanto a la naturaleza de la misión de la iglesia. Además, se multiplicaban las opciones misiológicas y había una carencia de literatura evangélica pastoral seria y desafiante. *Pastoralia* quería servir "a todo el pueblo cristiano latinoamericano sirviendo a todos los evangélicos del continente con espíritu ecuménico, una lealtad al legado de la Reforma Protestante y un compromiso pleno con la realidad histórica y el destino de nuestros pueblos".[65]

Los evangélicos se mantuvieron activos en su producción teológica durante la década de los setenta. Participaron en varios foros, dentro y fuera de la región, así como en diálogos con otras propuestas teológicas de otros continentes y con las teologías de la liberación. Ésta fue la década cuando la ruptura con las tradiciones recibidas fue más evidente. Como lo expresó Samuel Escobar: "Hartos ya de que los centros del poder evangélico en Norteamérica trataran de decirnos cómo debíamos pensar, a quién debíamos leer y en qué consistía ser evangélico, decidimos que era hora de empezar a reflexionar la fe como gente adulta y por cuenta propia".[66] Esa

---

[64] *Ibíd.*
[65] *Ibíd.*, p. 2.
[66] Escobar, "Heredero de la Reforma Radical", en *Hacia una teología latinoamericana:*

búsqueda de una expresión teológica propia, sin embargo, no era "un anti-norteamericanismo gratuito ni una rebeldía adolescente". Por ello, Escobar afirmó lo siguiente:

> Entiendo la misión y la teología como una forma de vida que se realiza en fraternidad, sin distingos, y además creo que se debe reconocer la deuda contraída por los evangélicos latinoamericanos con los misioneros anglosajones que trajeron el evangelio. El problema es que en muchos casos, el esfuerzo por responder a los desafíos de nuestro ambiente, por pensar nuestra fe dentro de nuestro contexto particular, se ha visto obstaculizado por personas u organizaciones misioneras que quieren que nos limitemos a repetir lo que ellos han aprendido en su tierra. Cuando insistimos en nuestro propio camino vienen entonces las acusaciones de herejía y las luchas institucionales. No hay aprecio por el esfuerzo nacional de pensar por cuenta propia, no hay sensibilidad para tratar de entender lo latinoamericano. Lamentablemente hay caudillos criollos que se prestan a este juego fundamentalista, porque muchas veces medran dentro del esquema paternalista y se benefician de él. Si traducir y repetir servilmente produce ganancias y otorga ventajas, ¿para qué darse el trabajo de procurar la indigeneidad?[67]

Emilio Núñez encontró reacciones similares a la producción teológica local: "Ya tenemos una teología evangélica. No necesitamos otras". Este comentario venía de latinoamericanos "temerosos de intentar hacer algo diferente en investigación bíblica y teológica más allá de nuestros precursores. Para ellos, la teología evangélica es un producto terminado que no admite nuevas formas de expresión que sean relevantes a nuestra sociedad".[68] Núñez agregó:

Ensayos en honor a Pedro Savage, p. 64.

[67] *Ibíd.*, p. 65.

[68] Emilio Antonio Núñez C, *Doing evangelical theology in Latin America*, Portland: Western Conservative Baptist Seminary, 1986, p. 1.

> Necesitamos una teología latinoamericana, así como los evangélicos en los Estados Unidos necesitan una teología que responda a sus propias necesidades, y a las necesidades espirituales y éticas de su país. El evangelio llevado a Norteamérica por los ingleses, holandeses y otros inmigrantes se contextualizó a la realidad norteamericana. Lo que los evangélicos norteamericanos y europeos han hecho, es lo que se supone que debemos estar haciendo los latinoamericanos.[69]

Núñez reconoció que los evangélicos conservadores en América Latina estaban atrasados en su quehacer teológico. Para él, la teología evangélica en el continente era más bien reaccionaria: "No tomamos la iniciativa de hacer teología basada en las Escrituras como respuesta a nuestra situación social. Nos hemos visto forzados a entrar en la arena teológica por la inestabilidad social en que vivimos, y por las respuestas anti-bíblicas y no-bíblicas que algunos teólogos están dando a los problemas del pueblo latinoamericano."[70] Núñez se refería a las teologías de la liberación y las teologías evangélicas "individualistas, dualistas, futuristas y pesimistas". A todas ellas Núñez respondió que:

> No somos llamados a hacer teología derechista o izquierdista, pero bíblica y contextualizada en respuesta a las necesidades del individuo y a los desafíos de nuestra sociedad. Esta teología debe ser fiel a la revelación escrita de Dios. Tiene que preocuparse por el bienestar espiritual, físico y material del pueblo. Debe evaluar tanto la política de izquierda como la de derecha a la luz de las Escrituras. Tiene que ser crítica de esas teologías que están al servicio de un sistema político en lugar de estar sometidas a la autoridad de la Palabra de Dios.[71]

---

[69] *Ibíd.*, p. 2.
[70] *Ibíd.*, p. 3.
[71] *Ibíd.*, p. 22.

Entonces, para Núñez, ¿cómo debe ser esa teología evangélica latinoamericana? Él propuso que debía tener ciertos énfasis especiales:

> La enseñanza de los dos Testamentos sobre la unidad y dignidad de la humanidad de Cristo y su ministerio a las necesidades físicas y materiales del pueblo; la enseñanza del Nuevo Testamento sobre las buenas obras; el ejemplo de la iglesia del primer siglo en el área de la responsabilidad social; las implicaciones sociales del evangelio en lo que respecta a la dignidad de las mujeres; la naturaleza y el propósito del gobierno humano y nuestro comportamiento cristiano como miembros de la sociedad civil; el concepto bíblico de trabajo y justicia social; la paz como resultado de practicar la justicia; el amor como la palabra clave en nuestras relaciones humanas; el señorío presente de Cristo sobre la creación y la historia; su victoria final sobre la fuerzas del mal en este mundo; la renovación cósmica como el capítulo final de su programa redentor en la tierra.[72]

Parece que no todos estaban de acuerdo con Núñez en esto. Valdir Steuernagel, luterano brasileño, explicó que "CLADE II al seguir la agenda de la FTL no satisfizo a los líderes evangélicos norteamericanos, lo que hizo inevitable una ruptura con muchos evangélicos conservadores en América Latina, especialmente los que tenían relaciones cercanas y/o dependencia financiera con los Estados Unidos."[73] No es sorprendente que las divisiones entre los evangélicos reaparecieran en esos años. Sólo que entonces se ahondaron aún más. Por un lado, en Lima (11–18 de noviembre) los evangélicos ecuménicos fundaron el Consejo Latinoamericano de Iglesias (CLAI), organización que tenía lazos fuertes de unión con

---

[72] *Ibíd.*, p. 56.
[73] Valdir Steuernagel, "The theology of mission in its relation to social responsibility within the lausanne movement" (disertación doctoral), Lutheran School of Theology, 1988, p. 226.

el Concilio Mundial de Iglesias (CMI). Por otro lado, en Panamá (19–23 de abril) los evangélicos conservadores establecieron a la Confraternidad Evangélica Latinoamericana (CONELA).

Aunque la primera reunión informal para la formación de CONELA se llevó a cabo durante la Consulta para la Evangelización Mundial que organizó el Comité de Lausana en junio de 1980 en Pattaya, Tailandia, la idea inicial surgió en CLADE II unos meses antes. Uno de los principales promotores de CONELA fue el argentino Luis Palau, quien evaluó a CLADE II diciendo: "Increíblemente, el evangelismo bíblico fue de lo último que alguien habló durante el congreso. La mayor parte del programa enfatizó lo temporal sobre lo espiritual. Muchos delegados se quejaron de lo que ellos llamaron el *contenido socio-político* de la mayoría de los mensajes".[74] En Pattaya:

> De manera espontánea, primero veintiocho, y en la segunda reunión cuarenta, nos reunimos y cambiamos impresiones sobre la realidad evangélica latinoamericana en esta hora de la historia, y acerca de la necesidad, posibilidad y conveniencia de formar una Confraternidad Evangélica Latinoamericana, que pueda expresar fielmente el sentir, el pensar, el decir y el vivir de la Iglesia Cristiana Evangélica en América Latina, que en su inmensa mayoría es bíblica, evangelística, conservadora y fiel a la Biblia, ya que, por falta de una entidad de tal naturaleza, otras personas, no siempre identificadas con ella, y que en ocasiones actúan contra ella, se han arrogado el derecho de hablar en su nombre, dando una imagen distorsionada de la realidad evangélica latinoamericana.[75]

¿Por qué CONELA? ¿Cómo se podía justificar comenzar una nueva organización de evangélicos en ese momento? En primer lugar, los participantes no respaldaban a aquellos que unilateralmente

---

[74] Luis Palau y David Sanford, *Calling America and the Nations to Christ*, Nashville: Thomas Nelson, 1994, p. 143.

[75] Guillermo Conard, ed. *Los documentos de CONELA*, México: CONELA, 1982, p. 3.

habían asumido la representación internacional de los evangélicos latinoamericanos, acción que ellos consideraban ilegítima. Como hemos visto anteriormente, esta es una vieja marca profunda de desunión. ¿Se referían al CLAI, a la FTL o a los dos? En segundo lugar, buscaban una confraternidad que rechazara explícitamente la violencia y que promoviera el progreso y el respeto a los derechos humanos. Tercero, "necesitamos una confraternidad que acepte como medio único de redención la confrontación de la humanidad con Jesucristo, Autor y Consumador de la libertad integral". Definieron 1 Corintios 15.1–4 como la razón de ser y esencia de la iglesia misma. Cuarto, la necesidad de una confraternidad que, aunque no unifique la acción, sí presente una sola imagen. Quinto, la necesidad de "una confraternidad que elimine dualismos en la orientación y en la información, y que tome permanentemente una posición firme y definida en los asuntos teológicos, sociológicos, políticos y morales, consecuente con la Sagrada Escritura y la interpretación adoptada por sus miembros".[76]

La reunión para fundar CONELA fue un esfuerzo combinado con el Comité de Lausana para la Evangelización Mundial, entidad que ayudó principalmente con fondos económicos. CONELA también adoptó el Pacto de Lausana como su marco teológico. Definió nueve objetivos:

1. Ser una entidad de enlace, de relación y de servicio entre los evangélicos.
2. Cultivar la unidad espiritual y el respeto mutuo entre el liderazgo de las iglesias y entre todos los evangélicos latinoamericanos, sin violar la autonomía de las entidades miembros.
3. Promover la evangelización y la reflexión teológica desde una perspectiva evangélica; y la dinámica del crecimiento integral de las iglesias a nivel nacional, regional, continental y mundial.
4. Establecer y mantener relaciones con organizaciones y entidades nacionales e internacionales afines a nuestra posición teológica.

---

[76] *Ibíd.*, p. 9.

5. Poner de manifiesto la realidad de la presencia evangélica, dando a conocer a través de los medios de comunicación social lo que Dios está haciendo en nuestro continente y en todo el mundo, e informar a las iglesias de la relación con las diversas corrientes de pensamiento.

6. Fomentar la educación bíblica cristocéntrica, dentro de la realidad latinoamericana.

7. Exponer y aplicar los criterios bíblicos relativos a la participación social de la iglesia.

8. Velar responsablemente por el respeto de la libertad de cultos en todos los países de la América Latina.

9. Ser portavoz del pensamiento evangélico latinoamericano.[77]

El documento final, el Acta de Panamá, fue conciso,

> Nosotros, los participantes en la Consulta Evangélica Latino-americana, celebrada del 19 al 23 de abril de 1982 en la ciudad de Panamá, República de Panamá.
>
> * Conscientes de nuestra responsabilidad como cristianos evangélicos para con los millones de creyentes que componen la Iglesia del Señor en nuestro continente, y
> * Fieles a las convicciones de las denominaciones nacionales, organizaciones y congregaciones locales que nos han enviado, damos testimonio de que la Iglesia Evangélica en América Latina es bíblica, cristocéntrica y que necesita presentar una imagen verdaderamente evangélica, por ello
> * Guiados por los principios claramente estipulados en la Sagrada Escritura —la Palabra inspirada de Dios— compuesta únicamente por 66 libros,
> * Decidimos dar origen a la **Confraternidad Evangélica Latinoamericana.**
> * Porque creemos indispensable seguir seriamente enfrentando la tarea de la evangelización de nuestro continente y

---

77 *Ibíd.*, p. 13.

del mundo según el mandato del Señor expresado en Mateo 28.18–20, y el ejemplo dado por los apóstoles (Hechos 5.42),

* Invitamos a todos los hermanos en la América Latina y comunidades latinas en el continente americano que creen y que comparten con nosotros la misma fe bíblica, a que se unan en oración y expresiones concretas, y nos ayuden a cumplir con los objetivos que nos hemos propuesto.

* Deseamos ser una confraternidad que comparta los ideales y propósitos que el pueblo que nos ha enviado representa. Convencidos de esto y bajo la dirección del Espíritu Santo,

* Aprobamos esta Acta el día de hoy.

Que el Señor nos ayude a ser fieles, a permanecer firmes en la fe, y a exaltar siempre el nombre de Jesucristo.

* Prometemos guardar la fe que ha sido una vez dada a los santos (Judas 3),

* Prometemos ser fieles a las Sagradas Escrituras (Josué 1.8),

* Prometemos vivir en él, y para él (Romanos 14.8; 2 Corintios 5.15).

"Y a aquel que es poderoso para guardaros sin caída y presentaros delante de su gloria con gran alegría, al único y sabio Dios nuestro Salvador, sea gloria y majestad, imperio y potencia, ahora y por los siglos. Amén" (Judas 24–25).[78]

CONELA tuvo su primera asamblea general en Maracaibo, Venezuela, del 22 al 25 de abril de 1986. Hubo noventa y cinco delegados de diecisiete países además de invitados especiales, en representación de "veinticinco millones de cristianos evangélicos". CONELA alcanzaba a "la mayoría evangélica conservadora y fiel a la Biblia". Por lo tanto, reiteró "su decisión de mantener el concepto bíblico conservador del evangelio, es decir, el evangelio que es conforme a las Sagradas Escrituras, para la salvación eterna del

---

[78] *Ibíd.*, p. 46.

pecador, mediante el sacrificio cruento de nuestro Señor Jesucristo y su gloriosa resurrección, quien por medio del Espíritu Santo produce un nuevo nacimiento espiritual que conduce a la vida nueva, consecuente con los bienes materiales, físicos y sociales".[79] CONELA asumió la función de guardián del *evangelio auténtico* incluyendo la denuncia de *otro evangelio* que "magnifica la liberación temporal de los males físicos, de la pobreza y de ciertas dictaduras políticas, con menoscabo de la libertad espiritual".[80] Sería de gran ayuda si hubieran dejado claro de quién estaban hablando.

Finalmente, la asamblea definió cuatro líneas de acción. Se invitó a toda la comunidad evangélica latinoamericana a unirse a CONELA:

* En la búsqueda de la unidad, fraternidad y servicio, como señales concretas del Reino de Dios en nosotros y entre nosotros.

* En una reflexión seria —basada en las Escrituras y nuestra herencia teológica evangélica— sobre nuestra responsabilidad cristiana en una situación de perdición, hambre, miseria e injusticia.

* En la misión que tenemos de ser sal y luz en la tierra, como indicadores del Camino de Vida en Jesucristo, y propagadores de su bendito Evangelio en vísperas del siglo XXI.

* En la contextualización de nuestro mensaje y acción cristiana, para que la América Latina pueda escuchar la voz de Dios, y perciba su presencia redentora, a través de nuestro testimonio. ¡Así Dios nos ayude![81]

CLAI fue concebido en la reunión de evangélicos ecuménicos en Oaxtepec, México, en septiembre de 1978. Tuvo cuatro años

---

[79] CONELA, *Declaración de CONELA en Maracaibo*, Maracaibo: 1986, p. 2.

[80] *Ibíd.*, p. 3.

[81] *Ibíd.*, p. 4.

de gestación antes de su fundación en Lima en noviembre de 1982, unos pocos meses después del comienzo de CONELA. Ciento diez denominaciones evangélicas y diez organizaciones ecuménicas interdenominacionales decidieron en Oaxtepec formar el Consejo Latinoamericano de Iglesias (CLAI) con el propósito principal de promover la unidad entre las iglesias para animar a un involucramiento directo de los evangélicos en la realidad social latinoamericana. Trataron temas sobre estructuras de poder, poblaciones marginalizadas, pueblos indígenas, violaciones de los derechos humanos, ecología y particularmente la situación difícil de la guerra civil en Nicaragua. Las iglesias debían mostrar un frente común para ministrar en esas circunstancias.

En Lima, el CLAI definió cinco objetivos principales:

* Promover la unidad del pueblo de Dios en América Latina como expresión local de la Iglesia Universal de Cristo y como signo y contribución de la unidad del pueblo latinoamericano.

* Profundizar la unidad que ya tenemos en Cristo reconociendo la riqueza que representa la diversidad de tradiciones, confesiones y expresiones de fe, reflexión, enseñanza, proclamación y servicio, teniendo en consideración la realidad e identidad latinoamericanas.

* Ayudar a sus miembros a descubrir su propia identidad y compromiso como cristianos en la realidad latinoamericana en la búsqueda de un orden de justicia y fraternidad.

* Estimular y apoyar a sus miembros en la tarea evangelizadora, como signo de su fidelidad al mandato de Cristo y su presencia en los pueblos de América Latina.

* Promover la reflexión y el diálogo teológico y pastoral en torno de la misión y testimonios cristianos en el continente y en el resto del mundo.[82]

---

[82] CLAI, *Constitución y reglamento del CLAI: Aprobado en la Asamblea Constitutiva, del 11 al 18 de noviembre de 1982, Lima, Perú,* Lima: CLAI, 1983, p. 8.

El documento final de la asamblea en Lima comenzó reconociendo el valor intrínseco de la vida humana, especialmente, ya que Jesús mismo se hizo humano. La historia de la salvación fue descrita como "la lucha constante de Dios con los hombres por hacer que triunfe la vida sobre las fuerzas de la muerte". Sólo a través de la muerte de Jesús tenemos vida verdadera. Esta vida no puede desligarse de la práctica de la justicia y, por eso, "el mensaje bíblico es también muy claro: dondequiera que haya un ser humano a quien se le impida vivir la plenitud de su humanidad allí hay una situación de pecado". Todas las esferas del quehacer humano deben caracterizarse por la justicia y el amor para experimentar *shalom*, es decir, bienestar total.

Sin embargo, la situación continental estaba muy lejos de reflejar la humanidad auténtica. Las evidencias de la muerte eran claras en las guerras centroamericanas, las inversiones mayores de varios países en armas, la carencia de educación y servicios de salud, y en la injusticia general.

> La justicia —que es inherente al reinado de Dios— se ve menoscabada cuando hermanos nuestros desaparecen, cuando hay madres que lloran a sus hijos, tronchados en la flor de su juventud, cuando niños, mujeres y ancianos son indiscriminadamente masacrados, cuando nuestros países están llenos de asilados políticos, de refugiados y de personas desarraigadas de sus respectivos pueblos. La presencia brutal de la tortura, la existencia de un cada vez mayor número de personas que no pueden encontrar empleo, el aumento alarmante del número de aquellos que no saben ni leer ni escribir, la negación a grandes sectores de la población de las condiciones mínimas de supervivencia y de los derechos humanos fundamentales son manifestaciones perturbadoras de cómo la injusticia y la mentira deterioran la vida en nuestro continente.[83]

---

[83] Pedro Arana Quiroz, ed., *Teología del camino: Documentos presentados en los últimos veinte años por diferentes comunidades cristianas de América Latina*, Lima: Ediciones Presencia, 1987, p. 121.

Pero había esperanza cuando los cristianos promovían y defendían los derechos humanos, cuando llegaban a ser agentes de justicia, como algunos doctores y enfermeras que ayudaban a los refugiados y heridos en la guerra, cuando hablaban la verdad incluso arriesgando sus vidas, y cuando promovían la unidad y las relaciones fraternales: "El CLAI quiere representar la unidad para la misión, que es también unidad en solidaridad para la justicia. Anhelamos una unidad en busca de la verdad, como también en favor de la libertad y de la justicia, única forma de amar y de ser hacedores de paz en un continente dividido por intereses bastardos".[84]

La formación de CONELA y del CLAI recibió diferentes interpretaciones que revelaron otras circunstancias que no se perciben en sus documentos. Mientras las dos organizaciones estaban aún en proceso de formación, el peruano Pedro Savage, coordinador internacional de la FTL, hizo la pregunta que tal vez estaba en la mente de muchos esos días: "¿Cuáles son las razones teológicas y misionológicas que hace que en el mundo protestante latinoamericano tengamos el lujo de tener dos entidades que proyecten a crear vínculos de unidad entre los 30 millones de protestantes en este sub-continente?".[85] En Oaxtepec, a pesar de todo el discurso sobre la unidad, aparecieron tensiones, ya que "aquellos delegados de las iglesias y corrientes conservadoras se sintieron ofendidos por el análisis, conceptos e ideología de la izquierda". Savage comentó que esos conservadores habían decidido en cierto momento retirarse del congreso, pero al final se quedaron para la votación. El conteo final de los votos fue de 112 a favor y 50 en contra, nada unánime. Inmediatamente después de Oaxtepec, la junta directiva recién elegida se reunió en Puerto Rico y decidió que CLAI fuera una "organización regional ecuménica satélite del Concilio Mundial de Iglesias", cuya base operacional estaba ubicada en Ginebra, Suiza. Con esto, según Savage, se anuló "toda esperanza de un respeto por una pluralidad teológica". Por eso, para él, el CLAI

---

[84] *Ibíd.*, p. 123.
[85] Peter Savage, "Editorial", *Boletín Teológico* 4, n.° 2, 1981, p. 3.

era "una organización *elitista*, que no refleja los ecos, preocupaciones y dolores de las congregaciones en la América Latina".[86]

Consecuentemente, Savage describió la formación de CONELA como una reacción de las iglesias conservadoras ante el rumbo que estaba tomando CLAI, el cual no supo cómo atraerlas, conservarlas y mostrarse abierto a sus preocupaciones y líneas de batalla.[87] Por ello, Savage recomendó a los que estaban trabajando en la formación de CONELA que en la reunión de Panamá se incluya una "diversidad teológica" siguiendo el modelo de Berlín, Lausana y Tailandia. CONELA también debía estar conectada con la rica herencia histórica del movimiento evangélico con más de un siglo de existencia. Finalmente, en Panamá se debería hacer un análisis de los problemas latinoamericanos, como "las seducciones de una sociedad secular y consumista, las seducciones de las religiones populares mágicas, las seducciones del poder *status* que ofrece la sociedad contemporánea y moderna, las seducciones diabólicas de los poderes de este mundo, sus estilos de actuar y la adicción al poder".[88] Buenas preguntas éstas, pero que, a juzgar por los documentos de Panamá, se quedaron sin respuesta.

El nicaragüense Roger Velásquez, participante en Panamá, definió la creación de CONELA como exclusivista y separatista, basada en una presunta *autolegitimación*. De entrada, se contradijo la intención de promover la unidad entre los evangélicos. Para Velásquez, la reflexión teológica fue limitada, prejuiciada y unilateral.[89] La conferencia dejó a un lado la reflexión seria sobre las condiciones del continente; por ejemplo, "los aspectos humillantes de los últimos vestigios de colonialismo sufrido no solamente por Argentina, sino también por muchos países latinoamericanos".[90] Velásquez mencionó que CONELA adoptó el Pacto de Lausana sin tomarse el tiempo para discutir la necesidad de contextualizarlo

---

[86] *Ibíd.*, p. 9.
[87] *Ibíd.*, p. 13.
[88] *Ibíd.*, p. 16.
[89] Roger Velásquez, "CONELA", *Pastoralia* 4, n.º 8, 1982, p. 81.
[90] *Ibíd.*, p. 82.

para poder aplicarlo en un continente plagado por la miseria y la opresión.

También cuestionó las motivaciones de los muchos ministerios internacionales radicados en los Estados Unidos que se hallaban representados en Panamá. ¿Estaban queriendo adoptar una identidad latinoamericana o simplemente procuraban justificar sus agendas particulares? Los representantes de esas organizaciones ejercieron una influencia significativa en CONELA. Afirmar que ésta se encontraba en sucesión histórica con el Congreso de Panamá 1916, fue para Velásquez un salto muy artificial. Por ello, preguntó:

> La insistencia en que CONELA representa la mayoría de la realidad protestante en América Latina exige una cualificación. ¿Cuántas iglesias conservadoras en América Latina tienen realmente conocimiento del Pacto de Lausana o, por lo menos, han oído de él? ¡Sería muy interesante ver cuántas iglesias lo suscribirían! Por la misma razón, si CONELA en realidad representa tal mayoría de las iglesias protestantes, ¿cómo es posible que únicamente 185 delegados se arroguen los derechos de hablar en nombre de tanta gente?[91]

Velásquez terminó comentando que el adjetivo *evangélico*, que tradicionalmente en América Latina era sinónimo de *protestante*, fue utilizado por CONELA principalmente "para reflejar el carácter conservador, antiliberal y antiecuménico de la Iglesia Protestante, un concepto típicamente de importación extranjera a América Latina".[92]

En cuanto a la formación del CLAI, Samuel Escobar observó que había la expectativa de incluir a un número mayor de iglesias locales para evitar que una *élite burocrática* manejara la institución. Sin embargo, eso no fue lo que pasó, sino que, pese a las buenas intenciones, "tanto los fondos como el personal rentado fueron mayoritariamente de entidades ecuménicas y de personas

---

[91] *Ibíd.*
[92] *Ibíd.*, p. 83.

estrechamente ligadas al CMI".[93] Escobar utilizó cuatro criterios para evaluar las dos organizaciones: su base doctrinal, su actitud hacia la Iglesia Católica, su política eclesiástica, y su actitud hacia la realidad latinoamericana.

La afirmación doctrinal del CLAI era breve:

> Las iglesias y movimientos que conforman el CLAI son aquellas que reconocen a Jesucristo como Señor y Salvador de acuerdo con las Sagradas Escrituras y que en la unidad procuran cumplir con su común vocación y misión para la gloria de Dios Padre, Hijo y Espíritu Santo.

Escobar evaluó esa declaración como incompleta, "pues nada dice sobre la autoridad, la salvación y la forma de interpretar la Biblia, por ejemplo, asuntos todos ellos esenciales para el evangélico, pues lo diferencian de Roma o del modernismo liberal. Esta base no es suficiente ni para la evangelización ni para la pastoral en un continente católicorromano".[94] Aunque en CONELA se adoptó el Pacto de Lausana como su declaración doctrinal, "ni en el proceso de formación ni en la Asamblea constituyente se hizo un estudio serio del mismo". CONELA definió en su documento inicial que aceptaba la Biblia con sesenta y seis libros solamente, una posición clara contra el canon Católico Romano; pero, como Escobar explicó, esa posición no impidió que algunos de sus miembros cooperaran en varios proyectos junto a la Iglesia Católica. Por el contrario, el CLAI, desde un comienzo, mostró una relación estrecha con la jerarquía romana y sus programas.

Las dos organizaciones experimentaron diversas tensiones entre las iglesias y organizaciones paraeclesiásticas. El fondo del asunto eran las finanzas: "No podemos negar que una de las razones para proclamarse representativos es poder conseguir los fondos provenientes de las Iglesias más ricas, o de las entidades ecuménicas

---

[93] Samuel Escobar, "Los movimientos de cooperación evangélica en América Latina", *Misión* 5, n.° 3–4, 1986, p. 107.

[94] *Ibíd.*

o evangélicas del mundo noratlántico". Ninguna de las dos organizaciones había, hasta ese momento, publicado sus estados financieros para saber cuánto realmente dependían de fondos locales o extranjeros.[95]

Escobar señaló la polarización entre CONELA y CLAI frente a la realidad latinoamericana: una línea conservadora y de derecha en CONELA y otra revolucionaria y de izquierda en CLAI", seguramente una simplificación pero que ayuda de todas formas a entender lo que estaba pasando. Al final de su análisis Escobar dijo:

> Ni CONELA ni CLAI han demostrado todavía suficiente respeto a la verdad evangélica ni suficiente claridad, en opinión de este autor. El Pacto de Lausana que CONELA invoca es un documento evangélico, no cabe duda. Pero no parece ser el criterio fundamental que guía la acción de CONELA. También CONELA afirma que está en la línea de la Conferencia Evangélica de Panamá 1916. Pero el apresuramiento con que se ha organizado, la falta de estudio serio de las bases, la estrechez de criterio en las invitaciones, todo ello es contrario al espíritu de Panamá 1916. Así que aunque CONELA invoca un documento evangélico y un pasado evangélico, en su práctica muestra las mismas fallas y la misma política que os resultan inadmisibles en CLAI. El tiempo dirá dónde hay una alternativa de unidad y cooperación evangélica. Todo evangélico consciente debe orar y estar atento.[96]

El brasileño Valdir Steuernagel analizó la situación de una manera similar.

> Aunque CONELA apareció para ofrecer a los evangélicos latinoamericanos un foro representativo, fue concebido desde el principio en oposición al Concilio Latinoamericano de Iglesias CLAI. Además, fue articulado en oposición al énfasis que

---

95 *Ibíd.*, p. 109.
96 *Ibíd.*, p. 110.

enfatizó la FTL desde su comienzo: una iglesia auténticamente latinoamericana, que enfrente la tarea de proclamar el evangelio de Jesucristo en un ambiente de sufrimiento, en una situación latinoamericana trágica y culturalmente rica. Al fondo de las tensiones entre los evangélicos latinoamericanos está la tensión que ha caracterizado la historia del movimiento de Lausana: ¿de qué se trata el evangelio de Jesucristo? ¿Es posible proclamar este evangelio sin relacionarlo a la totalidad del contexto en que es anunciado? Si este evangelio es verdaderamente predicado y aceptado, ¿cómo afecta este hecho el contexto completo de la vida, y cómo va la iglesia emergente a articular y cumplir su misión cristiana en ese mismo contexto?[97]

Pareciera que hubo otros factores que atizaron la formación de CONELA. David Stoll mencionó, por ejemplo, que a los evangélicos latinoamericanos no les gustaba la fuerte dependencia financiera del CLAI con el Concilio Mundial de Iglesias, y, por lo tanto, "se ofendieron por lo que consideraron eran pronunciamientos políticos radicales. Aquí había, temían ellos, otro frente que no los representaba".[98] Stoll explicó:

> Pero CONELA no fue únicamente una reacción a los esfuerzos organizativos de los evangélicos ecuménicos. También reflejó una división entre evangélicos que se adherían al Pacto de Lausana. Esto aparece en el germen mismo del nuevo cuerpo, en 1980, en la conferencia financiada por Billy Graham en Pattaya, Tailandia. Los hombres que organizaron la primera sesión de CONELA querían mantener alejados, no solamente protestantes claramente ecuménicos, que había pocos en Pattaya, pero también a un número mayor de evangélicos que deseaban mantener diálogo con ellos. Eso implicó excluir a evangélicos comprometidos con el Pacto de Lausana, en particular

---

[97] Steuernagel, p. 226.

[98] David Stoll, *Is Latin America Turning Protestant? The Politics of Evangelical Growth*, Berkeley y Los Angeles: University of California Press, 1990, p. 133.

varios de los miembros más reconocidos de la Fraternidad Teológica Latinoamericana. El liderazgo de CONELA tuvo pocos miembros de la Fraternidad, quienes no se afiliaron ni a CONELA ni a CLAI, con la vana esperanza de servir como puente entre las dos.[99]

Tanto la FTL como CONELA decían ser descendientes de Lausana, y las dos, consecuentemente, adoptaron el Pacto de Lausana como su documento fundamental. ¿Cómo se explica, entonces, la división profunda entre ellos? En palabras de Luis Palau:

Cuarenta de nosotros, representantes latinoamericanos, nos reunimos espontáneamente para analizar la creación de una entidad que pudiera abrir canales de comunicación entre los líderes, las iglesias y las organizaciones de servicio en América Latina. Formamos un comité *ad hoc* con el nombre de CONELA con la orden de convocar una reunión continental en 1982. Cerca de doscientos líderes latinoamericanos distinguidos llegaron a Panamá ese abril, y CONELA fue oficialmente fundada. En ese tiempo no era difícil resaltar la importancia de la labor de CONELA. Las ideologías izquierdistas estaban penetrando la iglesia latinoamericana y no había una defensa unida del evangelio bíblico, ni una ofensiva de cómo debían los creyentes aplicar los principios bíblicos en sus iglesias.[100]

Para un observador externo, "el propósito de CONELA incluye el ser un enlace entre los evangélicos, para promover la unidad espiritual, el evangelismo, la reflexión teológica, el crecimiento de la iglesia y la exposición de los principios bíblicos para la participación de la iglesia en la sociedad".[101] No quedaba, sin embargo, muy claro qué tipo de unidad se promovía, ya que "los estatutos de CONELA

---

[99] *Ibíd.*

[100] W. Harold Fuller, *People of the Mandate: The Story of the World Evangelical Fellowship*, Grand Rapids: Baker Book House, 1996. Prefacio por Luis Palau, p. xii.

[101] Paul E. Pretiz, "CONELA, Raises its Flag in Panama", *Latin American Evangelist*, setiembre–octubre, 1982, p. 19.

prohíben a sus miembros tener relación ni con el Concilio Mundial de Iglesias ni con el Concilio Internacional de Iglesias Cristianas".[102] También un buen número de iglesias conservadoras estaban apoyando a CLAI, dando así la impresión de que no había necesidad de CONELA. Además, parecía que se repetía mucho de lo que ya la FTL estaba haciendo. Cualesquiera hayan sido las razones para comenzar CONELA, todo eso nos da una idea de la complejidad de la situación de los evangélicos en la década de los ochenta. Había muchas cosas sobre la mesa, aunque cada grupo traía su propia agenda, que no incluía comer juntos.

Todo eso, sin duda, marcó una década difícil, ya que la esperanza de lograr la unidad se desvaneció. Mientras tanto, a finales de los setenta y en los ochenta, la FTL permaneció activa en varias reuniones internacionales: con el Comité de Lausana, la Consulta en Pasadena sobre el Principio de las Unidades Homogéneas (1977), la Consulta en Willowbank, Bermuda, sobre el Evangelio y la Cultura (1978), en Inglaterra la Consulta sobre un estilo de vida sencillo (1980), Consulta sobre la Evangelización Mundial en Pattaya, Tailandia (1980), y la Consulta sobre la relación entre la evangelización y la responsabilidad social en Grand Rapids, Michigan, Estados Unidos (1982). También la reunión en Suiza con la Alianza Evangélica Mundial y el Concilio Mundial de Iglesias sobre el uso de la Biblia en la teología (1976), la Consulta de Teólogos Evangélicos de la Misión en el Mundo de los Dos Tercios, Bangkok, Tailandia (1982), la Conferencia de Teólogos del Tercer Mundo en Corea (1982), la conferencia Contexto y Hermenéutica en las Américas en Tlayacapan, México (1983), y la Tercera Consulta de Teólogos Evangélicos de la Misión en el Mundo de los Dos Tercios en Nairobi, Kenia (1987).

También hubo mucho trabajo local de reflexión teológica. René Padilla, por ejemplo, visitó de nuevo la cristología evangélica latino-americana y la describió como *doceta*: "Afirma el poder transformador

---

[102] "Latin American Evangelicals Unite", *Evangelical Missions Quarterly* 19, n.º 1, 1983, p. 66. También, Conard, p. 18.

de Cristo para el individuo, pero es totalmente incapaz de relacionar al evangelio con la ética y la vida social".[103] Recordemos que Mackay, Justo González, José Míguez y otros también habían desarrollado ese tema. Padilla consideró a los evangelios como documentos históricos confiables y por eso llamó a que los evangélicos tomaran en serio la humanidad de Jesús con sus implicaciones éticas: "A menos que le demos a la humanidad de Jesús su importancia plena, no podremos establecer una relación real entre su misión y la de sus seguidores".[104]

> La cuestión básica para los cristianos latinoamericanos tiene que ver con la forma en que la fe en Jesús se manifiesta en su situación concreta. Ya que la Palabra se hizo carne, ellos no pueden más que afirmar que la historia es el contexto en el cual Dios está llevando a cabo su voluntad redentora. La historicidad de Jesús no deja espacio para un dualismo que separe al alma del cuerpo, o para un mensaje preocupado exclusivamente con la salvación después de la muerte, o para una iglesia que se aísla de la sociedad y se convierte en un gueto.[105]

Los evangélicos en América Latina deberían considerar urgente, dijo Padilla, su contexto de "opresión y legalismo religioso, injusticia y pobreza, riqueza y poder". Además, la iglesia evangélica latinoamericana necesitaba entender a la cruz de Cristo y su poder para llegar a ser la sierva de Dios en un ambiente deshumanizante y violento. En su respuesta a Padilla, Emilio Antonio Núñez estuvo de acuerdo con que las ideas religiosas sobre Jesús, tanto católicas como evangélicas, no eran totalmente bíblicas. Núñez, entonces, añadió:

---

[103] C. René Padilla, "Toward a Contextual Theology from Latin America", en Mark Branson y C. René Padilla, eds., *Conflict and context: Hermeneutics in the Americas. A report on the context and hermeneutics in the Americas Conference Sponsored by Theological Students Fellowship and the Latin American Theological Fraternity, Tyayacapan, México, November 24–29, 1983,* Grand Rapids: William B. Eerdmans Publishing Company, 1986, p. 83.

[104] *Ibíd.,* p. 84.

[105] *Ibíd.,* p. 90.

Mi pregunta principal como predicador y maestro latino-americano es cómo recuperar en mi propio pensamiento y enseñanza teológicos la humanidad de Cristo sin caer en la trampa de otra ideología. Una de las razones de por qué heredamos una cristología que entiende únicamente la deidad de Cristo, es que muchos de los misioneros que vinieron a América Latina salieron de la controversia liberal-conservadora en Norteamérica. En su apologética, ellos procuraban defender la deidad de Cristo en respuesta a los desafíos liberales. La apologética que me enseñaron en la escuela bíblica, cuarenta años atrás, enfatizaba la divinidad de Cristo. Ahora nos damos cuenta de que esa cristología y esa apologética estaban bajo la influencia de una ideología particular. Pero es muy fácil dejar un extremo y caen en otro. Ahora se supone que debo predicar al Jesús histórico, un Jesús que se hizo al lado del pobre.

Después de la Segunda Guerra Mundial había un fuerte sentimiento anticomunista en los círculos evangélicos en Norteamérica y Latinoamérica. Para ser un evangélico verdadero, un evangélico genuino, se suponía que uno debía ser fiel a las políticas del Departamento de Estado de los Estados Unidos y del Pentágono. Los evangélicos debían, supuestamente, defender al capitalismo. Pero ahora nos enfrenta otro desafío. Para ser evangélicos genuinos y auténticos, se supone que defendamos una forma particular de socialismo. En los primeros días se nos pidió que nos pusiéramos el sombrero del Tío Sam. Ahora, se me pide que me ponga la boina del Che Guevara.[106]

Las palabras de Núñez describían muy bien las tensiones y cuestionamientos que enfrentaban los evangélicos en esos días. Su

---

[106] Emilio Antonio Núñez, "Response to Padilla", en Mark Branson y C. René Padilla, eds., en *Conflict and Context: Hermeneutics in the Americas. A report on the Context and Hermeneutics in the Americas. Conference Sponsored by Theological Students Fellowship and the Latin American Theological Fraternity Tyayacapan, México, November 24–29, 1983*, Grand Rapids: William B. Eerdmans Publishing Company, 1986, p. 96.

búsqueda sincera lo llevó a escribir y publicar un libro sobre el asunto.[107] Allí, él describió el contexto social e histórico de las teologías de la liberación, su metodología y temas fundamentales. Pero también propuso una respuesta evangélica a esas teologías. Para Núñez, la teología evangélica latinoamericana debía ser "*bíblica* en sus fundamentos; *eclesiástica,* en su estrecha relación con la comunidad de fe; *pastoral,* en su intento de ser voz orientadora para el pueblo de Dios; *contextualizada,* en cuanto a lo cultural y social, y *misionera* en su propósito de alcanzar a los no cristianos con el evangelio".[108] Existía cierto desdén por la reflexión teológica entre los evangélicos conservadores que favorecían más bien la acción pragmática. Por eso, Núñez llamó a los evangélicos a "sentarnos a escudriñar exegéticamente la Palabra de Dios, no solo para comprobar o defender nuestra teología, sino especialmente para descubrir lo que el texto bíblico tenga que decirnos en esta situación crítica en la cual nos ha tocado vivir." Y añadió:

> Por otra parte, es muy fácil huir de la problemática actual refugiándose en un meticuloso ejercicio exegético que no fructifica en una teología para el aquí y ahora de nuestro pueblo. Resulta bastante cómodo enfrascarnos en el estudio de las remotas culturas bíblicas mientras le damos las espaldas a la cruda realidad que nos rodea. Es también posible correr a refugiarnos en el futuro y llegar a ser prominentes escatólogos que dicen muy poco o nada sobre la realidad presente que acongoja al pueblo latinoamericano. Escapándonos al pasado y al futuro, trazamos un arco teológico por encima de los problemas angustiosos de la América Latina. Si hay referencia a estos problemas el toque es tangencial, no profundo.
>
> Necesitamos, por lo tanto, que se multiplique el número de teólogos *evangélicos* latinoamericanos que estando rigurosamente entrenados en las ciencias bíblicas y teológicas puedan

---

107 Emilio Antonio Núñez C., *Teología de la liberación*, Miami: Caribe, 1986.
108 *Ibíd.*, p. 257.

interpretar las señales de los tiempos a la luz de la revelación escrita, instruir adecuadamente a los futuros pastores y maestros del pueblo de Dios, y darle impulso al pensamiento evangélico latinoamericano.[109]

La teología evangélica latinoamericana, para Núñez, necesitaba encontrar en la Biblia las respuestas a las preguntas de la gente en la calle. Los intérpretes bíblicos tenían que ser cuidadosos para no atribuirle al texto un significado ajeno porque "no hay necesidad de tergiversar la Escritura para responder a los interrogantes de nuestros coterráneos." Además:

> Abunda la Biblia en enseñanzas sobre la dignidad del ser humano (incluyendo a ambos sexos); la libertad y la esclavitud; la justicia personal y social; la propiedad privada; la riqueza y la pobreza; las relaciones laborales; la paz y la guerra; los deberes y privilegios de la familia; el origen y naturaleza del Estado; las atribuciones y limitaciones del poder civil; los deberes cívicos del cristiano; la filantropía cristiana (las *buenas obras* como fruto de salvación); en fin, las relaciones humanas en la familia, en la comunidad de fe, en el orden civil, en la escena internacional.[110]

Lo que el pueblo latinoamericano necesitaba, era para Núñez, que escuchara el evangelio y que lo viera reflejado en la vida de los cristianos. Por eso dijo: "Nuestra respuesta teológica a la Palabra de Dios y a los problemas candentes de la sociedad latinoamericana debe ir respaldada por una praxis auténticamente cristiana". Luego, con voz de profeta, Núñez hizo un llamado a los evangélicos:

> En la América Latina hay iglesias que corren el peligro de volverse *clasistas*, indiferentes a las grandes mayorías que sufren los resultados más deplorables de nuestro subdesarrollo

---

109 *Ibíd.*, p. 258.
110 *Ibíd.*, p. 262.

económico y social. Según parece, la clase media, que ha luchado para llegar a esa altura, se consagra fácilmente a conservar sus logros, y aún a mejorarlos procurando subir un peldaño más en la escala social, dándole las espaldas a las clases menos privilegiadas. Las iglesias que surgen de esta movilidad social pueden fácilmente olvidarse de las demandas del discipulado cristiano y del ejemplo del Señor Jesús, quien tuvo compasión de las multitudes que andaban esparcidas y maltratadas como ovejas sin pastor.[111]

Las palabras de Núñez contrastan con las *sugerencias* tímidas de CONELA en su Consulta Teológica sobre la Responsabilidad Social, que se realizó en Panamá en setiembre de 1983. Si el documento final refleja el tenor de la reunión, en realidad no dice nada sobre el tema. Sus recomendaciones son tan generales que tuvieron éxito en evitar todo plan de acción real:

* Que se organicen reuniones multidisciplinarias para líderes evangélicos a nivel local, regional e internacional con el fin de continuar el estudio de temas como los siguientes: Libertad y liberación. Servicio Social y Acción Social. Participación de la Iglesia en el proceso político. Ministerio profético de la Iglesia. Riqueza y Pobreza, y otros problemas semejantes.

* Que las instituciones de educación teológica den mayor énfasis al tema de la responsabilidad social y celebren consultas nacionales e internacionales para institutos y seminarios.

* Que se estimule la publicación y lectura de literatura que a diferentes niveles oriente al pueblo cristiano sobre su responsabilidad social.

* Que las iglesias locales involucren a los profesionales en proyectos de responsabilidad social.[112]

---

[111] *Ibíd.*, p. 266.
[112] "Confraternidad Evangélica Latinoamericana - CONELA. Informe de la Consulta Teológica sobre la Responsabilidad Social", *Misión* 3, n.° 2, 1984, p. 76.

CONELA dijo haber sido influida por reuniones internacionales previas que habían tratado el tema de la evangelización y la responsabilidad social: Wheaton 1966, Bogotá 1969, Lausana 1974, Lima 1979, Grand Rapids 1982 y Wheaton 1983. Los informes finales de dichas conferencias contenían suficiente material e ideas prácticas que CONELA podía utilizar en su reunión en Panamá 1983. Por ejemplo, la Consulta sobre la Relación entre la Evangelización y la Responsabilidad Social que el Comité de Lausana llevó a cabo en Grand Rapids, Michigan, Estados Unidos en junio de 1982. Miembros de CONELA y de la FTL participaron en las discusiones lideradas por John Stott. El documento final era explícito:

> La acción social no solamente sigue al evangelismo como su consecuencia y objetivo, y lo precede también como su puente, sino que también lo acompaña como su *socio*. Son como los dos filos de las tijeras de cortar o como las dos alas de un pájaro. Esta mancomunidad está claramente vista en el ministerio público de Jesús, quien no solo predicó el evangelio sino que dio de comer a los hambrientos y sanó a los enfermos. En su ministerio, el *kerygma* (proclamación) y la *diaconía* (servicio) caminaron brazo a brazo. Sus palabras explicaron sus obras, y sus obras dramatizaron sus palabras. Ambas fueron expresiones de su compasión por la gente, y ambas deben ser también de la nuestra. Ambas igualmente surgen del señorío de Jesús porque Él nos envía al mundo tanto a predicar como a servir. Si proclamamos las buenas nuevas del amor de Dios debemos manifestar su amor en nuestra preocupación por los necesitados. Ciertamente, tan cercano es este nexo entre la proclamación y el servicio que realmente se traslapan.
>
> Esto no es para decir que deben ser confundidos el uno con el otro, puesto que el evangelismo no es la responsabilidad social, ni la responsabilidad social es evangelismo. Como quiera, cada uno envuelve al otro. Proclamar a Jesús como Señor y Salvador (evangelismo) tiene implicaciones sociales, puesto que el evangelismo convoca a la gente a arrepentirse de los pecados

personales y sociales y a vivir una nueva vida de justicia y paz en la nueva sociedad que desafía a la antigua sociedad. Dar de comer al hambriento (responsabilidad social) tiene implicaciones evangelísticas, si son hechas en el nombre de Cristo puesto que las buenas obras de amor son una demostración y recomendación del evangelio. Se ha dicho, entonces, que el evangelismo pese a que no tiene una intención social primaria sí tiene una dimensión social, mientras que la responsabilidad social, pese a que no tiene una intención primariamente evangelística sí tiene una dimensión evangelística. Así, el evangelismo y la acción social, aunque distintos el uno del otro, están integralmente relacionados en nuestra proclamación y obediencia del evangelio. Esta relación es, en realidad, un matrimonio.[113]

En Grand Rapids se definió al servicio social como: "Alivio de la necesidad humana, actividad filantrópica, búsqueda de ministrar a los individuos y a las familias, y obras de misericordia". Por su parte, a la acción social se definió como: "Remoción de las causas de la necesidad humana, actividad política y económica, búsqueda de transformar las estructuras de la sociedad, y búsqueda de la justicia".[114] Sin embargo, se reconoció que muchas veces las distinciones entre las dos no son claras y que muchas veces se cruzan en la práctica. El informe añade:

Estamos de acuerdo en que paralelo al evangelismo personal debería haber un servicio social personal. Los cristianos individuales deben estar involucrados en ambos, según sus oportunidades, dones y llamado.

¿Y qué de la acción social de tipo político, en contraposición con el servicio social de tipo filantrópico? ¿Pertenece la acción

---

[113] *El evangelismo y la responsabilidad social: Un compromiso evangélico conservador*, vol. 21, Informe de Grand Rapids, *Documentos periódicos de Lausana,* Grand Rapids: Lausanne Committee for World Evangelization and World Evangelical Fellowship, 1982, p. 24.

[114] *Ibíd.,* p. 44.

social a la misión de la iglesia como iglesia, o es solo una prerrogativa de los creyentes individuales que conforman la iglesia, amén de los grupos? No tenemos ninguna duda en cuanto a los individuos y a los grupos. La iglesia debe animar a sus miembros a constituirse en ciudadanos conscientes a tomar la iniciativa para fundar y operar programas sociales, a informarse a sí mismos en cuanto a cuestiones políticas y a interceder o disentir de acuerdo a su consciencia. Puesto que la acción individual generalmente está limitada en sus efectos, los cristianos deben también ser animados a formar o a unirse en grupos y movimientos que se preocupan de las necesidades específicas en la sociedad, llevan adelante investigaciones de problemas sociales y organizan acción apropiada. Nosotros le damos la bienvenida a la existencia y actividad de estos grupos porque ellos suplementan la obra de la iglesia en muchas áreas importantes. Los cristianos también deben ser alentados a participar responsablemente en el partido político de su preferencia, en su sindicato o asociación de negocios y en movimientos similares. Siempre que sea posible, deben formar un grupo cristiano dentro de ellos y/o empezar o unirse a un partido, sindicato, o movimiento cristiano, a fin de desarrollar específicamente la política cristiana.[115]

René Padilla calificó el informe de Grand Rapids como un hito en la comprensión evangélica de la misión cristiana en el mundo moderno: "Si, como afirma este documento, la evangelización y la responsabilidad social están tan unidas entre sí que son en realidad un matrimonio, es obvio que la prioridad de evangelización mencionada en el Pacto de Lausana no significa que la evangelización ha de ser considerada más importante que su compañera en todo momento y en todo lugar. Si así fuese, ¡algo andaría mal con el matrimonio!".[116]

---

[115] *Ibíd.*, p. 47.

[116] C. René Padilla, "Evangelización y responsabilidad social: De Wheaton '66 a Wheaton '83," *Misión* 4, n.º 3, 1985, p. 88.

Tal vez ésa fue la confusión en CONELA. Para ellos, la evangelización y la responsabilidad social ni siquiera eran novios.

También, el documento final de Wheaton 1983 expandió las aplicaciones prácticas sobre la cuestión de la evangelización y la responsabilidad social de la iglesia. CONELA tenía en ese documento material de sobra para aplicarlo al asunto.

> Los seguidores de Cristo, por lo tanto, están llamados de un modo u otro, a no conformarse con los valores de la sociedad sino más bien a transformarlos (Ro 12.1–2; Ef 5.8–14). Este llamado surge de nuestra confesión de que Dios ama al mundo y que el mundo le pertenece a Él. Es cierto que Satanás está activo en este mundo, al grado de reclamar que le pertenece (Lc 4.5–7). Sin embargo, Satanás es un usurpador, sin derechos de propiedad aquí. Toda la autoridad en el cielo y en la tierra ha sido dada a Cristo Jesús (Mt 28.18; Col 1.15–20). Aun cuando su señorío no es reconocido por todos (Heb 2.8) Él es el gobernante de todos los reyes de la tierra (Ap 1.5), Rey de reyes y Señor de señores (Ap 19.16). En fe, confesamos que el viejo orden está pasando; el nuevo orden ya ha empezado (2Co 5.17; Ef 2.7–10; Mt 12.18; Lc 7.21–23).[117]

En Wheaton 1983 se usó el término *transformación* en lugar de *desarrollo* para describir "el cambio de una condición de existencia humana contraria a los propósitos de Dios a una en la cual las personas estén en capacidad de disfrutar ampliamente de la vida en armonía con Dios." Además,

> Hemos llegado a ver que la meta de la transformación está mejor descrita en la visión bíblica del Reino de Dios. Este nuevo modo de ser humano en sumisión al Señor de todo tiene muchas facetas. En particular significa esforzarnos por traer la paz a los individuos, razas y naciones sobreponiéndonos a los prejuicios, temores e ideas preconcebidas acerca de los demás. Significa el

---

[117] Pedro Arana Quiroz, ed., *Teología del camino: Documentos presentados en los últimos veinte años por diferentes comunidades cristianas de América Latina*, p. 148.

compartir recursos básicos tales como comida, agua, medios de sanidad y conocimientos. También significa trabajar para una mayor participación de las gentes en las decisiones que afectan sus vidas, haciendo posible que reciban de otros y den de sí mismos equitativamente. Finalmente, significa el crecer dentro de Cristo en todas las cosas como un cuerpo de gentes que dependen de la obra del Espíritu Santo y de unos con otros.[118]

Servir a los pobres no se deberá limitar a obras de misericordia, sino también debería incluir cambiar las estructuras sociales de maldad que mantienen la pobreza. Wheaton 1983 desafió a los creyentes a combinar ambas y estar dispuestos a sufrir las consecuencias. La acción política y económica va al lado de la evangelización. Por ello, las iglesias deberían involucrarse en la sociedad y confrontar el mal y la injusticia social, incluyendo participación en protestas públicas. Por todo esto, para Padilla, Wheaton 1983 completó el proceso de conformar una consciencia social evangélica: "Puso en evidencia que para un considerable número de evangélicos la evangelización no puede divorciarse de un compromiso significativo con la gente en sus necesidades concretas".[119]

Estas ideas y otras similares las expandió Samuel Escobar en la agenda teológica que definió a comienzos de los ochenta. Delineó cuatro áreas principales para la tarea teológica: la hermenéutica, la contextualización, la cristología y la eclesiología.[120] Aunque al definir esta agenda, Escobar tenía en mente a la FTL, ella reflejaba en gran parte la necesidad teológica en las iglesias evangélicas. La idea principal en esa agenda era la evaluación de los modelos teológicos recibidos a la luz de la compleja situación latinoamericana y sus desafíos, para así desarrollar una respuesta bíblica y teológica que pudiera ayudar a los evangélicos en su misión.

---

[118] *Ibíd.*, 151.

[119] Padilla, "Evangelización y responsabilidad social: De Wheaton '66 a Wheaton '83," p. 89.

[120] Samuel Escobar, "La agenda teológica para el futuro", *Boletín Teológico* 4, n.° 2, 1981.

Samuel Escobar expandió su agenda en el libro que escribió sobre las teologías de la liberación. Por un lado, rechazó el elemento y el análisis marxista en esas teologías, y por otro lado reconoció que la forma en que muchos católicos estaban sirviendo a los necesitados en medio de situaciones difíciles y con grandes sacrificios era un llamado de atención a la conciencia evangélica. Escobar advirtió, sin embargo, que "sería trágico que solo por temor a los excesos de una teología de la liberación que coloca la praxis marxista en primer lugar, los evangélicos optaran por la indiferencia, por el apoyo acrítico a regímenes opresivos y corruptos y por el abandono de una gloriosa herencia evangélica que ve el evangelio como factor de cambio". Añadió también que "sería trágico que en respuesta a estas nuevas situaciones los evangélicos se volviesen conservadores o defensores de un orden social injusto tanto en lo nacional como en lo internacional. Para las iglesias y comunidades evangélicas arraigadas en nuestras tierras, éste es el desafío que la teología de la liberación presenta y hay que tomarlo en serio".[121] En cuanto a la praxis, Escobar explicó que:

> La praxis evangélica es cristocéntrica y se define a partir del evangelio. No hay que dejarse intimidar por quienes, partiendo de una concepción marxista de praxis y una visión materialista dialéctica de la realidad y la historia, solo consideran praxis lo que es políticamente significativo desde su perspectiva ideológica. La praxis evangélica es conocer a Jesucristo y ese conocimiento se expresa en hacer el bien. Culto y ética van juntos en el antiguo y el Nuevo Testamentos. Es praxis evangélica la vivencia diaria de la fe en el hogar, en el seno de la comunidad cristiana y en el ámbito más amplio de la comunidad civil. La fe debe ser llevada a la praxis bajo cualquier circunstancia social y política. No solo tienen praxis aquellos cuyas acciones tienen repercusión pública y política o intención de transformar las estructuras.

---

[121] Samuel Escobar, *La fe evangélica y las teologías de la liberación*, El Paso: Casa Bautista de Publicaciones, 1987, p. 182.

Las vidas sencillas de los creyentes comunes y corrientes son la práctica del reino de Dios que está produciendo su efecto en el Perú o en Rusia, en Estados Unidos o en Cuba, en China o en África del Sur.[122]

Después de más de una década como coordinador de la FTL, el peruano Pedro Savage también propuso un itinerario para el quehacer teológico en América Latina. Explicó las características de la producción teológica de la FTL en esos años. Para él, la teología era una vocación cristiana de los que tienen el llamado y los dones de Dios para esa labor. Los teólogos son personas que desarrollan una cosmovisión teológica y bíblica. Ellos interactúan con las ciencias sociales, pero no aceptan fácilmente sus conclusiones ni las consideran del mismo nivel que la Biblia. La teología es parte importante de la misión de la iglesia y por eso es para la iglesia. La teología no se hace desde el escritorio, en cambio "refleja y escucha desde el polvo de la batalla en la cual está involucrada la iglesia; en el *smog* de las problemáticas que la confunden; en los dolores que le crean angustia de la vida en la sociedad".[123] Los teólogos son conscientes de la dirección del Espíritu Santo y están totalmente inmersos en su contexto histórico.

Savage enumeró diez temáticas en su agenda teológica.

* Desarrollar un acercamiento hermenéutico y postura teológica en este siglo.
* Dios, su reino y la historia.
* El pobre, un hecho sociológico o una clave hermenéutica.
* El pecado: un concepto anticuado.
* La liberación, ¿salvación de qué y para qué?
* La nueva humanidad en Cristo Jesús. El nuevo hombre, la nueva humanidad.
* Cristo Jesús: ¿quién dicen que soy?

---

[122] *Ibíd.*, p. 191.
[123] Peter Savage, "El quehacer teológico en el contexto latinoamericano", *Boletín Teológico* 5, n.º 1, 1982, p. 6.

* La naturaleza de la iglesia.

* La iglesia y el Estado.

* El pueblo global: la interdependencia de los seis continentes.

En su agenda, Savage tenía en mente no sólo los desafíos de las teologías de la liberación y la necesidad de que los evangélicos dialogaran con ellas, sino también otras teologías importadas y sus programas. En cierta forma, esa agenda reflejaba lo que ya se venía haciendo y además marcaba una ruta para los años siguientes.

Emilio Antonio Núñez añadió otros énfasis a la agenda teológica de Savage en su "Carta a Jóvenes Teólogos".[124] La iglesia, según Núñez, siempre necesitará a los teólogos para que crezca espiritualmente y en misión. Pero debe ser una teología forjada en el yunque del ministerio cristiano y no solamente un asunto de especialistas académicos que no tienen ninguna relación con la comunidad cristiana.

El que ha sido llamado a profundizar en la teología posee una mentalidad teológica: su mente es atraída de manera irresistible por la teología. Esto no significa que él sea más inteligente o menos inteligente que otros. Pero su interés en asuntos teológicos es notorio y va en aumento cada día. Tiene una curiosidad insaciable. Nunca está satisfecho con el conocimiento adquirido. Los libros son su pasatiempo favorito. Lee incansablemente. El espíritu de investigación le subyuga. No se deja convencer con respuestas fáciles o superficiales. Quiere llegar siempre al meollo del asunto, aparte de todo adorno retórico. Se disciplina a sí mismo en la búsqueda de la verdad. Es sistemático y escrupuloso en esa búsqueda apasionada. No le importa el costo de su vocación. Vive por ella y para ella. Éste es su servicio a Dios. Mientras otros van por el aplauso de las multitudes, él se consagra a su labor silenciosa de pensador

---

[124] Emilio Antonio Núñez C, "Carta a jóvenes teólogos", *Boletín Teológico* 5, n.° 1, 1982.

cristiano. Sabe que cuando los aplausos no se escuchan más, las ideas seguirán triunfantes, porque la Palabra del Señor permanece para siempre (1P 1.25).[125]

Un teólogo, de acuerdo con Núñez, es alguien que considera a la Biblia como su máxima autoridad, lo que le provee certidumbre al enfrentar otras ideas y desafíos. Es alguien que sigue el ejemplo de su Maestro caminando entre la gente y sensible a sus tragedias: "Tiene cerebro, pero no le falta corazón; le abundan las lágrimas, pero no es renuente a la acción. Su teología surge no solamente ante un escritorio, sino también en la relación estrecha con los seres humanos, en la lucha diaria por la vida".[126] La teología se hace en el contexto de la comunidad cristiana donde el teólogo debe oponerse a todo provincialismo y nacionalismo teológicos. La teología va más allá que la teoría, debe encarnarse en la vida del creyente. Como dijo Núñez: "Es ortopraxis, no tan solo ortodoxia". No debería haber ninguna dicotomía entre la teología y la praxis eclesiástica. Los pastores, evangelistas, consejeros y otros ministerios necesitan la teología para ser efectivos. Dicha dicotomía era lo que para Núñez causaba el *subdesarrollo teológico* de los evangélicos latinoamericanos.

Padilla, Núñez, Savage y Escobar veían a la teología evangélica latinoamericana como un proceso en desarrollo. Estaba en movimiento y ya no se podía parar. Sus comentarios dejan ver que, desde los comienzos de la década de los ochenta, los evangélicos habían tomado en serio su labor teológica. Pero también queda claro que todavía faltaba mucho por hacer. Casi un siglo de dependencia teológica había creado una cultura difícil de combatir. Además, las políticas denominacionales y eclesiásticas se oponían a cualquier cambio. Pero los teólogos radicales e iconoclastas no querían seguir lo mismo. Ya habían probado la madurez teológica y les había gustado. El tira-y-afloje seguía, pero eso no los iba a impedir que

---

125 *Ibíd.*, p. 154.
126 *Ibíd.*, p. 155.

jalaran aún más fuerte en la dirección de una teología evangélica auténticamente latinoamericana.

Al mismo tiempo que Savage definió su agenda teológica, apareció una nueva revista evangélica: *Misión*, dirigida por René Padilla. Era una revista para lectores cristianos que presentaba los temas desde una perspectiva evangélica. Era, además, una publicación *Hecha en América Latina*, por latinoamericanos con algunas contribuciones ocasionales de autores extranjeros que vivían en América Latina. El foco de la revista era la vida y misión de la iglesia, lo que la hacía una revista misionológica. *Misión* promovía la evangelización tal como la definía la cuarta sección del Pacto de Lausana: "la proclamación del Cristo histórico y bíblico como Salvador y Señor con la mira a persuadir a la gente a venir a Él personalmente y reconciliarse así con Dios". Padilla explicó que el Pacto de Lausana dejaba claro que la evangelización no se podía separar de la acción política y social, el discipulado y la unidad de la iglesia. Por ello:

> Si la evangelización es inseparable de la acción social y política, los evangélicos no podemos cerrar los ojos frente al drama que viven nuestros pueblos. Según datos provistos por las Naciones Unidas, por ejemplo, el 75% de los niños en El Salvador sufren de desnutrición, el 67% de mujeres campesinas dan a luz sin ninguna atención médica, el 60% de la tierra está en manos del 2% de la población, el porcentaje de analfabetos supera el 50%, el 90% de salvadoreños gana menos de US$100 por año. A lo largo y lo ancho de nuestro continente hay hambre y desnudez, enfermedad e ignorancia, explotación y desempleo, violencia y opresión, injusticia y abuso del poder. ¿Qué papel nos corresponde en medio de esta trágica situación a quienes llevamos el nombre de Cristo? ¿Qué forma debe tomar la misión, si ha de ser fiel al evangelio a la vez que pertinente?[127]

En cuanto a la relación de la evangelización y el discipulado, Padilla exhortó a los evangélicos a no conformarse con solamente llenar

---

[127] C. René Padilla, "El nacimiento de una revista", *Misión* 1, n.° 1, 1982, p. 6.

templos, sino que debían estar seguros de que los creyentes mostraran en sus vidas los valores del reino de Dios. Su pregunta fue: "¿Qué significa ser testigo de Jesucristo en el mundo de los negocios, las comunicaciones sociales, la ciencia, el arte, las luchas sindicales, la política? ¿Qué estilo de vida encarna los valores del Reino en medio de una sociedad dominada, no por el hambre y la sed de justicia, sino por el insaciable desde de tener para ser?". Al final, Padilla se refirió a la relación entre la evangelización y la unidad de la iglesia. A la luz de la formación de CONELA y del CLAI ese mismo año, expresó la necesidad de abrir canales de comunicación entre los diferentes sectores de la iglesia. Preguntó, entonces, "¿Cómo podemos vivir la unidad cristiana en nuestro medioambiente, a fin de que se cumpla la oración de Jesucristo: 'Que estén completamente unidos, para que el mundo crea que tú me enviaste'?".[128]

El primer número de *Misión* incluyó el informe de una consulta que la Misión Latinoamericana (LAM) realizó para analizar el contexto para la misión en la región en los años ochenta.[129] En el campo político seguirían en pie el militarismo, la inestabilidad y las intervenciones de los Estados Unidos. Se necesitaba un equilibrio entre la energía, la ecología y el crecimiento económico que en varios países no existía lo que traía resultados negativos para la población. América Latina estaba experimentando una explotación acelerada de sus recursos naturales alentada por un consumismo alocado. Económicamente, los ricos se hacían más ricos y los pobres más pobres. También, Latinoamérica iba a mantener la dependencia tecnológica. La población llegaría a los seiscientos millones con una concentración urbana, creando así mayores problemas de vivienda, educación, saneamiento, transporte y salud pública.

En lo que se refiere a la situación del evangelio en el Tercer Mundo y en particular en los países de habla española y portuguesa, los consultores ven motivos de esperanza. Grandes

---

[128] *Ibíd.*

[129] W. Dayton Roberts, "América Latina en la década de los 80", *Misión* 1, n.º 1, 1982.

sectores del pueblo evidencian una fe vibrante en Jesucristo, lo que constituye un fenómeno creciente en América Latina. Pero a la vez, les preocupan ciertas tendencias hacia la religiosidad popular y el control centralizado dentro de la comunión católica, además de la gran falta de visión misionera y la ausencia de una consciencia respecto al estilo de vida consecuente de la iglesia evangélica, la cual se halla en tan rápido crecimiento.[130]

El estilo de vida de la mayoría de los evangélicos era egoísta y consumista, reflejando así la mentalidad de la clase media. Otros problemas que continuaban eran la crisis en la educación teológica, pérdida de valores familiares, carencia de visión misionera, y un pietismo pasivo sin preocupación social. Sin embargo, los desafíos más grandes para los evangélicos en esa década eran, para los consultores de LAM, el extremismo político, el movimiento carismático, y la espiritualidad de orientación extramundanal. El informe concluyó con una nota esperanzadora: "un pietismo más maduro que entrañe una vitalidad evangelística y un mayor compromiso con la justicia social y el servicio podría ser la bendición más grande para un continente en conflicto".[131]

En los años ochenta, la teología evangélica latinoamericana no era un fenómeno aislado. Más bien, era parte de un desarrollo importante de teologías en el Tercer Mundo. Padilla lo llamó una "explosión teológica".[132] Varios representantes de la FTL participaron en la reunión de teólogos del Tercer Mundo en Seúl, Corea, del 26 de agosto al 5 de setiembre de 1982. Según Padilla, esa reunión remarcó tres conclusiones importantes. Primero, las teologías tercermundistas no deberían ser una mera réplica de las teologías europeas y norteamericanas. Los creyentes del Tercer Mundo tienen el derecho de pensar por su propia cuenta, con su propio estilo sin tener la presión de sentirse atados a moldes de

---

[130] *Ibíd.*, p. 10.

[131] *Ibíd.*, p. 12.

[132] C. René Padilla, "La explosión teológica en el Tercer Mundo", *Misión* 4, n.° 1, 1982.

otras latitudes. Segundo, la teología debe mantener una relación estrecha con el contexto histórico particular y su función principal es promover la obediencia cristiana. Tercero, la teología debe ser fiel a la Biblia: "Todos juntos nos hemos comprometido a construir nuestra teología en base a la inspirada e infalible Palabra de Dios, bajo la autoridad de nuestro Señor Jesucristo y por la iluminación del Espíritu Santo". La agenda que la reunión de Seúl propuso para Latinoamérica fue:

> Nosotros los latinoamericanos forjaremos una teología en un contexto en donde las estructuras sociales, económicas y políticas están tan desorganizadas que son incapaces de cerrar la brecha entre los ricos y los pobres y de resolver los problemas creados por la dependencia económica y tecnológica. La teología debe dar prioridad a los problemas relacionados a la justicia y la paz, el control de la carrera armamentista, las implicaciones teológicas del crecimiento demográfico y urbano, las condiciones patéticas de los pueblos aborígenes y otros grupos étnicos, el desafío misionológico de la religiosidad popular y el sincretismo, el surgimiento de movimientos de renovación eclesiástica y bíblica dentro y fuera de la Iglesia Católica Romana, y la búsqueda de la unidad entre los diversos sectores protestantes.[133]

Teólogos afiliados a la FTL siguieron participando en diferentes reuniones internacionales, como las consultas que organizó la Comunidad Internacional de Teólogos Evangélicos de la Misión en Bangkok, Tailandia (1982), Tlayacapan, México (1984), Nairobi, Kenia (1987) y Osijek, Yugoslavia (1991). También se mantuvo una agenda local intensa en la producción teológica en las consultas: Jarabacoa, República Dominicana (1983), sobre la participación de los cristianos en la política; Quito, Ecuador (1985) sobre nuevas alternativas para la educación teológica; Huampaní, Perú (1987)

---

[133] "The Seoul Declaration: Toward an Evangelical Theology for the Third World", *International Bulletin of Missionary Research* 7, n.° 2, 1983, p. 65.

con varias agencias cristianas sobre la transformación integral; Santiago, Chile (1988), la fe cristiana y las ciencias sociales; Valle de Bravo, México (1988), sobre la misión urbana; Medellín, Colombia (1988), Consulta Internacional sobre Teología de la Liberación, Medellín '88; Buenos Aires, Argentina (1990), los cristianos frente a los totalitarismos políticos; Santiago, Chile (1990) los cristianos frente a la dependencia económica y la deuda externa en América Latina; Lima, Perú (1990), los cristianos y la violencia en América Latina; São Paulo, Brasil (1990), evangelio y pobreza; Quito, Ecuador (1990), Teología y Vida, junto a la celebración de los veinte años de la FTL; y Buenos Aires, Argentina (1991), la segunda consulta sobre la participación política de los evangélicos en América Latina. Toda esta actividad tuvo su clímax en CLADE III, Quito, Ecuador, del 24 de agosto al 4 de setiembre de 1992: *Todo el Evangelio para todos los pueblos desde América Latina.*[134]

El trabajo que presentó el pentecostal argentino Norberto Saracco en la reunión en Bangkok demostró la dirección que estaba tomando la reflexión teológica evangélica latinoamericana.[135] Saracco explicó la *opción galilea* de Jesús como una clave hermenéutica para leer los evangelios, clave que había sido desarrollada dentro del marco de la FTL.[136] Jesús escogió intencionalmente a Galilea como el contexto preferencial y especial para su ministerio. "Su opción galilea puede desalentar las expectativas de las religiones de su época y de los grupos interesados en tener el monopolio del Mesías".[137] En tiempos de Jesús, explicó Saracco, Galilea era una provincia olvidada y despreciada,

---

[134] "Cronología de actividades de la Fraternidad Teológica Latinoamericana"; Rolando Gutiérrez-Cortez, "La propuesta teológica de la FTL", *Boletín Teológico* 20, n.º 32, 1988.

[135] Norberto Saracco, "Las opciones liberadoras de Jesús", *Misión* 1, n.º 3, 1982. Otros latinoamericanos que leyeron sus trabajos en Bangkok fueron Orlando Costas (Puerto Rico), René Padilla (Argentina), Rolando Gutiérrez (México) y Key Yuasa (Brasil).

[136] Samuel Escobar atribuye a Orlando Costas la primera definición de la *opción galilea*, Samuel Escobar, "The Legacy of Orlando Costas", *International Bulletin of Missionary Research* 25, n.º 2, 2001, p. 55.

[137] Saracco, "Las opciones liberadoras de Jesús", p. 9.

con una población mixta y con abundancia de huérfanos, viudas, pobres y desempleados. Las cosas eran diferentes en Jerusalén como centro religioso del país. Los pobladores de este lugar gozaban de ciertos privilegios. Jerusalén y las provincias, especialmente Galilea, vivían en permanente conflicto social y económico. Por eso, la opción galilea de Jesús implicó dos elementos básicos: "Por un lado su respuesta a las necesidades inmediatas (enfermedad, muerte, pobreza). Por otro lado, su identificación con las expectativas de los más necesitados".[138]

En el momento de la crucifixión, explicó Saracco, la confrontación entre las expectativas mesiánicas que representaba Jesús el galileo y las de las élites religiosas de Jerusalén alcanzó su tope.

> Jesús se vuelve peligroso para la aristocracia judía y para el pueblo jerosolomitano. Unos ven amenazada la estructura de su poder; otros temen la posibilidad de que se venga abajo la fuente de sostén. Así, representantes del Sanedrín y elementos anónimos del pueblo jerosolomitano aúnan sus voces contra Jesús. La actitud crítica de Jesús frente al Templo (Mr 11.15ss) y sus predicciones contra el mismo constituyen una seria amenaza a los intereses y privilegios de la aristocracia sacerdotal.[139]

Jesús presentó un desafío al uso ideológico de la ley con sus acciones a favor de los enfermos e inválidos, el pobre y el extranjero, los niños, las mujeres y los pecadores, gente que era tratada por las autoridades religiosas como "seres humanos de segunda categoría". En cuanto a la cruz, Saracco preguntó: "¿Qué hizo Jesús para merecer tal fin? ¿Qué sentido tienen para nosotros su vida y su muerte?".[140] Las opciones de Jesús fueron una provocación indirecta de la política deshumanizante y las estructuras religiosas de su época. Por lo tanto,

> Las opciones de Jesús nos desafían a vivir de tal manera que nuestra fe descienda del plano subjetivo a los hechos históricos.

---

[138] *Ibíd.*
[139] *Ibíd.*
[140] *Ibíd.*, p. 12.

Tal actitud estará marcada por la fragilidad y precariedad de lo humano. Al mismo tiempo, debe ser un signo de esperanza y salvación. No podemos eludir asumir nuestra fe a tal punto que sea un signo de contradicción, consciente de que el conflicto con las fuerzas del mal nos pone siempre en la perspectiva de la cruz. Sin embargo, lo asumimos con la esperanza en Aquel que resucitó y nos espera siempre en Galilea.[141]

La presentación de Saracco reflejó el fuerte contenido cristológico de la agenda teológica ese tiempo. Era bíblica en su fuente y evitaba el docetismo de propuestas anteriores. Era contextual sin imponer un significado predeterminado al texto. Saracco y otros teólogos latinoamericanos estaban respondiendo bíblicamente a los desafíos metodológicos y hermenéuticos de las teologías de la liberación y, al mismo tiempo, llegaron a implicaciones éticas similares para la vida y el compromiso cristianos. Como Orlando Costas explicó en Bangkok de los trabajos presentados: "Contrariamente a las teologías europeas la mayoría de ellos enfatizaron la importancia de recuperar la historicidad de Jesús de Nazaret como punto de partida fundamental para construir una cristología desde el mundo de los oprimidos".[142] Costas concluyó diciendo:

> Siendo una conferencia de teólogos del mundo de los pobres, los desheredados y los oprimidos, no pretendemos producir declaraciones definitivas ni brillantes. Venimos en su mayoría de ministerios que nos dejan poco tiempo para la reflexión sistemática y que ofrecen lugares limitados para la investigación. Hemos venido, sin embargo, con valentía, esperando ser capaces de rendir un servicio a la iglesia-en-misión del Tercer Mundo. Nuestro producto final no se debe juzgar por los parámetros tradicionales de la teología occidental predominante, aunque reconocemos que hemos aprendido mucho de ella. En cambio,

---

[141] *Ibíd.*

[142] Orlando E. Costas, "La misión como discipulado", *Boletín Teológico* 6, marzo–abril, 1982, p. 11.

> el éxito de esta conferencia será juzgado por el tiempo si es que ayuda a la iglesia de los oprimidos en general y a su variante evangélica en particular a proclamar a Jesús más fielmente, a comunicar su Palabra más efectivamente, y a representarlo más auténticamente en el Tercer Mundo.[143]

Aunque los comentarios de Costas eran específicos para la conferencia en Bangkok, se hubiera podido haber dicho lo mismo de la producción teológica evangélica latinoamericana. Su contexto era de pobreza y opresión, no era académica siguiendo el sentido occidental riguroso de esta palabra; no la mandaba ninguna agenda occidental, pero se mantenía en diálogo con las teologías occidentales, y tenía como intención servir a la comunidad evangélica en su misión. La efectividad de esa teología se reflejaba más en las vidas de los creyentes que en los estantes de libros que podría llenar.

Diálogo con agendas teológicas y misionológicas extranjeras

La teoría del iglecrecimiento (IC) fue desarrollada en los Estados Unidos, de donde se exportó al mundo entero. El misionero estadounidense Fred Smith, radicado en Ecuador, graduado en la Escuela de Iglecrecimiento del Seminario Fuller en Pasadena, California, escribió un artículo para *Misión* en el que explicó las propuestas principales de IC, especialmente sus bases bíblicas. A partir del libro de Hechos, Smith definió quince principios del IC. Samuel Escobar y Emilio Antonio Núñez, como latinoamericanos, respondieron al artículo de Smith. Este fue uno de los intercambios que se dieron sobre el tema.[144]

Según Smith, la teoría del IC comenzó con el libro *The Bridges of God* (1955) del autor Donald McGavran, y con el tiempo otros

---

[143] *Ibíd.*, p. 15.

[144] Ver también Padilla, *Misión Integral: Ensayos sobre el reino y la iglesia*. René Padilla, "La unidad de la iglesia y el principio de las unidades homogéneas", *Misión* 2, n.º 3, 1983.

misiólogos se unieron para aportar a la teoría. Smith definió el IC como una escuela de pensamiento "que ha captado mucha atención y ha sido de mucho beneficio en casi todo el mundo, ayudando a las iglesias a reconocer su deber de crecer y saber cómo pueden cumplir con él".[145] La iglesia crece, explicó Smith, cuando las acciones del Espíritu Santo cooperan con la obediencia humana. La gente necesita ser sensible a la guía Espíritu y usar sus dones espirituales para traer más personas a las iglesias. Se debe, también, desarrollar una filosofía ministerial que produzca en la iglesia el medioambiente propicio para el crecimiento. Las iglesias deberían definir metas, orar fervientemente, y asegurarse de que toda la congregación apoye ese plan de crecimiento. Deberían también definir si la población es receptiva o resistente al evangelio: "Saber si un pueblo es receptivo o no al evangelio ayuda a invertir tiempo y recursos limitados. Si es receptivo, allí debe hacerse todo lo posible por alcanzarlo con el evangelio mientras tenga esta disposición favorable; en cambio, ante un pueblo resistente será mejor ir a otro lado y buscar un pueblo que esté listo a recibir el evangelio".[146]

En seguida, Smith pasó a definir el principio de las unidades homogéneas, un concepto clave en la teoría del IC. La idea central de este concepto es que "a la gente le gusta hacerse cristiana sin cruzar barreras raciales, lingüísticas o de clase". Smith argumentó que históricamente las iglesias crecen más cuando se abarca a un solo grupo de personas. Aunque Smith reconoció que ésta no era la situación óptima, lo justificó como un hecho en este mundo caído. Ya que, decía Smith, las divisiones fueron parte de la iglesia desde el mismo comienzo en el libro de Hechos, la pregunta es: "¿Vamos a cerrar nuestros ojos a esta verdad y fingir que no existe? ¿O vamos a reconocerla como es, un pecado que nos persigue hasta hoy, y trabajar con esas limitaciones de las barreras sociales y culturales?". Para Smith, estas divisiones surgieron en Génesis 10, en la Torre de Babel:

---

[145] Fred Smith, "Algunos principios del iglecrecimiento en los Hechos de Los Apóstoles", *Misión* 8, n.° 1, 1989, p. 6.

[146] *Ibíd.*, p. 9.

> Estoy de acuerdo con el ideal de una sola iglesia sin barreras de ningún tipo. Pero jamás la tendremos. Claro, hay algunas iglesias heterogéneas, pero éstas son la excepción y no la regla, y existen sólo en ciertos lugares (mayormente urbanos) y bajo ciertas condiciones. El principio no es necesario para que una iglesia crezca, pero bajo ciertas circunstancias será favorable al crecimiento. Un ejemplo: en el sur de los Estados Unidos es mejor tener una iglesia para negros y otra para blancos, aun en la misma denominación. Si se tratara de formar una iglesia compuesta por ambos grupos, no se tendría éxito. Tal vez algunos digan con razón que sí existen iglesias así; sin embargo, son excepciones, no la regla. Lo que no estoy haciendo aquí es promover las divisiones en el cuerpo de Cristo. Porque una vez convertido, el cristiano tiene que reconocer que en el cuerpo de Cristo no hay divisiones raciales, ni sociales y todos son iguales a los ojos de Dios. Pero de este lado del cielo seguirán existiendo barreras económicas, sociales, lingüísticas, etc. Quien quiera formar una iglesia nueva debe tomar en cuenta esta verdad: a cada persona le gusta ser cristiana sin cruzar barreras raciales, lingüísticas o de clase. Si se olvida este principio, la iglesia puede crecer, pero como lo haría si lo observara.[147]

Smith explicó las tres P: presencia, proclamación y persuasión. Además, habló del trabajo en equipo, de tener "ojos de iglecrecimiento", el testimonio de la iglesia, y de los lugares estratégicos para ubicar el templo. Según él, todos estos principios se encuentran en el libro de los Hechos.

En su respuesta a Smith, Samuel Escobar definió que la teoría del IC reflejaba "el celo evangelizador, la inquietud misionera, el activismo voluntario laico y el espíritu de empresa propios de un sector del protestantismo conservador en Norteamérica. Esta teoría también refleja ciertas notas propias de la cultura estadounidense: la pasión por las estadísticas, la aplicación de la antropología y la

---

[147] *Ibíd.*, p. 10.

sociología a la vida, la tendencia pragmática más interesada en *método* que en *contenido*, y los criterios de 'invertir para ganar' y 'competir para probar quién es mejor' propios de la economía capitalista".[148] Escobar comparó el IC con las teorías misioneras imperiales de la España del siglo XVI y de Inglaterra en el siglo XIX. Todas ellas reflejaban la cultura de sus países de origen.

Suponiendo que hubiera una base bíblica en la mayoría de los puntos definidos por Smith, según Escobar era imposible encontrar apoyo bíblico para la idea de receptividad y rechazo, y para el principio de las unidades homogéneas. Escobar remarcó que muchos de los principios en la lista de Smith habían sido parte de la historia de la iglesia evangélica latinoamericana, tanto en las iglesias históricas como en las pentecostales. Las iglesias en el continente habían experimentado un crecimiento notable desde mucho antes de que llegara esa teoría del IC a la región. Para Escobar, sin embargo, los dos puntos controversiales eran más sociológicos que bíblicos.

> En cuanto a *receptividad/resistencia* los versículos mencionados narran casos de resistencia al evangelio. *Pero ninguno de esos versículos dice que frente a la resistencia, los apóstoles se fueron en busca de terreno más receptivo.* El único caso de todos los que menciona el autor es el de Hechos 13.46, donde ante los celos y rebeldía de los judíos (v. 45), Pablo y Bernabé deciden irse a los gentiles. Sabemos por el resto de Hechos y del Nuevo Testamento que la razón para irse a los gentiles no era única ni principalmente a la resistencia judía, sino también el llamamiento especial que Pablo tenía al mundo gentil. Más aún, en otros casos en que los judíos resistieron (Hch 4.18) los apóstoles manifestaron su intención de seguir evangelizando aun a costa de sufrimiento (4.19–20).[149]

---

[148] Samuel Escobar, "El crecimiento de la iglesia en América Latina y la teoría del 'iglecrecimiento'", *Misión* 8, n.° 1, 1989, p. 15.

[149] *Ibíd.*, p. 17.

Según Escobar, la aplicación práctica de la teoría de receptividad/resistencia resultó en el hecho de que, a pesar de la propuesta en los Estados Unidos de llegar a los "pueblos no alcanzados", la mayoría de los misioneros fueron a lugares con una historia previa de cristianismo y, por lo tanto, era más fácil vivir y trabajar allí. "El principio formulado por la teoría norteamericana es el de menor esfuerzo, y la inversión que produzca 'ganancia'. No es el principio apostólico y bíblico de ir a los lugares no alcanzados (Ro 15.20–21). *La teoría de 'Iglecrecimiento' nada dice sobre el papel del sufrimiento en la misión, un principio que está casi en cada página del libro de los Hechos*".[150]

Funcionalista, mecanicista y segregacionista son los adjetivos que Escobar utilizó para describir a la idea de las unidades homogéneas del IC. Para Escobar, el IC estaba justificando la ideología que era parte de la segregación racial en los Estados Unidos y del *apartheid* en África del Sur. Sin embargo, la iglesia nuevotestamentaria era precisamente la negación de esta segregación. Claro que el racismo estaba presente también en Latinoamérica, pero "sería una tragedia y una vergüenza para el evangelio que nos vengan ahora misioneros con mentalidad racista a reproducir patrones eclesiásticos como los del sur de los Estados Unidos".[151] El problema era la acomodación del evangelio a los gustos y preferencias de un grupo definido, dejando afuera partes enteras del mensaje bíblico que lo confronten. Por ejemplo, Escobar menciona a un terrateniente peruano que encontró en una iglesia evangélica y que le dijo: "Yo era católico, pero desde que los curas empezaron a hablar de Reforma Agraria, me vine a la iglesia Alianza, porque descubrí que había gente de mi clase y que se predica un evangelio espiritual y puro sin cuestiones sociales". Escobar añadió: "Es interesante que el autor de este artículo no diga nada sobre el impacto social de la evangelización, un principio que está claramente demostrado en el libro de los Hechos".[152]

---

150 *Ibíd.*, p. 18.
151 *Ibíd.*, p. 19.
152 *Ibíd.*

Escobar concluyó su artículo reconociendo que la iglesia debe crecer y que el IC había traído algo de motivación para ello. Sin embargo, el IC tenía ciertos elementos peligrosos y antibíblicos:

> Las ideas que llevan a reducir el evangelio al mínimo para tener en el redil el máximo de personas, o a evangelizar causando el mínimo posible de cambio social, han caracterizado al cristianismo nominal de América Latina. Desde el siglo XVI sufrimos la postración moral, social y espiritual de esta clase de cristianismo. No necesitamos ahora una nueva versión norteamericana de lo mismo. Los evangélicos latinoamericanos cuentan con una rica experiencia y con la Palabra de Dios. De ellas pueden sacar mucha mejor orientación y normas que de algunas teorías sociológicas y antropológicas provenientes de injusticias y contradicciones.[153]

Por su parte, Emilio Antonio Núñez comentó punto por punto el artículo de Smith sobre el iglecrecimiento. El crecimiento en el Nuevo Testamento fue el resultado de la acción de Dios y de la obediencia humana. Núñez pregunto: "¿Cuál es el mejor modelo de iglecrecimiento?". Propuso que había varios modelos, no uno solo. "Por supuesto, lo más seguro es seguir los principios del Nuevo Testamento, y no darle prioridad a los de un sistema contemporáneo, por muy novedoso que parezca".[154] En cuanto a los comentarios de Smith sobre el poder del Espíritu Santo y la actividad demoniaca, Núñez advirtió a los evangélicos no obsesionarse con el diablo tanto que pierdan el enfoque en Cristo. No era que la actividad demoniaca fuera falsa, sino que "debemos preguntarnos si vemos esa oposición solamente en el pecado individual, o si la percibimos también en estructuras de poder que oprimen a la sociedad. ¿Vemos en ellas las fuerzas del antirreino, el reino del hombre que es el reino sin Dios?".[155]

---

[153] *Ibíd.*

[154] Emilio Antonio Núñez C., "Crecimiento numérico *versus* crecimiento integral", *Misión* 8, n.° 1, 1989, p. 22.

[155] *Ibíd.*, p. 23.

Núñez concordaba con Smith en que los miembros de las iglesias deberían involucrarse en el ministerio. Sus preguntas, sin embargo, tenían más que ver con el tipo de miembro de la iglesia que proponía el IC:

> En la situación actual de América Latina, ¿qué entendemos por "miembros fieles y fructíferos"? ¿Evangélicos de tipo tradicional, formados según los ideales de la iglesia de clase media norteamericana? ¿O evangélicos que tienen conciencia de su realidad histórica, cultural y social, que se preocupan también por la problemática económica y social de las mayorías, sin refugiarse en un evangelio individualista, dualista y excesivamente futurista? Tenemos que recuperar para nosotros mismos en las Escrituras el evangelio total, para todos los seres humanos y para todo el ser humano. De esto se trata cuando hablamos de iglecrecimiento integral: cuantitativo y cualitativo, para el alma y para el cuerpo, para las necesidades espirituales y materiales, para el presente y la eternidad.[156]

En cuanto a las metas que las iglesias deberían definir, como lo proponía Smith, Núñez aclaró que éstas tenían que incluir no únicamente el crecimiento numérico sino también el discipulado. Pero las mayores objeciones de Núñez al artículo de Smith tenían que ver sobre todo con los dos principios de receptividad/resistencia y de unidades homogéneas.

> No hay indicación de que los apóstoles le predicaran solamente a "pueblos receptivos". Que necesitamos estrategias para aprovechar al máximo nuestros recursos y oportunidades, es claro e irrefutable. Pero abandonar pueblos enteros en manos del príncipe de este mundo, para trabajar en lugares o países donde hay promesa de "resultados" fáciles e inmediatos no parece concordar con el espíritu del Nuevo Testamento. Hay

---

[156] *Ibíd.*, p. 24.

campos que ya están listos para la cosecha; pero también hay campos que están a la espera de la siembra que demanda dedicación, trabajo tesonero y aun sacrificio.

Hace 45 años, cuando el que escribe se dedicó al ministerio del evangelio, no había millares de "conversiones" inmediatas como resultados de los esfuerzos de evangelización; pero el Señor estaba preparando el terreno para lo que hoy se considera como "una explosión evangélica" en estos países. ¿Debimos los evangélicos abandonar Centroamérica para predicar en lugares donde hubiera mayor "receptividad"? ¿Qué podemos decir de los pioneros del evangelio en Centroamérica y los "exiguos" resultados que lograron, "exiguos" desde el punto de vista de las modernas teorías de iglecrecimiento?[157]

Núñez reconocía que la afinidad grupal podría ser útil en la preevangelización, pero el evangelio libera a las personas de sus prejuicios raciales y sociales: "Por supuesto es mucho más fácil aceptar un evangelio que fortalece nuestro orgullo racial y cultural que el mensaje del auténtico discipulado cristiano, el evangelio del gran escándalo de la cruz". Es posible que la idea de que a la gente le gusta llegar a ser cristiana sin cruzar barreras sea realista, pero ¿es bíblica? La respuesta de Núñez fue un rotundo "no". Ése no fue el ejemplo de Jesús, ya que él "no formó una iglesia para pescadores y otra para publicanos ricos". Tampoco fue el ejemplo de Pablo, ya que en Corinto, por ejemplo, asistían tanto ricos como pobres a la misma congregación. Al final Núñez concluyó que las controversias con los principios de receptividad/resistencia y unidades homogéneas "no deben servirnos de excusa para no preocuparnos por el crecimiento integral de la iglesia. Este crecimiento incluye ineludiblemente lo numérico".[158]

---

[157] *Ibíd.*
[158] *Ibíd.*, p. 25.

Mujeres teólogas

Veintiocho mujeres de nueve países latinoamericanos y del Caribe, se reunieron en Buenos Aires del 31 de octubre al 4 de noviembre de 1985 para dialogar sobre la teología desde la perspectiva femenina. Dicha reunión fue apoyada por la Asociación Ecuménica de Teólogos del Tercer Mundo. En palabras de Elsa Tamez:

> En la consulta de Buenos Aires, se recogió algo de lo que la instancia sociedad ha generado contra la mujer. Decimos algo porque esta realidad era de todas conocida y porque la centralidad de nuestra reunión quiso estar marcada por los avances de la mujer en su realización, y los aportes de ella en el quehacer teológico latinoamericano. Sin embargo, se retomaron los temas de la violencia contra la mujer en países represivos (Betty Salomón y Lucía Villagrán), la violencia sexual y la desventaja en el campo laboral (Mabel Filippinni) y otros. En la instancia de la iglesia, Cora Ferro recapituló la baja concepción de la mujer que se refleja a través de la historia en el Eco Católico costarricense, órgano oficial de la iglesia católica de ese país. Araceli Rocchetti nos habló entre otras cosas de la "deuda interna" de la iglesia protestante hacia la mujer. María José Rosado, por su parte, nos presentó el importantísimo rol de la religiosa y sus dificultades en la pastoral, como mujer; este mismo tema lo abordó Graciela Uribe. En la instancia teológica María Clara Bingemer en la primera parte de su ponencia desentrañó las raíces mismas, teológicas, que discriminan a la mujer. Así mismo, Alida Verhoeven rechazó el lenguaje, la imagen o el símbolo que excluye la vivencia y reflexión de las mujeres, jóvenes, pueblos y naciones de otras razas y otro color de piel.[159]

El documento final de esta reunión describió a la actividad teológica femenina como integradora, comunitaria y relacional, contextual

---

[159] Elsa Tamez, ed., *El rostro femenino de la teología,* San José: DEI, 1988, p. 191.

y concreta, combativa, marcada por el humor, la alegría y la celebración, impregnada de una espiritualidad de esperanza, libre, y reconstructora de la historia de la mujer. Al final, las participantes definieron unas tareas para continuar la reflexión teológica:

> Buscar en nuestra formación permanente la síntesis entre los valores culturales, las prácticas de transformación de la realidad y las "teorías" en los diferentes niveles de la vida humana.
>
> Estar atentas a la vivencia y la reflexión teológica que se elabora en los grupos de base, especialmente por parte de las mujeres; acogerla dejándonos cuestionar por ella en un enriquecimiento mutuo y ofrecer nuestra contribución.
>
> Sistematizar y transmitir nuestra experiencia y reflexión.
>
> Buscar, en esta perspectiva teológica, caminos comunes con los varones ayudándolos a percibir la fuerza y la ternura presentes en la tarea conjunta de engendrar y nutrir la vida del hombre nuevo —varón/mujer— y de la nueva sociedad.[160]

CLADE III

Hubo también una participación femenina activa en el Tercer Congreso Latinoamericano de Evangelización, realizado en Quito, del 24 de agosto al 4 de septiembre de 1992. En la sesión inaugural de CLADE III, René Padilla definió cuatro características para la tarea teológica en América Latina: comunitaria, espiritual, contextual y misionológica. Comunitaria, para que no sea una instancia donde "unos pocos hablan, los demás escuchan; unos pocos enseñan, los demás aprenden".[161] Espiritual, ya que "el objetivo de la teología no es la construcción de un sistema doctrinal ajustado a las leyes de la lógica, sino que "tiene mucho más que ver con la sabiduría cuyo

---

[160] *Ibíd.*, p. 207.
[161] *Tercer Congreso Latinoamericano de Evangelización (CLADE III), Quito 1992: Todo el evangelio para todos los pueblos desde América Latina*, Buenos Aires: Fraternidad Teológica Latinoamericana, 1993, p. 7.

principio es el temor del Señor que con la excelencia académica. Exige, por lo tanto, además de la capacidad de razonar, un espíritu de oración y apertura a la dirección del Espíritu de Dios".

La teología debe ser también una labor contextual que basada en la revelación de Dios en Jesucristo se oriente a la encarnación de la Biblia en la realidad latinoamericana. Debe ser bíblica, no únicamente porque usa la Biblia, sino principalmente "porque enfoca la vida y la misión de la iglesia en el mundo actual, desde la perspectiva de una teología enraizada en las Escrituras y en diálogo con ciencias que nos ayudan a leer la realidad socioeconómica, política y cultural de América Latina, el continente donde el Señor ha llamado a proclamar y vivir el evangelio".[162] Debe ser, finalmente, una labor misionológica, porque:

> Da por sentado que en el centro mismo de la misión está la proclamación de Jesucristo como Señor, cuya soberanía se extiende sobre toda la creación. Consecuentemente, tiene la mira puesta no sólo en la extensión geográfica y el crecimiento numérico de la iglesia, sino en el cumplimiento cabal del propósito de Dios en todo aspecto de la vida humana en su dimensión personal y en su dimensión social. Nuestro objetivo al evangelizar no es meramente que nuestras congragaciones tengan más miembros sino que la voluntad de Dios sea hecha "como en el cielo, así también en la tierra". El foco de nuestra reflexión en este encuentro es la evangelización, pero no la evangelización por sí sola, sino en su estrecha relación con la misión integral, la misión del reino de Dios en su justicia.[163]

La presentación del bautista argentino Pablo Deiros en CLADE III sobre el perdón tuvo todas las cuatro características que Padilla mencionó. Deiros encontró que en América Latina, a pesar de toda la predicación de los evangélicos sobre el perdón de pecados, "como ocurre con la mayor parte de los contenidos de la fe

---

[162] *Ibíd.*

[163] *Ibíd.*

evangélica latinoamericana, no siempre ha encontrado el camino de una expresión explícita. Esto es así porque para la mayoría de los evangélicos latinoamericanos la teología es algo vivo y más orientado al plano de la experiencia de la fe que al de la gramática de la fe. No es que la fe no se haya verbalizado, pero no lo ha hecho de la manera tradicional en que la encontramos en otras culturas, especialmente la europea".[164] De todas formas, los evangélicos desde sus comienzos en América Latina han proclamado el evangelio de perdón, pero sin darse cuenta del alcance total de ese mensaje. Inicialmente se entendió al perdón como algo puramente personal e individualista. Deiros se preguntó: "¿Qué significa el Evangelio de perdón en América Latina hoy, a la luz de las particulares circunstancias internas y externas a nuestras comunidades de fe evangélicas? Por otro lado, ¿cómo proclamar el Evangelio de perdón en América Latina hoy?".[165]

El perdón era imperativo en un continente con una historia larga de odio, revoluciones locales y nacionales, e inestabilidad política endémica. La idea predominante era "no hay olvido ni perdón". La historia latinoamericana, como la describió Deiros, era de "generación tras generación reaviva los viejos odios y rencores". El contexto para esta realidad era:

> En un continente desgarrado por las luchas fratricidas, los conflictos de clase y los choques sectoriales; en una tierra arrasada por los secuaces de los caudillos de turno y las causas mezquinas de las élites de poder; en países donde las ambiciones y los intereses personales se han impuesto arbitrariamente sobre los derechos y necesidades de las masas, es imperativo proclamar que hay perdón. A pueblos que han sido desangrados y que todavía tienen sus heridas abiertas; a hombres y mujeres que cada día sufren el martirio de la marginalidad, la pobreza y la deshumanización, hay que anunciarles que hay perdón, que

---

164 *Ibíd.*, p. 72.
165 *Ibíd.*, p. 73.

el dolor no tiene por qué ser para siempre, que la esperanza de un orden de justicia y paz se alimenta de perdón dado y recibido en Jesús (Is 61.1–3). A miles de seres humanos atrapados en una religiosidad punitiva, fatalista, con un Dios remoto y nunca satisfecho, con una soteriología insegura y una hamartiología arbitraria, los evangélicos debemos anunciarles que hay perdón por la sangre de Jesús. Que por el amor de Dios, tal como se ha mostrado en la muerte expiatoria de Cristo, a pesar de nuestros pecados personales y colectivos, individuales y estructurales, podemos ser perdonados (Ro 5.8).[166]

A pesar de esto, la cruz y sus efectos fueron también interpretados individualista y futurísticamente para el más allá con un efecto mínimo o nulo para la vida terrenal. El pueblo latinoamericano necesitaba un evangelio de perdón completo para liberarlo de todo sacramentalismo, incluyendo el de los evangélicos. Deiros lo explicó diciendo:

> Debemos confesar que hemos hecho de nuestras instituciones, prácticas de culto, dones del Espíritu, y aún de la misma Biblia, sacramentos que operan como substitutos espurios del único hecho redentor básico para el perdón de nuestros pecados: la muerte de Jesús en la cruz. ¿Qué evangelio estamos proclamando? ¿Será el evangelio de un fundamentalismo bíblico mal entendido? ¿O será quizás el evangelio del don de lenguas? ¿O tal vez el evangelio de una organización eficiente? Posiblemente sea el evangelio de un cristianismo secularizado o más comprometido con los reinos de este mundo que con el Reino de Dios. "Nosotros predicamos a Cristo crucificado" (1Co 1.29; 2.2). América Latina hoy necesita que éste sea nuestro evangelio.[167]

Según Deiros, América Latina demandaba una soteriología adecuada, pero más aún una kyriología auténtica y evangélica (Jesús es

---

166 *Ibíd.*, p. 74.
167 *Ibíd.*, p. 76.

Señor sobre todo). En su presentación, Deiros reiteró la importancia de una cristología sin la influencia docetista. El docetismo parecía ser una tendencia persistente, difícil de dejar y que seguía apareciendo como un problema serio para la teología evangélica.

También en CLADE III, el pastor pentecostal brasileño Ricardo Gondim comparó a las teologías e iglesias relacionadas con las organizaciones misioneras de los países del norte, con las teologías y prácticas pentecostales. Para Gondim, el discurso de las misiones protestantes históricas era unidimensional, "salvaba almas sólo en la dimensión espiritual, muchas veces tenía una fuerte dosis de colonialismo que menospreciaba la cultura local y se separaba de cualquier relevancia concreta".[168] Gondim añadió:

> Esa práctica evangelizadora alejó a la iglesia de cualquier proyecto con pertenencia social política o histórica. El crecimiento de las principales corrientes evangélicas se tornó meramente cuantitativo, y la iglesia, no obstante estar presente en la sociedad se mantuvo al margen de los procesos formadores de la cultura latinoamericana. Como la reflexión crítica no florece en sistemas cerrados, estaba además el factor inhibidor del fundamentalismo que no se aventuraba a hacer teología, sino que sólo se limitaba a traducirla. La propuesta fundamentalista en el proyecto misionero inhibía la posibilidad de pensar en el evangelio como poder transformador de la historia. El énfasis pre-milenario descartaba cualquier iniciativa de rescatar valores sociales.[169]

Por esa razón, los evangélicos latinoamericanos predicaban un evangelio desinteresado y llegaron a ser irrelevantes para la sociedad en general. El pentecostalismo, decía Gondim, era el movimiento religioso más significativo en América Latina y el segmento del protestantismo que se adaptó más rápido al contexto latinoamericano. Pero, Gondim remarcó que el pentecostalismo en América Latina se basaba en el subjetivismo experimental.

---

[168] *Ibíd.*, p. 174.
[169] *Ibíd.*

Aunque el pentecostalismo norteamericano luchó por permanecer identificado con el fundamentalismo y sus vertientes más conocidas (de la inspiración verbal de la Biblia al premilenarismo), en América Latina hay una tendencia a apartarse de ese patrón, al costo de una inmensa fragilidad teológica y una franca vulnerabilidad al sincretismo. Gran parte del pentecostalismo latinoamericano sucumbió a la mistificación de la propia Biblia y alegorizó párrafos que debían ser leídos, por lo menos, obedeciendo el método histórico-gramatical de interpretación. La experiencia pasó a ser el principal criterio de verdad y colocó al subjetivismo por encima de la verdad de Dios objetivamente revelada en las Escrituras. Ese énfasis tornó al pentecostalismo vulnerable a las prácticas arrogantes, produjo muchas veces catarsis emocionales artificialmente manipuladas y confundió a su masa sobre el significado real de poder.[170]

También, siguió Gondim, el liderazgo pentecostal centralizado era tiránico: "La dictadura degrada el ejercicio de la crítica, dilata la modernización e inhibe la creatividad". Su llamado fue a que el pentecostalismo evaluara sus estructuras; de lo contrario, aunque atraiga a muchos seguidores seguiría sin impactar a la sociedad. Ésta era una evaluación difícil pero necesaria de su tradición.

Gondim, además, identificó dentro del pentecostalismo una corriente doctrinal que llamó "movimiento de la prosperidad" o "movimiento de la confesión positiva". Dicha corriente se originó en los Estados Unidos en los años setenta y ochenta. A pesar de que originalmente parecía ir en la dirección correcta, las principales denominaciones pentecostales norteamericanas —Asambleas de Dios, la Iglesia del Evangelio Cuadrangular y la iglesia de Dios— rechazaron "no sólo a los énfasis de ese movimiento, sino también a sus premisas teológicas. Después del éxito inicial, el movimiento comenzó a desgastarse, principalmente por sus promesas

---

[170] *Ibíd.*, p. 176.

irresponsables de salud perfecta, sanidad divina garantizada y la imperiosidad de que todos los creyentes muestren señales exteriores de riqueza".[171] Gondim se lamentó de que esa teología haya llegado al sur después de su desgaste en el norte.

> Los principales dilemas que la teología de la prosperidad trajo a la comunidad latinoamericana son: (a) su percepción gnóstica del conocimiento; (b) su cristología; (c) su antropología; (d) la negación de la teología de la iglesia como comunidad empática con el sufrimiento humano.
>
> Sin tranquilidad para enfrentar el dolor, sin reflexión en los estratos burgueses del evangelicalismo sobre la miseria y sin un sacerdocio para la vocación sufriente de la iglesia, se divisó en la teología de la prosperidad una fuga de la clase media, que siempre deseó subir socialmente, pero se resistió a descender ante el rápido empobrecimiento del continente. El evangelio del poder se empobreció por el materialismo consumista revestido de doctrina bíblica.[172]

Crecimiento pentecostal

Una visión similar de las nuevas tendencias dentro del pentecostalismo la propuso el pastor portorriqueño Carmelo Álvarez, de la Iglesia de Cristo, cuando hablando del movimiento de la prosperidad, lo identificó como una alternativa al pentecostalismo autóctono. Para Álvarez, las principales características de esa nueva corriente eran:

> El exorcismo y la prosperidad como sus ejes centrales. Líderes energéticos y carismáticos que convocaban grandes reuniones. Los servicios de adoración se llevan a cabo en antiguos cines y auditorios. Las reuniones públicas se conciben más como espectáculo público que como adoración comunitaria. Los

---

171 *Ibíd.*
172 *Ibíd.*, p. 178.

himnos, sermones y exhortaciones son una clase de terapia para las masas sufrientes. Cuando el líder aparece en la plataforma ya se ha generado suficiente entusiasmo como para provocar una reacción emocional histérica en la congregación. Observadores independientes han notado que el apego flexible creado por esas emociones compartidas demanda poco compromiso personal, y es una alternativa bien recibida para el dolor, la necesidad y los conflictos que los feligreses enfrentan a diario. Confrontada con crisis cotidianas, la gente prefiere un momento de éxtasis, con este Jesús vibrante e indomado, a los silencios y el vacío existencial de la vida diaria.[173]

El uso de la Biblia en dichas comunidades es fetichista y mágica, de acuerdo con Álvarez. En general, "la Biblia se estudia raramente ya que los actos centrales son la sanidad y liberación". A menudo, el pastor llega a ser un agente moral con autoridad mesiánica, especialmente en las finanzas. Ese pentecostalismo, para Álvarez, "ofrece beneficios económicos para los pastores, incorporándolos en un mercado religioso, convirtiendo a la iglesia en una empresa comercial".[174]

El pastor presbiteriano Leonildo Silveira Campos, de Brasil, designó a la teología de la prosperidad la "tercera ola", y sus comienzos en los años setenta coincidieron con "una crisis económica sin precedentes provocada por la crisis petrolera internacional y empeorada por la incapacidad de la dictadura militar brasileña de resolver los problemas básicos de la población más pobre".[175] Silveira Campos identificó varias corrientes dentro de esta ola del pentecostalismo. En

---

[173] Carmelo Álvarez, "Historic Panorama of Pentecostalism in Latin America and the Caribbean", en Benjamín F. Gutiérrez, Dennis Smith, eds., *In the Power of the Spirit: The Pentecostal Challenge to Historic Churches in Latin America*, Mexico: AIPRAL, 1996, p. 35.

[174] *Ibíd.*, p. 36.

[175] Leonildo Silveira Campos, "Why Historic Churches are Declining and Pentecostal Churches are Growing in Brazil: A Sociological Perspective", en Benjamín F. Gutiérrez, Dennis Smith, eds., *In the Power of the Spirit: The Pentecostal Challenge to Historic Churches in Latin America*, México: AIPRAL, 1996, p. 71.

su eclesiología, el pentecostalismo de la tercera ola "adoptó la imagen del auditorio, un supermercado donde los productos religiosos, o sus ingredientes, se exponen para que todos saquen lo que quieran. Dicho pentecostalismo diseña su propio ritual, hace de los pastores autoridades indispensables, elimina la representación congregacional como forma de gobierno eclesiástico, y deja todo en las manos de un líder carismático (en el sentido weberiano)".[176] La gente va a esas reuniones religiosas a olvidar sus miserias y encontrar optimismo, esperanza y a soñar en utopías.

> En su teología, ha descartado las doctrinas que fueron importantes para el protestantismo histórico. El principio de *sola scriptura* se ha debilitado al adoptar la revelación individual y el uso terapéutico-mágico de la Biblia. Las doctrinas de *sola gratia* y *sola fide* se limitan a la idea del esfuerzo y sacrificio personal y por utilizar las emociones para confirmar la salvación y la revelación de Dios. El sacerdocio universal se ha mantenido; sin embargo, se ve al líder carismático como intermediario en la relación entre lo sagrado y lo profano, y la participación individual ha llegado a ser meramente decorativa, perdida en la naturaleza completa de la adoración pentecostal.[177]

La oración y alabanza en el pentecostalismo de la tercera ola se centran en el dinero. El evangelio de la prosperidad eclipsa incluso a la esperanza escatológica. Para Silveira Campos estas iglesias han creado nuevos sacramentos. Por ejemplo, la Iglesia Universal del Reino de Dios en Brasil ha introducido al pan con agua, la rosa bendita, el aceite ungido, la sal bendita, y otras formas para hacer visible la gracia invisible. El pentecostalismo de la tercera ola redefinió la demonología, la angelología y la antropología en un concepto de *guerra espiritual* donde Dios y el diablo están en lucha continua. Silveira Campos explicó que en su ética el pentecostalismo de la tercera ola abandonó las demandas rigurosas para el

---

[176] *Ibíd.*, p. 88.
[177] *Ibíd.*

comportamiento personal que se requerían antes, y adoptó un estilo que dejaba al individuo la responsabilidad de mantener balanceados sus deseos con una disciplina mínima. Esto produjo una religiosidad hedonista y fluida. El resultado, como lo describe Silveira Campos, era "una práctica religiosa que expresa más continuidad que ruptura con la cultura popular cargada de tradiciones precolombinas".[178]

En la Consulta con las Iglesias Pentecostales organizada por la Comisión Evangélica Pentecostal Latinoamericana (CEPLA) y el Consejo Mundial de Iglesias en Lima, 1994, el pentecostalismo en América Latina fue descrito esencialmente como:

> Un movimiento popular entre los sectores más pobres de la sociedad, que responde a las necesidades espirituales del pueblo. El pentecostalismo conlleva una relación personal íntima entre el creyente y Dios. El cristiano pentecostal experimenta el poder del Espíritu en su vida cotidiana y se siente impulsado a compartir esa experiencia de la presencia de Dios con otros. La evangelización se lleva a cabo de una forma directa y personal, transmitiendo además en la cultura del pueblo, con un fuerte sentido de comunidad. La fe es personal pero no individual; se vive y se celebra en el culto y en el servicio a la comunidad. La celebración, el servicio al prójimo y la solidaridad con los necesitados son elementos estrechamente relacionados; lo social y lo espiritual son indisociables. El mensaje pentecostal puede ser un poderoso instrumento de curación y reconciliación en las comunidades quebrantadas. El compromiso social de esas iglesias de los pobres es una fuente de esperanza en medio de la desesperanza.[179]

La consulta reconoció la necesidad de mejorar la capacitación teológica y bíblica a la luz de los problemas de liderazgo. También era necesario reducir el escándalo de las divisiones, ya que "la prioridad de proclamar la buena nueva se desnaturaliza y se convierte en una

---

178 *Ibíd.*, p. 89.
179 *Consulta con las iglesias pentecostales*, Ginebra: Consejo Mundial de Iglesias, 1994, p. 8.

mera competición para llenar las iglesias". Además, se concluyó que en muchas iglesias pentecostales las mujeres eran consideradas como inferiores a los varones y que este asunto debe atenderse para ser efectivos en la evangelización.

Bernardo Campos, pastor pentecostal en el Perú, consideró al movimiento pentecostal como "una de las experiencias religiosas más importantes" del siglo XX. Ante todo, como explicó Campos, el pentecostalismo es un movimiento religioso y no una denominación u organización religiosa. Campos definió cuatro características del pentecostalismo: un movimiento de espiritualidad, un movimiento de protesta, un movimiento popular y un movimiento de cambio social.

> En la explicación de los propios "pentecostales", el pentecostalismo no es un simple fenómeno socio-religioso, o un mero producto del expansionismo político-religioso del capitalismo financiero norteamericano. Para los pentecostales, el pentecostalismo es la consecuencia religiosa y de fe de la Acción de Dios por su Espíritu Santo que irrumpió en Pentecostés en el siglo I de la historia cristiana (Hch 2–4; Lc 24.29; Jl 2.27, 32) y se extendió de oriente a occidente. Como movimiento el pentecostalismo trasciende la pertenencia eclesial exclusiva, y se presenta desde dentro del cristianismo como una acción divina a través de diversas prácticas religiosas tipo.
>
> Desde el punto de vista teológico, lo pentecostal en América Latina como en cualquier otro país del mundo, es una experiencia religiosa de lo divino. Como experiencia religiosa, representa una prolongación ritualizada del suceso pentecostal originario (Hch 2, 10, 19) cuya pretensión y necesidad es la de expresar la esencia del cristianismo —para el caso, la "pentecostalidad fundante"— en la intensidad de una espiritualidad repetitiva de la vida cristiana primitiva, que hace las veces de mito fundacional.
>
> Lo significativo del hecho es que como movimiento de espiritualidad es constituyente de identidades. Ser "Pentecostal" como ser "católico" o ser "protestante", es una manera de ser en

la sociedad. Como movimiento espiritual, la pentecostalidad no tiene fronteras ni de clase ni de ideología, ni de territorio ni de confesión. Tiene la capacidad de permear diversas clases sociales frecuentemente antagónicas y procesos históricos radicalmente opuestos. En América Latina, donde lo religioso es lo determinante o donde la secularización tiene más connotaciones de protesta social, el movimiento pentecostal ha producido un impacto social y ha asumido formas culturales que amenazan con desestructurar la hegemonía religiosa del catolicismo romano en América Latina.[180]

Campos describió que los pentecostales latinoamericanos estaban involucrados activamente en la sociedad civil. Catalogar a los pentecostales como en huelga social era anacrónico. "Asistimos a una edad madura del pentecostalismo en la que cada vez se siente con más fuerza la necesidad de que seamos los sujetos protagonistas de nuestra propia historia".[181] El crecimiento rápido del pentecostalismo, para Campos, facilitó "la afirmación de una identidad nacional amplia y pluralista, la búsqueda de formas alternativas de vida democrática, así como un factor imprescindible de transformación social".[182]

La declaración final de la Consulta Pentecostal Latinoamericana de Lima en 1994 reconoció la necesidad de reafirmar "la gran voluntad de consolidar un ecumenismo del espíritu que nos mueve por la transformación de mujeres y varones, la sociedad y la creación, en el gran propósito de Dios de reunir y reconciliar todas las cosas en Cristo Jesús". Y añadió:

> En un ambiente de fraternidad y amor cristiano hemos reflexionado sobre la identidad pentecostal, la espiritualidad, la evangelización, el compromiso social, la participación de la mujer, la unidad, la cooperación y el diálogo.

---

180 *Ibíd.*, p. 18.
181 *Ibíd.*, p. 21.
182 *Ibíd.*, p. 22.

Confirmamos que la evangelización es un estilo de vida, cultivado a la luz de la Gran Comisión. Los creyentes, generalmente pobres, son sujetos activos, quienes impulsados por Dios trabajan para que todos saboreen el Espíritu de Cristo. Por ello, también el testimonio del evangelio se expresa a través de un compromiso social con los más necesitados. Estas acciones muchas veces se realizan sólo con el recurso del Espíritu Santo, en los que no necesariamente media el dinero. Entendemos el testimonio pentecostal como un compromiso solidario, creador de comunidad y unidad desde el servicio de amor a los más pobres de la tierra.[183]

La agenda propuesta en esta reunión incluía un diálogo norte-sur con otros movimientos y organizaciones pentecostales, diálogo con la iglesia católica, afirmación de la participación activa de las mujeres, actividades dirigidas a la juventud pentecostal, promoción del trabajo con los indígenas, la expansión de CEPLA para promover la unidad y la cooperación entre diversas tendencias pentecostales en América Latina, y profundizar el diálogo sobre misión y evangelismo. CEPLA tuvo también una reunión en la Habana, *Jubileo, La Fiesta del Espíritu*, del 23 al 28 de setiembre de 1998. La meta principal de esta reunión fue "crear conciencia en nuestras iglesias pentecostales para participar más activamente, con la ayuda del Espíritu, en la transformación del presente orden que nos deshumaniza a todas y todos por igual".[184]

En La Habana, Bernardo Campos tipificó el desarrollo del pentecostalismo en Latinoamérica en tres periodos históricos, dependiendo en gran parte de la dinámica con la Iglesia Católica, de rechazo, asimilación y distancia. Campos dividió la historia en tres etapas:

---

[183] *Ibíd.*, p. 41.

[184] Manuel Quintero, ed. *Jubileo, la fiesta del espíritu: Identidad y misión del pentecostalismo latinoamericano,* Quito: Departamento de Comunicaciones del Consejo Latinoamericano de Iglesias, 1999, p. vi.

* El pentecostalismo de implantación (1909–1930)
* El pentecostalismo de fermentación para la cruzada, o su consolidación (1930–1959)
* El pentecostalismo de expansión, o su constantinización (1960…)

Durante el primer periodo, el pentecostalismo fue claramente anticatólico:

> En su crítica al "romanismo", los primeros pentecostales no distinguían tendencias en el catolicismo romano, no solo por ignorarlas, sino porque constituía todo un bloque en su visión del mundo pagano y porque en diversos países de América Latina las tendencias del catolicismo romano no estaban bien definidas. El paganismo era, para el pentecostal tradicional, sinónimo de catolicismo y viceversa… La iglesia Católica Romana aparecía en sus esquemas cono el signo visible de la idolatría, la encarnación misma del pecado de la sociedad y se la representaba en un concordismo bíblico como "la bestia del Apocalipsis", "la gran ramera" o "Babilonia la grande". Toda una suerte de improperios que justificaban a la larga su evangelización.[185]

El segundo periodo de desarrollo pentecostal se caracterizó por la apertura de institutos bíblicos para capacitar a los líderes locales y por un ingreso masivo de misioneros "sin una clara consigna política y una mediana educación teológica, para cubrir la docencia en los institutos bíblicos". Coincidió esto con el comienzo de la industrialización en el continente, provocando el éxodo masivo de campesinos a los centros urbanos y que llenaron a las iglesias pentecostales. El pentecostalismo se convirtió en el "poder espiritual de los pobres". Campos calculó que para 1940, uno de cada cuatro protestantes era pentecostal. En este periodo los pentecostales

---

[185] Bernardo Campos, *Experiencia del espíritu: Claves para la interpretación del pentecostalismo*, Quito: CLAI, 2002, p. 4.

estudiaron al catolicismo popular logrando un entendimiento mejor de sus diferentes tendencias, y afilaron sus herramientas evangelísticas.

La "constantinización" del pentecostalismo fue la característica principal en el tercer periodo. Campos señaló a Chile y Guatemala como ejemplos de estos, donde se dieron alianzas con los regímenes militares.

> En esta etapa de la historia del pentecostalismo, como lo fuera el protestantismo en la independencia, será la única fuerza considerable capaz de hacer tambalear el monopolio de lo religioso del catolicismo de Cristiandad y de Nueva Cristiandad. Chile y Brasil, en dos frentes distintos, serán los casos típicos de la "contantinización pentecostal", en los que la Iglesia Católica Romana se vio precisada a emprender acciones destinadas a contrarrestarla, y donde los Estados no han perdido la ocasión para el clientelismo político... La catequesis pentecostal se había politizado. El misionero pentecostal y el pastor, líderes de opinión ambos en nombre del verdadero evangelio o del "evangelio completo", promovían desde el púlpito y desde sus programas radiales una cruzada anticomunista.[186]

A pesar de esto, Campos vio que las nuevas generaciones jóvenes de pentecostales eran activas en apoyar los cambios sociales y políticos, provocando conflictos con los pentecostales más tradicionales. Para Campos, ésta fue la razón principal que llevó a algunas iglesias pentecostales a afiliarse con CLAI, mientras que otras se unieron a CONELA. Las primeras eran iglesias abiertas a la labor ecuménica y a la renovación eclesiástica. Por el otro lado:

> Los pentecostales de mentalidad conservadora se alinearon con CONELA. Siguiendo la ideología y teología del Imperio, dominado por los líderes misioneros que repuntaban en el

---

186 *Ibíd.*, p. 9.

escenario latinoamericano tras haber perdido hegemonía en el periodo que fue de 1929 a 1949, muchos líderes pentecostales vieron en CONELA la materialización de sus aspiraciones. Ávidos por el ascenso social e imbuidos de la mentalidad capitalista del "prestigio social", trabajaron por una pentecostalización del planeta y sirvieron de canales de irradiación de la ofensiva neoconservadora de los Estados Unidos.

Algunos predicadores más "exitosos" de América Latina, ingenua pero conscientemente, se convirtieron en imitadores del tele-evangelismo norteamericano. Esta mentalidad servilista, dado el caso, no tendrá escrúpulos para una alianza estratégica con el catolicismo ultraconservador.[187]

Para Campos, este pentecostalismo de la tercera etapa estaba dividido, pero se mantenía fuerte, y presentaba una amenaza religiosa y política al catolicismo. A pesar de los movimientos de renovación dentro de la Iglesia Católica, tales como las comunidades eclesiales de base, y la amplia distribución de la Biblia, las nuevas generaciones de pentecostales seguían sin dialogar con los católicos. Campos favorecía ese diálogo, solo que, para que se pudiera dar era necesaria una nueva mentalidad pentecostal que promoviera la acción concertada.

Álvarez, Silveira y Campos nos han dejado un análisis cuidadoso y útil de su tradición pentecostal. Junto con otros pentecostales, en diferentes foros, representan el crecimiento pentecostal no solo numérico, sino, sobre todo, de su entendimiento de su función en la sociedad latinoamericana. Dentro del pentecostalismo siempre ha habido tolerancia para los experimentos y las innovaciones, lo que ha provocado tensiones entre los desarrollos y propuestas recientes con el pentecostalismo tradicional y las iglesias históricas. Pero, como lo hemos visto, pentecostalismo y polémica van juntos.

---

[187] *Ibíd.*, p. 10.

Los organizadores del Congreso de Panamá a comienzos del siglo XX nunca se imaginaron que su visión de una iglesia evangélica latinoamericana, relevante para la sociedad y totalmente autóctona, iba a resultar en la iglesia que llegó a ser al final del siglo. Un cristiano evangélico promedio se podría representar por una mujer pobre de una barriada de clase obrera, con poca educación y una familia grande, que va al culto en su barrio todos los días de la semana, líder en su congregación, que espera cada día una serie de milagros para ella y su familia. Tendrán que pasar más años antes de que el evangelio comience a penetrar las clases más altas de la sociedad latinoamericana. Los evangélicos de América Latina han entrado al siglo XXI confiados en la promesa de que las puertas del hades no prevalecerán contra el avance del evangelio. Y el grito que recorre el continente es *¡Maranata!*

Conclusiones

Sobre el desarrollo de la teología evangélica latinoamericana se ha dicho que comenzó a mediados del siglo XX, aproximadamente en la sexta década. Pero se han ignorado los desarrollos tempranos, que mostraron un interés marcado en un pensamiento teológico autóctono. Desde comienzos del siglo, pensadores latinoamericanos asumieron el desafío de una reflexión teológica que respondiera a las condiciones y preguntas regionales. Hubo varios factores que inhibieron la circulación y la popularización de estas teologías contextuales, tal como la influencia negativa de la invasión de misioneros extranjeros con ideologías separatistas y esquemas doctrinales futuristas, quienes, a través de sus institutos bíblicos, las difundieron exitosamente a lo largo y ancho del continente. Esas teologías preempacadas estorbaron toda posibilidad de un desarrollo teológico autóctono. Además, las divisiones denominacionales patrocinadas con fondos foráneos fueron traídas a la región. Rápidamente la doctrina del grupo con más presupuesto llegó a ser ortodoxia, mientras las teologías de los grupos menos pudientes fueron declaradas heréticas. El que tenía los fondos definía las reglas de juego y la "sana doctrina" bloqueando, así, cualquier intento de desarrollo teológico local. Finalmente, eventos históricos —la Guerra Fría, por ejemplo— provocaron sospechas y separaciones. Todo esto explica, en parte, por qué los evangélicos latinoamericanos desarrollaron en el siglo XX varias tendencias teológicas que casi nunca interactuaron mutuamente. Aparte de algunas excepciones, cuando un grupo criticaba al otro, como los evangélicos con ISAL, cada grupo trabajó sin dejarse afectar por lo que los otros estaban haciendo.

No se puede definir la teología evangélica en América Latina durante el siglo XX como únicamente un ejercicio académico e intelectual llevado a cabo en los claustros eruditos. Fue más bien una discusión rica y abundante realizada en publicaciones, sermones, boletines denominacionales y locales, conferencias y otros medios similares. Sin embargo, la distribución de ese diálogo fue limitada por las comunicaciones lentas y la falta de recursos tecnológicos para que fuera disponible a un público más amplio y para las generaciones posteriores. En su mayoría se quedó en un sitio con un público pequeño. Una gran parte de esa producción teológica se perdió para siempre y pasó al olvido porque nunca se imprimió o preservó por ningún medio. Los investigadores tenemos hoy acceso sólo a la punta del témpano teológico.

La teología evangélica latinoamericana mantuvo un diálogo permanente con el resto del mundo en el siglo XX. Los desarrollos teológicos tanto en Europa como en América de Norte estuvieron sobre la mesa, no como reliquias del pasado, sino como verdaderos compañeros de conversación. Para muchos latinoamericanos, las teologías europeas eran ejemplos de labor contextual. En lo posible, esas teologías se analizaron, escudriñaron y adaptaron cuidadosamente. Claro que el acercamiento a estas teologías foráneas se mantuvo como un punto de discordia entre varios teólogos latinoamericanos.

Otros interlocutores importantes para los evangélicos latinoamericanos eran las teologías católicas. Siendo de cuña reciente y minoría religiosa, los evangélicos tuvieron que enfrentar una oposición política y social directa, principalmente en la primera parte del siglo. La hegemonía católica afectó directa e indirectamente la identidad y la misión de los evangélicos. Estos tuvieron que mostrar que su presencia era necesaria. Tuvieron también que probar que no eran agentes secretos de la inteligencia de poderes extranjeros que conspiraban en la región para apropiarse de sus materias primas; ni que eran los criminales que la jerarquía eclesiástica los acusaba de ser. En general, los evangélicos desarrollaron varias estrategias en su acercamiento a las teologías católicas. Mayormente este diálogo fue difícil y antagonista hasta que, a finales del siglo, cuando los evangélicos llegaron a ser un porcentaje significativo de la población, comenzaron a ignorar a la iglesia mayoritaria. Sin embargo, su evaluación teológica de que la Iglesia Católica es el enemigo de la fe y de que los católicos necesitan convertirse no ha cambiado para nada. Muchos teólogos evangélicos latinoamericanos no han sacrificado su alianza a su fe en el altar de la tolerancia religiosa. La historia de rechazo mutuo y de persecución dirigida es difícil de olvidar. El supuesto *aggiornamento* de la Iglesia Católica desde el concilio vaticano II jamás se materializó en una relación más fraterna. Los latinoamericanos evangélicos sospechan mucho de esos encuentros bien publicitados y difundidos entre evangélicos y católicos en otras latitudes. Para muchos en la región, esos encuentros huelen a traición.

Si el lector se ha quedado con la impresión de que el desarrollo de la teología evangélica latinoamericana ha sido caótico, impredecible, polarizador y divisivo es porque así fue. Aparte de algunos esfuerzos de ISAL y FTL, por ejemplo, para derrumbar las barreras denominacionales e ideológicas, la mayoría de los avances en el pensamiento teológico han sido restringidos a los resguardos eclesiásticos. La sospecha y la desconfianza han hecho que la unidad sea difícil y hasta imposible. Ésta es, y sigue siendo, la mayor debilidad y limitación del desarrollo teológico evangélico en América Latina. ¿Qué pasaría si los evangélicos trabajaran más intencionalmente para aunar esfuerzos por el evangelio, dejando a un lado sus diferencias heredadas? Sin lugar a duda, aquí yace el reto mayor que los evangélicos enfrentan en el futuro.

La dependencia teológica inicial se ha sobrepasado parcialmente. Sin embargo, esto no se ha traducido en una aceptación y aplicación de las teologías locales. Por ejemplo, las corrientes teológicas norteamericanas del "evangelio de la prosperidad", junto con el "nuevo movimiento apostólico", distribuidos eficientemente por televisión satélite a todos los rincones de la región, se han esparcido rápidamente. La tendencia de las "megaiglesias", con su modelo de gestión, ha traído una eclesiología que se ajusta más al sistema capitalista predominante que al reino de Dios. Las razones que explican el rechazo a las teologías latinoamericanas son complejas, y se necesita más investigación para entender por qué la teología evangélica latinoamericana es solamente la teología de unos pocos. Aquí nos atrevemos a dar algunas respuestas.

La educación teológica en la región ha sido, en su mayoría, una copia de la que se ofrece en los Estados Unidos. Los planes de estudio, la filosofía de la educación y la mayoría de los programas han sido modelados copiando a los seminarios del norte. Incluso hoy, casi todos los libros son traducciones, principalmente del inglés. Solamente un puñado de seminarios e institutos bíblicos incluyen algunos autores latinoamericanos. El problema es que no hay el esfuerzo de contextualizar los libros traducidos. Esto ha mantenido la dependencia teórica en las teologías de otras latitudes. Se necesitan en América Latina educadores que diseñen sus programas teniendo en cuenta el contexto.

Cuando la teología evangélica en América Latina se desarrolló, en la sexta y sétima década del siglo XX, en forma paralela a las teologías de la liberación, mucha gente las confundió como una sola. Eran los días de la Guerra Fría, cuando las tensiones políticas afectaron e infectaron las relaciones entre evangélicos en la región. La radicalización de ISAL y su alienación de las iglesias junto con las respuestas ambiguas que algunos miembros de la FTL dieron a las teologías de la liberación, dejó la impresión de que lo que los evangélicos estaban haciendo era solamente otra línea de la teología de la liberación, por lo cual se debía rechazar rotundamente. Esta politización de las relaciones entre evangélicos se vio claramente cuando se formaron CONELA y CLAI. El hecho de que fueron misioneros extranjeros con tendencias políticas conservadoras quienes comenzaron la mayoría de las denominaciones, no ayudó para distinguir entre lo que estaban formulando las teologías de la liberación, por un lado, y los evangélicos por otro lado. Para los misioneros y sus seguidores locales las dos teologías eran lo mismo.

Dicha confusión y el subsecuente rechazo de lo que los evangélicos latinoamericanos estaban haciendo teológicamente continúa hoy, aunque haya ya desaparecido el marco político que la inspiró.

Existe, en general, un elemento cultural en América Latina que considera el estilo de vida y los productos del norte como intrínsecamente mejores que lo producido localmente. La cultura europea y la norteamericana se conocen muy bien en América Latina por los medios de comunicación. Para mucha gente, su objetivo en la vida es imitarlas completamente. Las nuevas generaciones, por ejemplo, prefieren aprender los idiomas de los países del norte antes que las lenguas nativas de Latinoamérica. Con pocas excepciones, los artistas y músicos del norte son más populares que los locales. Lo mismo podemos decir de los teólogos latinoamericanos y sus propuestas teológicas. Un gran número de latinoamericanos ni siquiera se ha percatado de que existen esas teologías autóctonas.

A pesar de los avances en las comunicaciones, todavía es engorroso distribuir libros y otras publicaciones dentro de la región. Las condiciones actuales del mercado dificultan el envío de libros entre países vecinos. Por ello, muchos distribuidores han abierto oficinas en Miami, una de las ciudades latinoamericanas más populosas, porque los servicios favorecen los envíos de libros. Esta situación dificulta y encarece la publicación de la producción teológica latinoamericana para Latinoamérica. Las casas editoras necesitan aprovechar nuevas posibilidades tecnológicas para que sus publicaciones alcancen un público más amplio.

Asombrosamente, a pesar de todas estas dificultades y tropiezos, los evangélicos latinoamericanos se han mantenido activos en su búsqueda del mensaje bíblico para la iglesia y el continente. Algunos de los temas del siglo XX aún están vigentes: pobreza, corrupción, desigualdad social, racismo y la falta de oportunidades para la mayoría. Actualmente han aparecido otros retos que necesitamos tratar teológicamente: cuidado ambiental, nuevas eclesiologías, asuntos de género, avances bioéticos, migración, desplazamiento y refugiados, entre otros. La iglesia latinoamericana necesita definir claramente qué significa ser hoy el pueblo del reino de Dios en el continente. Como vimos, en América Latina la teología ha sido misionera y así debe continuar. Únicamente de este modo tendremos los evangélicos latinoamericanos una voz relevante para nuestro contexto y para el mundo.

Bibliografía

Abrecht, Paul

    1961   *Las iglesias y los rápidos cambios sociales.* México: Casa Unida de Publicaciones.

Álvarez, Carmelo

    1996   "Historic Panorama of Pentecostalism in Latin America and the Caribbean". En Benjamín F. Gutiérrez y Dennis Smith (editores), *In the Power of the Spirit: The Pentecostal Challenge to Historic Churches in Latin America.* México: AIPRAL.

Arana Quiroz, Pedro

    1970   *Progreso, técnica y hombre.* Buenos Aires: Ediciones Certeza.

    1970   *Providencia y revolución.* Lima: El Estandarte de la Verdad.

    1972   "La revelación de Dios y la teología en Latinoamérica". En Peter Savage (editor), *El debate contemporáneo sobre la Biblia.* Barcelona: Ediciones Evangélicas Europeas.

Arana Quiroz, Pedro, ed.

    1987   *Teología del camino: Documentos presentados en los últimos veinte años por diferentes comunidades cristianas de América Latina.* Lima: Ediciones Presencia.

Assmann, Hugo

    1971   *The Christian Contribution to the Liberation of Latin America.* Cuernavaca.

    1971   *Opresión-liberación: Desafío a los cristianos.* Montevideo: Tierra Nueva.

    1971   *Teoponte: una experiencia guerrillera.* Oruro: Centro de Desarrollo Integral.

    1973   *Cristianos por el socialismo: Exigencias de una opción.* Montevideo: Tierra Nueva.

    1973   *Teología desde la praxis de la liberación: Ensayo teológico desde la América dependiente.* Salamanca: Sígueme.

1975 *Dominación y dependencia*. Buenos Aires: Tierra Nueva.

1975 *Theology for a Nomad Church*. New York: Orbis Books.

1981 *El juego de los reformismos: Frente a la revolución en Centroamérica*. San José: DEI.

1988 *La iglesia electrónica y su impacto en América Latina: Invitación a un estudio*. San José: DEI.

1990 *Clamor dos pobres e "racionalidade" econômica*. Sao Paulo: Ediçôes Paulinas.

1994 *Economía y religión*. San José: DEI.

1997 *La idolatría del mercado*. San José: DEI.

Báez-Camargo, Gonzalo

1930 *Hacia la renovación religiosa en Hispano-América: Resumen e interpretación del Congreso Evangélico Hispano-Americano de La Habana*. México: Casa Unida de Publicaciones.

1978 "El futuro del protestantismo latinoamericano". *Pensamiento Cristiano* 25, n.° 2.

Braga, Erasmo

1917 *Pan-americanismo: aspecto religioso. Una relación e interpretación del Congreso de Acción Cristiana en la América Latina celebrado en Panamá del 10 al 19 de febrero de 1916*. Traducido por Eduardo Monteverde. Nueva York: Sociedad para la Educación Misionera en los Estados Unidos y Canadá.

Bucafusco, Luis P.

1969 "Impresiones personales sobre la III CELA". En *Deudores al mundo, III Conferencia Evangélica (CELA)*, 13–16. Montevideo: Unelam.

CAM

1897 "Origen and Purpose of the Mission". *The Central American Bulletin* 3, n.° 2.

1916 *The Central American Bulletin* 22, n.° 1.

Campos, Bernardo

2002 *Experiencia del Espíritu: claves para la interpretación del pentecostalismo*. Quito: CLAI.

Campos R, Óscar A.

1997 "La misión de la iglesia y el reino de Dios en el evangelicalismo tradicional". Guatemala: *Kairós* 21, n.° 2 (julio).

Canclini, Arnoldo

1972 *Cristianismo y existencialismo*. Buenos Aires: Ediciones Certeza.

Carrillo de Albornoz, A. F.

1964 *Bases de la libertad religiosa*. México: Casa Unida de Publicaciones.

Castillo-Cárdenas, Gonzalo

1964 "El cristianismo evangélico en América Latina". *Cuadernos Teológicos* 2, n.º 5.

Castro, Emilio

1965 "La evangelización en la América Latina". *Cuadernos Teológicos* 14, n.º 2–3.

1966 *Un pueblo peregrino: Reflexiones sobre la misión de la iglesia en el mundo actual.* Buenos Aires: La Aurora.

CELA I

1949 *El cristianismo evangélico en América Latina. Informes y resoluciones de la Primera Conferencia Evangélica Latinoamericana, 18 al 30 de julio de 1949, Buenos Aires, Argentina.* Buenos Aires: La Aurora.

CELA II

1962 *Cristo, la esperanza para América Latina: ponencias-informes-comentarios de la Segunda Conferencia Evangélica Latinoamericana, 20 de julio al 6 de agosto de 1961, Lima, Perú.* Buenos Aires: Confederación Evangélica del Río de la Plata.

CELEP

1978 "Una revista para una nueva situación". *Pastoralia* 1, n.º 1.

CLADE III

1993 *Tercer Congreso Latinoamericano de Evangelización, Quito 1992: Todo el Evangelio para todos los Pueblos desde América Latina.* Buenos Aires: Fraternidad Teológica Latinoamericana.

CLAI

1983 *Constitución y Reglamento del CLAI: Aprobado en la Asamblea Constitutiva, noviembre 11 al 18 de 1982, Lima, Perú.* Lima: CLAI.

Committee of Cooperation in Latin America, CCLA

1917 *Christian Work in Latin America: Cooperation and the Promotion of Unity, the Training and Efficiency of Missionaries, the Devotional Addresses, the Popular Addresses.* vol. 3. New York: Missionary Education Movement of the United States and Canada.

1917 *Christian Work in Latin America: Literature, Women's Work, the Church in the Field, the Home Base.* vol. 2. New York: The Missionary Education Movement of the United States and Canada.

1917 *Christian Work in Latin America: Survey and Occupation, Message and Method, Education.* vol. 1, 3. New York: The Missionary Education Movement of the United States and Canada.

1917 *Regional Conferences in Latin America.* New York: The Missionary Education Movement.

Conard, Guillermo, ed.

1982   *Los documentos de CONELA*. México: CONELA.

CONELA

1986   *Declaración de CONELA en Maracaibo*. Venezuela.

Conteris, Hiber

1965   "El rol de la iglesia en el cambio social de América Latina." *Cristianismo y Sociedad* 3, n.º 7.

1986   *La diana en el crepúsculo*. Barcelona: Laia.

1988   *La cifra anónima: Cuatro relatos de prisión*. Montevideo: Ediciones Trilce.

1998   *Round Trip: Viaje regresivo*. Montevideo: Planeta.

2002   *Oscura memoria del sur*. Montevideo: Editorial Fin de Siglo.

Costas, Orlando E.

1974   *The Church and Its Mission: A Shattering Critique from the Third World*. Wheaton: Tyndale House.

1982   "La misión como discipulado". *Boletín Teológico* 6 (marzo–abril).

Cox, James L.

1981   "Jerusalem 1928: Its Message for Today". WCC: *Missiology: An International Review* 9, n.º 2 (abril).

De Santa Ana, Julio

1966   *Id por el mundo: Estructuras para la misión*. Buenos Aires: Methopress.

1969   *Cristianismo sin religión: Ensayo*. Montevideo: Editorial Alfa.

1970   *Protestantismo, cultura y sociedad: Problemas y perspectivas de la fe evangélica en América Latina*. Buenos Aires: La Aurora.

1977   *El desafío de los pobres a la iglesia*. San José: Editorial Universitaria Centroamericana.

1983   *Hacia una iglesia de los pobres*. Buenos Aires: La Aurora.

1984   *Por las sendas del mundo caminando hacia el Reino: Reorientación pastoral y renovación teológica en América Latina*. San José: DEI, Seminario Bíblico Latinoamericano.

1991   *La práctica económica como religión: Crítica teológica a la economía política*. San José: DEI.

1994   *Evangelización y conquista*. Montevideo: Ediciones de Juan Darién.

De Vries, Egbert

1962   *El hombre en los rápidos cambios sociales*. México y Buenos Aires: Casa Unida de Publicaciones - La Aurora.

Dekker, James C.

1985   "North American Protestant Theology: Impact on Central America". *Evangelical Review of Theology* 9, n.º 3 (julio).

Driver, Juan

1974   *Comunidad y compromiso: Estudios sobre la renovación de la iglesia.* Buenos Aires: Ediciones Certeza.

Escobar, J. Samuel

1981   "La agenda teológica para el futuro". *Boletín Teológico* 4, n.° 2.

1973   "Evangelical Theology in Latin America". *EP News Service* (octubre 6).

1963   *Biblia y medicina psicológica.* Córdoba, Argentina: Ed. Certeza.

1966   "¿Somos fundamentalistas?". *Pensamiento Cristiano* 13.

1970   *¿Quién es Cristo hoy?* Buenos Aires: Ediciones Certeza.

1972   *Decadencia de la religión.* Buenos Aires: Ediciones Certeza.

1972   "El contenido bíblico y el ropaje anglosajón en la teología latinoamericana". En Peter Savage (editor), *El Debate Contemporáneo Sobre La Biblia.* Barcelona: Ediciones Evangélicas Europeas.

1975   "El reino de Dios, la escatología y la ética social y política en América Latina". En René Padilla (editor), *Reino de Dios y América Latina.* El Paso: Casa Bautista de Publicaciones.

1978   *La chispa y la llama. Breve historia de la comunidad internacional de estudiantes evangélicos en América Latina.* Buenos Aires: Certeza.

1978   "La teología evangélica hoy". *Pensamiento Cristiano* 24, n.° 4 (junio).

1984   "Heredero de la reforma radical". En René Padilla (editor), *Hacia una teología latinoamericana: ensayos en honor a Pedro Savage.* San José: Editorial Caribe.

1986   "Los movimientos de cooperación evangélica en América Latina". *Misión* 5, n.° 3–4.

1987   *La fe evangélica y las teologías de la liberación.* El Paso: Casa Bautista de Publicaciones.

1989   "El crecimiento de la iglesia en América Latina y la teoría del "iglecrecimiento". *Misión* 8, n.° 1.

1992   "The Legacy of John Alexander Mackay". *International Bulletin of Missionary Research* 16.

1995   *Evangelizar hoy.* Buenos Aires: Ediciones Certeza ABUA.

1995   "La fundación de la fraternidad teológica latinoamericana: Breve ensayo histórico". *Boletín Teológico* 59/60.

2001   "The Legacy of Orlando Costas". *International Bulletin of Missionary Research* 25, n.° 2.

Escobar, J. Samuel, C. René Padilla y Edwin M. Yamauchi

1971   *¿Quién es Cristo hoy?* Buenos Aires: Ediciones Certeza.

Estrello, Francisco E.

1945   "El cristianismo de hoy y de mañana en el mundo". *Luminar* 9, n.° 4.

Evangélicos, Comunidad Internacional de Estudiantes
  1976   *Fe y crisis de fe*. Buenos Aires: Ediciones Certeza.

Ferris, George Irwin, Jr.
  1981   "Protestantism in Nicaragua: Its historical Roots and Influences Affecting its Growth" (disertación doctoral), Temple University.

Foulkes, Ricardo
  1972   *La iglesia primitiva de Jerusalén: Un estudio terminológico*. Buenos Aires: Ediciones Certeza.

Fuller, W. Harold
  1996   *People of the Mandate: The Story of the World Evangelical Fellowship*. Grand Rapids: Baker Book House.

Garrido Aldama, Manuel
  1949   *Radiofonía evangélica en la América Latina: ¿Por qué? ¿Cómo?* Buenos Aires: La Aurora.

Gonzáles, Justo Luis
  1965   *Revolución y encarnación*. Vol. 1. Colección Universitas. Puerto Rico: Librería La Reforma.
  1972   *El Apocalípsis, o la revelación del ciudadano*. Buenos Aires: Certeza.

Green, Michael
  1976   *¡Jesucristo vive hoy!* Buenos Aires: Ediciones Certeza.
  1976   *La evangelización en la iglesia primitiva*. Buenos Aires: Ediciones Certeza.

Gringoire, Pedro
  1936   "Presentación". *Luminar* 1, n.° 1.

Gutiérrez-Cortez, Rolando
  1988   "La propuesta teológica de la FTL". *Boletín Teológico* 20, n.° 32.

Hall, Daniel Enrique
  1927   "The Protestant Movement." En Milton Stauffer (editor), *As protestant Latin America Sees it*. New York: Student Volunteer Movement for Foreign Missions.

Hayward, Victor E. W.
  1965   "Llamado al testimonio: ¿Pero qué clase de testimonio?". *Cuadernos Teológicos* 14, n.° 2–3.

Henry, Carl F. H.
  1973   "Evangelical Leader Reports on Religion in Latin America". *Religious News Service*. Agosto 21.

Henry, Carl F. H.
  1957   *Evangelical Responsibility in Contemporary Theology*. Grand Rapids: Eerdmans.

Hopkins, Hugh Evan

1961   *Manual del combatiente cristiano*. Córdoba: Ediciones Certeza.

Inman, Samuel G.

1925   *Ventures in Inter-American Friendship*. New York: Missionary Movement of the United States and Canada.

Inman, Samuel G.

1929   *New Churches in Old Lands: Thoughts Concerning the Evangelical Movement in Hispanic America, Especially in View of Discussions Related to the Havana Congress*.

ISAL

1961   *Encuentro y desafío: La acción cristiana evangélica latinoamericana ante la cambiante situación social, política y económica*. Montevideo: ISAL.

1965   *Hombre, ideología y revolución en América Latina*. Montevideo: Iglesia y Sociedad en América Latina.

1965   *Realidad social de América Latina: Manual para institutos de líderes*. Montevideo Iglesia y sociedad en América Latina.

1966   *América hoy: Acción de Dios y responsabilidad del hombre*. Montevideo: Iglesia y Sociedad en América Latina.

1966   "II Consulta Latinoamericana de Iglesia y Sociedad "El Tabo"-Chile, enero 12–21, 1966". *Cristianismo y Sociedad* 4, n.° 9–10.

1968   "III Consulta Latinoamericana de ISAL" *Carta de ISAL 1*, n.° 1 (abril).

1971   "Bases para una estrategia y programa de ISAL. IV Asamblea Continental, Julio 1971. Ñaña, Perú". En Rafael Thomas, Filemón Escobar, César Aguiar, Hugo Assmann, Julio Barreiro y Pablo Franco (editores), *América Latina: Movilización popular y fe cristiana*. Montevideo: ISAL.

Kirk, Andrés

1972   "La Biblia y su hermenéutica en relación con la teología protestante en América Latina". En Peter Savage (editor), *El Debate Contemporáneo Sobre La Biblia*. Barcelona: Ediciones Evangélicas Europeas.

1972   *¿Una teología de la revolución?* Buenos Aires: Ediciones Certeza.

Latinoamericano, Seminario Bíblico

1973   "To Whom it May Concern". Setiembre 26.

Lazear, Roberto

1979   *El maestro de dolores: Reflexiones íntimas sobre la poesía "El Cristo de Velázquez", de Miguel de Unamuno y Jugo*. Miami: Editorial Caribe.

Lenkersdorf, Carlos, Julio Barreiro, André Dumas y Joseph Hromadka

  1965   *Fe cristiana y marxismo*. Vol. 1. Cuadernos de "Cristianismo y Sociedad". Montevideo: ISAL.

León, Jorge A.

  1979   *¿Es posible el hombre nuevo?* Buenos Aires: Ediciones Certeza.

Liggett, Thomas J.

  1959   *Latin America: A Challenge to Protestantism*. Puerto Rico: Evangelical Seminary of Puerto Rico.

Lores, Rubén

  1973   Carta personal a Mr. Norman Rohrer. *Evangelical News Service*. Setiembre 21.

  1979   "El destino manifiesto y la empresa misionera". En Carmelo Álvarez (editor), *Lectura teológica del tiempo latinoamericano: Ensayos en honor del doctor Wilton M. Nelson*. San José: Seminario Bíblico Latinoamericano.

Lum, Ada y Ruth Siemens

  1977   *El estudio bíblico creativo*. Traducido por Adam F. Sosa. Buenos Aires: Ediciones Certeza.

Mackay, John A.

  1935   *That Other America*. New York: Friendship Press.

  1945   *Prefacio a la teología cristiana*. Traducido por Gonzalo Báez Camargo. México: Casa Unida de Publicaciones y El Faro.

  1952   *El otro Cristo español*. Traducido por Gonzalo Báez-Camargo. México y Buenos Aires: Casa Unida de Publicaciones y Editorial La Aurora (originalmente publicado en 1932).

Maury, Philippe

  1964   *Cristianismo y política*. Buenos Aires: Methopress.

Melano Couch, Beatriz

  1985   "Teología de la liberación y misión de la iglesia en América Latina: Un punto de vista protestante". *Cuadernos de Teología* 6, n.° 4.

Mergal, Ángel Manuel

  1939   *Un hidalgo iluminado: Esteban S. Huse. Historia de su obra en Puerto Rico*. Barranquitas, Puerto Rico.

  1941   *Puente sobre el abismo: Sonetos espirituales*. Parranquitas, Puerto Rico: Academia Bautista.

  1944   *Federico Degetau: Un orientador de su pueblo*. New York: Hispanic Institute.

  1945   *El agraz*. Río Piedras, Puerto Rico: Seminario Evangélico.

  1946   *Defensa de la educación democrática*. San Juan, Puerto Rico: Asociación de Iglesias Evangélicas de Puerto Rico.

1949   *Reformismo cristiano y alma española*. Buenos Aires:
        La Aurora.

1951   *Arte cristiano de la predicación*. México: Comité de la Literatura
        de la Asociación de Iglesias Evangélicas de Puerto Rico.

1960   *Puerto Rico: Enigma y promesa*. San Juan, Puerto Rico: Editorial
        Club de la Prensa.

1965   *El reino permanente*. San Juan, Puerto Rico: Iglesia Evangélica
        Unida de Puerto Rico.

Míguez Bonino, José

1961   "Nuestro mensaje". En *Cristo, la esperanza para América Latina.
        Ponencias-Informes-Comentarios de la Segunda Conferencia
        Evangélica Latinoamericana*. Lima: CELA.

1970   "Protestantism's Contribution to Latin America". *Lutheran
        Quarterly* 22, n.° 1 (febrero).

1972   "Reino de Dios e historia: Reflexiones para una discusión del tema".
        Fraternidad Teológica Latino Americana. II Consulta Teológica
        Internacional, Lima, 11–19 diciembre.

1977   "How Does United States Presence Help, Hinder or Compromise
        Christian Mission in Latin America?" *Review and Expositor* 74, n.°
        2 (primavera).

Navarro Monzó, Julio

1925   *The Religious Problem in Latin American Culture*. Montevideo:
        Young Men's Christian Association.

Neely, Alan

1977   "Protestant Antecedents of the Latin American Theology of
        Liberation" (disertación doctoral), American University.

Núñez C, Emilio Antonio

1982   "Carta a jóvenes teólogos". *Boletín Teológico* 5, n.° 1.

1986   *Doing Evangelical Theology in Latin America*. Portland: Western
        Conservative Baptist Seminary.

1986   *Teología de la liberación*. Miami: Caribe.

1989   "Crecimiento numérico *versus* crecimiento integral". *Misión* 8, n.° 1.

1972   "La naturaleza del reino de Dios". Fraternidad Teológica Latino
        Americana, II Consulta Teológica Internacional, Lima.

1986   "Response to Padilla". En Branson Mark and René Padilla (editors),
        *Toward a Contextual Theology from Latin America", en Conflict and
        Context: Hermeneutics in the Americas. A Report on the Context and
        Hermeneutics in the Americas Conference Sponsored by Theological
        Students Fellowship and the Latin American Theological Fraternity
        Tyayacapan., Mexico, November 24–29, 1983*. Grand Rapids:
        William B. Eerdmans Publishing Company.

Odell, Luis L.

1963 "Junta Latinoamericana de Iglesia y Sociedad (JLAIS): Origen, definición, objetivos". *Cristianismo y Sociedad* 1, n.º 2.

Orellana, Luis

2006 *El fuego y la nieve: historia del movimiento pentecostal en Chile: 1909–1932*. Concepción, Chile: Centro Evangélico de Estudios Pentecostales CEEP.

Orrego, Antenor

1937 "El destino trascendente de América". *Luminar* 1, n.º 4.

Ortiz, Juan Carlos

1972 "Definiciones socio-económicas de la iglesia para la problemática latinoamericana". *Pensamiento Cristiano* 19, n.º 4.

1973 "Definiciones socio-económicas de la iglesia para la problemática latinoamericana". *Pensamiento Cristiano* 20, n.º 1.

Padilla, C. René

1972 "La Autoridad de la Biblia en la teología latinoamericana". En Peter Savage (editor), *El debate contemporáneo sobre la Biblia*. Barcelona: Ediciones Evangélicas Europeas.

1972 "La iglesia y el reino de Dios". Fraternidad Teológica Latino Americana, II Consulta Teológica Internacional, Lima, 11–19 de julio de 1972.

1972 "La teología de la liberación". *Pensamiento Cristiano* 20, n.º 4 (diciembre).

1972 "La teología en Latinoamérica". *Pensamiento Cristiano* 19, n.º 75.

1975 *El evangelio hoy*. Buenos Aires: Ediciones Certeza.

1975 *El reino de Dios y América Latina*. El Paso: Casa Bautista de Publicaciones.

1982 "El nacimiento de una revista". *Misión* 1, n.º 1.

1982 "La explosión teológica en el Tercer Mundo". *Misión* 4, n.º 1.

1985 "Evangelización y responsabilidad social: De Wheaton '66 a Wheaton '83". *Misión* 4, n.º 3.

1986 *Misión integral: Ensayos sobre el reino y la iglesia*. Grand Rapids-Buenos Aires: Nueva Creación.

1986 "Toward a contextual theology from Latin America". En Mark Branson y René Padilla (editors), *Conflict and Context: Hermeneutics in the Americas. A Report on the Context and Hermeneutics in the Americas Conference Sponsored by Theological Students Fellowship and the Latin American Theological Fraternity Tyayacapan, Mexico, November 24–29, 1983*. Grand Rapids: William B. Eerdmans Publishing Company.

Padilla, C. René, ed.

1974   *Fe cristiana y Latinoamérica hoy.* Buenos Aires: Ediciones Certeza.

Palau, Luis and David Sanford

1994   *Calling America and the Nations to Christ.* Nashville: Thomas Nelson.

Piedra, Arturo

2005   *Evangelización protestante en américa latina. Análisis de las razones que justificaron y promovieron la expansión protestante 1830–1960.* Vol. 1. San José, Costa Rica: Universidad Bíblica Latinoamericana.

2005   *Evangelización protestante en América Latina. Análisis de las razones que justificaron y promovieron la expansión protestante.* Vol. 2. Quito: CLAI.

Pretiz, Paul E.

1982   "CONELA Raises its Flag in Panama". *Latin American Evangelist,* setiembre-octubre.

Quintero, Manuel, ed.

1999   *Jubileo: La fiesta del Espíritu. Identidad y misión del pentecostalismo latinoamericano.* Quito: Departamento de Comunicaciones del Consejo Latinoamericano de Iglesias.

Redacción

1920   "Cristo y las iglesias cristianas". *La Nueva Democracia* 1, n.° 3.

1920   "Nuestro saludo y nuestro programa". *La Nueva Democracia* 1, n.° 1.

1920   "¿Por qué rechazan muchos la religión?". *La Nueva Democracia* 1, n.° 2.

Rembao, Alberto

1948   "The Presence of Protestantism in Latin America". *International Review of Missions* 21, n.° 1.

1949   *Discurso a la nación evangélica. Apuntaciones para un estudio de la transculturación religiosa en el mundo de habla española.* Buenos Aires: La Aurora.

Richard, Pablo

1979   *Desarrollo de la teología latinoamericana: 1960–1978.* San José, Costa Rica: Seminario Bíblico Latinoamericano.

Richard, Pablo, ed.

1985   *Raíces de la teología latinoamericana.* San José, Costa Rica: DEI-CEHILA.

Roberts, W. Dayton

1979   "The Legacy of R. Kenneth Strachan". *Occasional Bulletin of Missionary Research* 3, n.° 1.

1982   "América Latina en la década de los 80". *Misión* 1,
        n.º 1.

Rodríguez, Gabino
    1927   "The Evangelical Churches". En Milton Stauffer (editor), *As
            Protestant Latin America Sees It*. New York: Student Volunteer
            Movement for Foreign Missions.

Rojas, Ricardo
    1928   *El Cristo invisible*. Buenos Aires: Librería La Facultad,
            J. Roldán.

Ruda, Osvaldo Jorge
    1964   *Psicoanálisis, reflexología y conversión cristiana*. Córdoba:
            Ediciones Certeza.

Salinas, Daniel
    2009   *Latin American Evangelical Theology in the 1970s: The Golden
            Decade*. Leiden: Brill.

Sandeen, Ernest R.
    1967   "Toward a Historical Interpretation of the Origins of
            Fundamentalism". *Church History* 36, n.º 1.

Saracco, Norberto
    1979   "La Palabra y el Espíritu en la comunidad evangelizadora". En
            *América Latina y la evangelización en los años 80: Un congreso
            auspiciado por la fraternidad teológica latinoamericana*. Lima:
            CLADE II.
    1982   "Las opciones liberadoras de Jesús". *Misión* 1, n.º 3.

Savage, Peter
    1981   "Editorial". *Boletín Teológico* 4, n.º 2.
    1982   "El quehacer teológico en el contexto latinoamericano". *Boletín
            Teológico* 5, n.º 1.

Savage, Peter, ed.
    1972   *El debate contemporáneo sobre la Biblia*. Barcelona: Ediciones
            Evangélicas Europeas.

Silveira Campos, Leonildo
    1996   "Why Historic Churches are Declining and Pentecostal Churches
            are Growing in Brazil: A sociological perspective". En Benjamín F.
            Gutierrez y Dennis Smith (editors), *In the Power of the Spirit: The
            Pentecostal Challenge to Historic Churches in Latin America*. México:
            AIPRAL.

Smith, Fred
    1989   "Algunos principios del iglecrecimiento en los Hechos de los
            Apóstoles". *Misión* 8, n.º 1.

Society, American Track

1900   *Ecumenical Missionary Conference New York, 1900: Report of the Ecumenical Conference on Foreign Missions, Hheld in Carnigie Hall and Neighboring Churches, April 21 to May 1.* Vol. 1. New York: American Track Society.

Sosa, Adam F.

1960   "Algunas consideraciones sobre la actual posición teológica de los evangélicos latinoamericanos". *Cuadernos Teológicos* 9, n.° 2.

Speer, Robert E.

1909   *Missions in South America.* New York: The board of foreign missions of the Presbyterian Church in the U. S. A.

1912   *South American problems.* New York: Student Volunteer Movement for Foreign Missions.

Speer, Robert E., Samuel G. Inman y Frank K. Sanders, eds.

1925   *Christian work in South America: Official Report of the Congress on Christian Work in South America, at Montevideo, Uruguay, April, 1925.* Vol. 1. Editado por CCLA. : *Unoccupied Fields, Indians, Education, Evangelism, Social Movements, Health Industry.* New York and Chicago: Fleming H. Revell Company.

1925   *Christian work in South America: Official report of the Congress on Christian Work in South America, at Montevideo, Uruguay, April, 1925.* Vol. 2. Editado por CCLA. Church and the Community, Religious Education, Literature, Relations Between Foreign and National Workers, Special Religous Problems, Cooperation and Unity. New York and Chicago: Fleming H. Revell Company.

Steuernagel, Valdir

1988   "The Theology of Mission in its Relation to Social Responsibility Within the Lausanne Movement" (disertación doctoral), Lutheran School of Theology.

Stoll, David

1990   *Is Latin America Turning Protestant? The Politics of Evangelical Growth.* Berkeley y Los Angeles: University of California Press.

Stott, John

1959   *Cristianismo básico.* Córdoba, Argentina: Ediciones Certeza.

1974   *Creer es también pensar.* Buenos Aires: Ediciones Certeza.

1974   *Las cartas de Juan.* Buenos Aires: Ediciones Certeza.

1975   *La misión cristiana Hoy.* Buenos Aires: Ediciones Certeza.

1975   *Las controversias de Jesús.* Barcelona: Certeza.

Strachan, Kenneth

1965   "Llamado al testimonio". *Cuadernos Teológicos* 14, n.° 2–3.

1965   "Un comentario más." *Cuadernos Teológicos* 14, n.º 2–3.

Svelmoe, Bill

    2003   "Evangelism Only? Theory Versus Practice in the EarlyFaith Missions". *Missiology: an International Review* 31, n.º 2.

Tamez, Elsa, ed.

    1988   *El rostro femenino de la teología*. San José: DEI.

Terlep, Alan Thomas

    2010   "Inventing the Rapture: The Formation of American Dispensationalism, 1850–1875" (disertación doctoral), University of Chicago.

Vaccaro, Gabriel O.

    1979   "Oaxtepec desde una perspectiva pentecostal". *Cuadernos de Teología* 5, n.º 4.

Varetto, Juan C.

    1918   *Diego Thomson, apóstol de la instrucción pública e iniciador de la obra evangélica en la América Latina*. Buenos Aires: Imprenta Evangélica.

    1919   *Discursos evangélicos*. Buenos Aires: Junta Bautista de Publicaciones.

    1921   *Rogerio Williams: Héroe de la libertad religiosa*. Buenos Aires: Junta de Publicaciones de la Convención Evangélica Bautista.

    1922   *Hostilidad del clero a la independencia americana*. Buenos Aires: Imprenta Metodista.

    1925   *Las Biblias en castellano*. Buenos Aires: Junta de Publicaciones de la Convención Evangélica Bautista.

    1927   *Separación de la iglesia y el Estado*. Buenos Aires: Junta de publicaciones de la Convención Evangélica Bautista de las repúblicas del Plata.

    1934   *Héroes y mártires de la obra misionera desde los apóstoles hasta nuestros días*. Buenos Aires: Convención Evangélica Bautista.

    1940   *Federic Crowe en Guatemala*. Buenos Aires: Junta Bautista de Publicaciones.

    1943   *El apóstol del Plata, Juan F. Thomson*. Buenos Aires: La Aurora.

    1948   *Refutación del adventismo*. Buenos Aires: Junta de Publicaciones de la Convención Evangélica Bautista.

    1949   *La Reforma religiosa del siglo XVI*. Buenos Aires: Junta de publicaciones de la Convención Evangélica Bautista.

    1950   *Una conversación familiar con los que quieren bautizarse*. Santiago: Wilson.

    1952   *Cuatro conversaciones familiares sobre Samson*. Buenos Aires: Editorial Evangélica Bautista.

1952 *Los Hechos de los Apóstoles explicado*. Buenos Aires: Editorial Evangélica Bautista.

1955 *Bosquejos para sermones*. Buenos Aires: Editorial Evangélica Bautista.

1973 *La marcha del cristianismo: Desde los apóstoles hasta los valdenses*. Buenos Aires: Junta de Publicaciones de la Convención Evangélica Bautista.

Vela, Amira Plascencia

2010 "La escritura errante. La construcción del imaginario fronterizo de principios del siglo XX en los textos de Alberto Rembao" (disertación doctoral), University of Houston.

Velásquez, Roger

1982 "CONELA". *Pastoralia* 4, n.° 8.

Zandrino, Miguel A.

1977 *El origen del hombre: Un enfoque bíblico y científico*. Buenos Aires: Ediciones Certeza.

Documentos

- "Editorial". *Cuadernos Teológicos* 1, n.° 1 (1950).
- *Panorama Iberoamericano, 1962*. II Congreso de Comunicaciones Evangélicas. Huampaní, Perú, setiembre 15–26, 1962.
- *Estatutos de la Fraternidad Teológica Latinoamericana*. Cochabamba, Bolivia, 1970.
- *El evangelismo y la responsabilidad social: un compromiso evangélico conservador*. Vol. 21, Informe de Grand Rapids. Documentos Periódicos de Lausana. Grand Rapids: Lausanne Committee for World Evangelization and World Evangelical Fellowship, 1982.
- "Latin American Evangelicals Unite". *Evangelical Missions Quarterly* 19, n.° 1 (1983).
- "The Seoul Declaration: Toward an Evangelical Theology for the Third World". *International Bulletin of Missionary Research* 7, n.° 2 (1983).
- "Confraternidad Evangélica Latinoamericana (CONELA). Informe de la Consulta Teológica sobre la Responsabilidad Social." *Misión* 3, n.° 2 (1984).
- *Consulta con las iglesias pentecostales*. Ginebra: Consejo Mundial de Iglesias, 1994.
- "Cronología de actividades de la Fraternidad Teológica Latinoamericana". *Boletín Teológico* 27, n.° 59–60 (julio–diciembre, 1995).